L'essentiel de
BARCELONE

Sommaire

Dans ce guide, les pictos mettent en lumière ce que nous vous
recommandons tout spécialement :

 Les meilleurs…
Un best of thématique – pour être sûr de ne rien manquer.

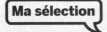 Des experts locaux révèlent leurs coups de cœur
et lieux secrets.

 Vaut le détour
Des sites un peu moins connus qui méritent une visite.

Ces pictos vous aident à identifier les points d'intérêt dans le texte
et sur les cartes :

 À voir   **Où se restaurer**   **Où prendre un verre et faire la fête**   **Où sortir**   **Shopping**

Édition écrite et actualisée par
Regis St Louis,
Vesna Maric, Anna Kaminski

L'essentiel de Barcelone

La Rambla et le Barri Gòtic (p. 47)
Arpentez la célèbre avenue barcelonaise, avant de vous perdre dans les ruelles du quartier gothique.

Les incontournables
La Rambla, la cathédrale

El Raval (p. 71)
Ce quartier autrefois mal famé abrite aujourd'hui des musées d'avant-garde et des adresses bohèmes.

La Ribera (p. 87)
Le quartier le plus tendance de la vieille ville (Ciutat Vella), avec ses bars à tapas et ses restaurants pour gastronomes, son architecture médiévale et sa splendide salle de concert moderniste.

Les incontournables
Le musée Picasso

Barceloneta et le front de mer (p. 107)
De succulents plateaux de fruits de mer, une longue promenade en bord de mer et de jolies plages, voilà de quoi vous garantir une journée mémorable.

La Sagrada Família et L'Eixample (p. 125)
Le modernisme est à l'honneur dans ce quartier barcelonais du XIXe siècle truffé de chefs-d'œuvre de Gaudí et de ses contemporains.

Les incontournables
La Sagrada Família

Parc Güell, Camp Nou, et La Zona Alta (p. 173)

Barceloneta et le front de mer (p. 107)

La Sagrada Família et L'Eixample (p. 125)

La Ribera (p. 87)

El Raval (p. 71)

La Rambla et le Barri Gòtic (p. 47)

Montjuïc (p. 155)

Montjuïc (p. 155)

La colline de Montjuïc, qui abrite d'impeccables parcs et jardins et d'excellents musées, offre une vue spectaculaire sur la ville.

Les incontournables
Le Musée national d'Art de Catalogne.

Parc Güell, Camp Nou et La Zona Alta (p. 173)

Découvrez la féerie d'un parc imaginé par Gaudí, un monastère médiéval et les pentes boisées du Tibidabo, avant de vous laisser porter par l'ambiance d'un match au célèbre Camp Nou.

Les incontournables
Le parc Güell

Excursions (p. 193)

Explorez les alentours de Barcelone, avec leurs plages de carte postale, leurs ruines romaines et leurs ensembles monastiques.

Sommaire

Bienvenue à Barcelone

Ville à l'architecture mythique, aux musées passionnants et aux tables réputées, Barcelone et ses ruelles médiévales, ses élégants boulevards bordés de beaux bâtiments et ses plages baignées de soleil, a de tout temps su séduire les visiteurs. Ses musées mettent à l'honneur le riche héritage artistique catalan, tandis que des chefs audacieux se font un nom dans les nombreux restaurants de la ville. La nuit venue, Barcelone ne perd rien de son charme avec ses bars du XIXᵉ siècle, ses salles de concert historiques et ses clubs à l'ambiance survoltée.

Sept siècles d'architecture.

Au cœur de Barcelone s'étend l'un des quartiers médiévaux les mieux préservés d'Europe. Des siècles plus tard, cet héritage donna à Gaudí et à ses contemporains les bases historiques et l'inspiration pour créer certaines de leurs créations les plus farfelues. Leur audace est l'ADN de la ville, et architectes nationaux et internationaux continuent aujourd'hui d'y laisser libre cours à leur imagination.

La créativité catalane s'exerce dans tous les domaines.

Outre un mélange fascinant de monuments gothiques et de gratte-ciel contemporains, on trouve à Barcelone une kyrielle de musées dont les collections célèbrent tant la beauté des fresques romanes que l'ingéniosité de Joan Miró ou les œuvres de jeunesse de Picasso.

Les Barcelonais sont des passionnés de cuisine.

Avec ses milliers de restaurants, Barcelone offre de quoi ravir tous les palais, de la cuisine catalane traditionnelle à la *nueva cocina española*. Les bars et les clubs prolifèrent dans une ambiance propice à la fête, sous la forme de tavernes séculaires ou de lounges glamours en bord de plage.

Les passionnés de mode peineront à trouver le chemin des musées.

Les grandes avenues de L'Eixample regorgent de boutiques et de galeries commerçantes, tandis que les friperies, magasins de disques et stands d'artisanat sont légion dans le dédale de ruelles de la vieille ville.

> **"**
> Ses ruelles médiévales, ses élégants boulevards et ses plages baignées de soleil. **"**

Le parc Güell (p. 178)

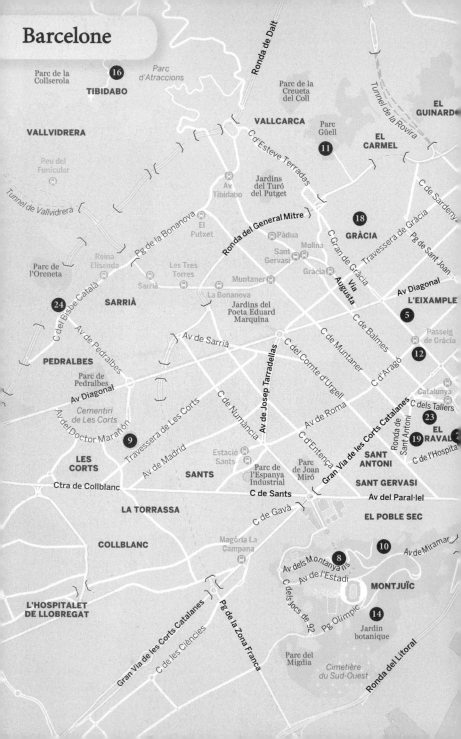

Barcelone

TIBIDABO

Parc de la Collserola

16

Parc d'Atraccions

Parc de la Creueta del Coll

Tunnel de la Rovira

EL GUINARDO

VALLVIDRERA

VALLCARCA

C d'Esteve Terradas

Parc Güell

11

EL CARMEL

Peu del Funicular

Tunnel de Vallvidrera

Av Tibidabo

Jardins del Turó del Putget

C de Sardeny

El Putxet

Pg de la Bonanova

Ronda del General Mitre

Pàdua

Molina

GRÀCIA

18

C Gran de Gràcia

Travessera de Gràcia

Pg de Sant Joan

Parc de l'Oreneta

Reina Elisenda

Les Tres Torres

Sant Gervasi

Via Augusta

Av Diagonal

L'EIXAMPLE

5

Sarrià

Muntaner

Gràcia

SARRIÀ

La Bonanova

Jardins del Poeta Eduard Marquina

C de Balmes

Passeig de Gràcia

24

C del Bisbe Català

Av de Sarrià

C de Muntaner

12

Av de Pedralbes

C del Comte d'Urgell

C d'Aragó

Catalunya

PEDRALBES

Parc de Pedralbes

Av de Josep Tarradellas

Av de Roma

C dels Tallers

23

Av Diagonal

Cementiri de Les Corts

C de Numància

Ronda de Sant Antoni

19 EL RAVAL

Av del Doctor Marañón

Travessera de Les Corts

C d'Entença

C d'Aragó

SANT ANTONI

C de l'Hospita

LES CORTS

Av de Madrid

Estació Sants

Parc de l'Espanya Industrial

Parc de Joan Miró

Gran Via de les Corts Catalanes

SANT GERVASI

9

Ctra de Collblanc

SANTS

C de Sants

Av del Paral·lel

LA TORRASSA

C de Gavà

EL POBLE SEC

COLLBLANC

Magòria La Campana

10

Av de Miramar

L'HOSPITALET DE LLOBREGAT

Gran Via de les Corts Catalanes

Av dels Montanyans

8

Av de l'Estadi

MONTJUÏC

Pg de la Zona Franca

C dels Jocs de 92

Pg Olímpic

14

Jardin botanique

C de les Ciències

Parc del Migdia

Cimetière du Sud-Ouest

Ronda del Litoral

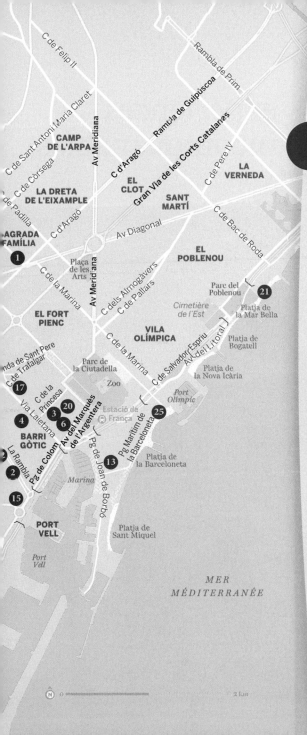

25

25 expériences incontournables

La Sagrada Família (p. 130)

Plus de 80 ans après la mort de son créateur Antoni Gaudí, les travaux de ce chef-d'œuvre moderniste emblématique de Barcelone se poursuivent. Inspiré par la nature, ce temple dont les accents gothiques peinent à tempérer une extravagance débordante s'élance vers le ciel avec majesté et espièglerie. Franchir ses portes revient à s'embarquer dans un conte de fées : une forêt de colonnes-troncs soutient le plafond et une lumière chatoyante traverse de splendides vitraux. Truffée de symboles et de détails superbement travaillés, la basilique promet de longues heures de contemplation.

La Rambla (p. 52)

Certes, c'est l'endroit le plus touristique de la ville. Mais ne manquez pas cette célèbre avenue piétonnière où l'on croise des promeneurs assis aux terrasses des cafés, des kiosques à fleurs, une mosaïque (négligée) de l'artiste Miró et des statues humaines surréalistes. L'élégant Gran Teatre del Liceu (p. 57), l'immense marché de la Boqueria (p. 82) et des galeries d'art sont parmi les prestigieux bâtiments qui bordent La Rambla.

Le musée Picasso (p. 92)

Le musée Picasso abrite la collection la plus complète au monde des œuvres de jeunesse du célèbre artiste qui vécut à Barcelone de 15 à 23 ans. Certains éléments de la ville ont indéniablement marqué son œuvre, des fresques spectaculaires du musée national d'Art de Catalogne aux mosaïques *trencadís* (précubistes, de l'avis de certains) de Gaudí. L'emplacement du musée – dans cinq bâtisses médiévales contiguës – ne fait qu'ajouter à son attrait.

Doña María Agustina Sarmiento, 3ᵉ tableau de la série *Les Ménines*, Picasso.

Les meilleurs...
Musées

LE MUSÉE PICASSO
Excellente collection d'œuvres de jeunesse du légendaire artiste espagnol. (p. 92)

LE MACBA
Symbole de l'avant-gardisme barcelonais en matière d'art contemporain. (p. 81)

LA FONDATION JOAN MIRÓ
La plus grande collection au monde d'œuvres du célèbre artiste, dans sa ville natale. (p. 170)

LE MUSÉE NATIONAL D'ART DE CATALOGNE
Superbe collection d'art roman abritée dans un remarquable palais néobaroque. (p. 160)

3

Les meilleurs...
Bâtiments modernistes

LA PEDRERA
Œuvre emblématique de Gaudí sur l'effervescent Passeig de Gràcia. (p. 142)

LA SAGRADA FAMÍLIA
L'attraction touristique la plus célèbre d'Espagne. (p. 130)

LE PALAIS DE LA MUSIQUE CATALANE
Véritable allégorie de la musique toute en pierre et en verre. (p. 99)

LA CASA AMATLLER
Un bâtiment méconnu de la Manzana de la Discordia. (p. 134)

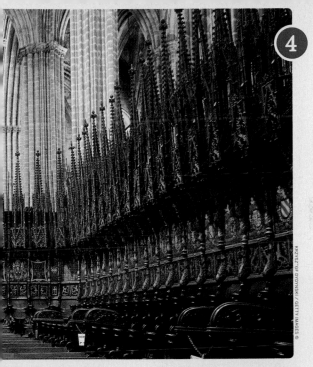

KRZYSZTOF DYDYNSKI / GETTY IMAGES ©

La cathédrale (p. 54)

La cathédrale de Barcelone est une véritable perle de l'architecture gothique catalane. Son intérieur sombre renferme une douzaine de chapelles, une crypte étrange et un cloître singulier aux allures de jardin accueillant 13 oies (en référence à la sainte patronne de Barcelone, sainte Eulalie). Constamment animée, l'esplanade reçoit des danseurs de sardane le week-end, d'occasionnelles processions, des marchés de plein air et des musiciens de rue.

OLIMPIO FANTUZ / SIME / ACOGNERS ©

La Pedrera (p. 142)

Le quartier de L'Eixample regorge de trésors architecturaux. Quelques-uns des plus beaux bâtiments d'Espagne y furent érigés à la fin du XIXe et au début du XXe siècle, sur les terrains alors vierges. À La Pedrera, on retrouve les ornements caractéristiques de Gaudí : façade ondulante, imposants balcons en fer forgé et arcs paraboliques. Sur le toit, vous pourrez admirer les célèbres cheminées.

L'Església de Santa Maria del Mar (p. 102)

Modèle d'architecture gothique catalane, cette église, consacrée en 1384, fut bâtie en un temps record, avec des blocs de pierre charriés depuis une carrière de Montjuïc. L'édifice est aussi remarquable pour avoir survécu à 11 jours d'incendie pendant la guerre civile. Des concerts et récitals y sont régulièrement organisés.

Le marché de la Boqueria (p. 82)

Le plus grand marché de fruits et légumes d'Europe est une intarissable source de tentation. Chefs, cuistots amateurs, employés de bureau et touristes s'y croisent parmi d'innombrables étals croulant sous des pyramides de fruits colorés, des poissons chatoyants, des jambons suspendus, des fromages odorants, des tonneaux d'olives et de poivrons marinés, des truffes au chocolat et autres délices sucrés... parions que vous ne ressortirez pas de là les mains vides ! À l'arrière, quelques bars à tapas servent des portions de choix. Il y a toujours la queue, mais l'expérience vaut l'attente.

Le musée national d'Art de Catalogne (p. 160)

Pour de nombreux Catalans, la Catalogne est un pays à part entière, doté d'une histoire propre. Le musée national d'Art de Catalogne, abrité dans l'imposant Palais national à Montjuïc, en fait la démonstration avec son impressionnante collection explorant les richesses de 1 000 ans d'art catalan. Ses fresques, retables et sculptures sur bois de l'époque romane – récupérés dans des églises pyrénéennes en ruines – sont fascinants, tout comme sa collection d'art gothique.

8

Les meilleurs...
Concerts

HARLEM JAZZ CLUB
Ce petit local animé de la vieille ville ravira les amateurs de jazz. (p. 66)

JAZZ SÍ CLUB
Ambiance intimiste pour cette salle d'El Raval ouverte à de nombreux genres musicaux, notamment au flamenco. (p. 84)

SALA APOLO
Ce vieux théâtre plein de charme accueille les meilleurs groupes locaux et des DJ faisant face à une foule endiablée. (p. 171)

SIDECAR FACTORY CLUB
Établissement de la Plaça Reial à l'ambiance jeune et festive, réputé pour sa programmation indie. (p. 68)

Le Camp Nou (p. 183)

Assister à un match du FC Barcelona dans ce stade immense est une expérience inégalable. Fort d'une équipe surdouée dont Lionel Messi est l'icône et du soutien loyal de ses supporters, le Camp Nou offre la promesse d'un grand spectacle et mérite d'être visité, même en dehors des matc Camp Nou Experience est un musée interactif proposant une visite du stade, des vestiaires au terrain, terre sacrée po de nombreux Catalans.

Les meilleurs...
Parcs

LE PARC DE LA CIUTADELLA

Ses superbes jardins invitent à la promenade après plusieurs heures passées à arpenter les ruelles de la vieille ville. (p. 95)

LE PARC DE COLLSEROLA

Ressourcez-vous à l'écart du monde dans le plus grand parc municipal d'Europe. (p. 187)

MONTJUÏC

Les alentours du château de Montjuïc sont parsemés de verdoyants parcs et jardins panoramiques. (p. 162)

LE PARC GÜELL

Ici, Gaudí s'est essayé au paysagisme. (p. 178)

9

La fondation Joan Miró (p. 170)

10

Picasso était originaire de Málaga et Dalí de Figueras, mais le visionnaire surréaliste Joan Miró était lui un Barcelonais pur et dur. Artiste révolutionnaire et Catalan patriote, il légua l'essentiel de son œuvre à la ville. La fondation Joan Miró retrace sa longue et prestigieuse carrière au travers de ses splendides créations. Des documentaires consacrés à Miró et au travail de ses contemporains esquissent un portrait instructif de l'artiste et de son époque. Le musée, flanqué de jardins de sculptures, domine la ville depuis Montjuïc.

Le parc Güell (p. 178)

11

Quel bel échec ! Né en 1900 de l'imagination d'un riche homme d'affaires, Eusebi Güell, désireux de bâtir une "ville-jardin" à l'anglaise pour le gratin barcelonais, le projet se solda par un parc féerique ouvert au tout-venant. D'éblouissants détails architecturaux recouverts de mosaïque, des maisonnettes que l'on croirait tout droit sorties d'un conte des frères Grimm et un musée truffé d'extravagances gaudiennes sont quelques-uns des nombreux attraits du parc. Ne manquez pas le splendide panorama sur la ville qu'offre le Turó del Calvari.

GÜNTER GRÄFENHAIN / HUBER 4CORNERS ©

12

La Casa Batlló (p. 139)

Chef-d'œuvre moderniste signé Antoni Gaudí, la Casa Batlló regorge de fascinants détails. D'étincelantes mosaïques vertes et bleues, des balcons savamment sculptés et des colonnes en forme d'os ornent sa façade, tandis que son toit ondule tel le dos à écailles d'un dragon. L'intérie dévoile les talents d'un architecte qui ne laisse rien au hasard, de ses murs tout en courbes aux voûtes paraboliques des couloirs. L'usage éclairé de formes organiques associé à une exploitatio savante de la lumière naturelle et des couleurs révèlent le génie d'un Gaudí au faîte de sa carrière

PATTY ORLY / SHUTTERSTOCK ©

13 **Les fruits de mer de La Barcelonet (p. 116)**

La gastronomie barcelonais associe cuisine régionale, avant-gardisme et chefs talentueux. Mais elle sait aussi être simple et savoureuse, comme à La Barceloneta où les amateurs de fruits de mer ne manqueront pas de faire un tour pour déguster des anchois arrosés de *cava* (vi pétillant catalan) dans un bar à tapas ou pour déjeune de *suquet* (pot-au-feu de la mer). *Suquet* de la Costa Brava

Les jardins de Montjuïc (p. 158)

Après quelques journées passées à arpenter les ruelles étroites de la vieille ville et les artères animées de L'Eixample, vous pourriez bien ressentir le besoin d'un bol d'air frais et de verdure. Les jardins panoramiques de Montjuïc sont l'antidote qu'il vous faut. Vous y trouverez des jardins parfaitement entretenus ornés de fontaines et de statues, étrangers à la frénésie citadine en contrebas. Profitez de la vue sur la ville et sur la mer à l'occasion de balades ou d'un pique-nique, ou découvrez la flore méditerranéenne au jardin botanique (p. 167).

14

Les meilleurs...
Restaurants catalans

CAN CULLERETES
Une adresse élégante ornée d'œuvres d'art, où l'on déguste une cuisine catalane depuis 1786. (p. 63)

PLA
Une carte alléchante mêlant traditions catalanes et influences venues de l'Est. (p. 62)

CAN MAJÓ
Une cuisine de la mer simple mais succulente, à savourer en terrasse pour une vue sur le front de mer de la Barceloneta. (p. 116)

CASA CALVET
Une cuisine créative dans un intérieur signé Gaudí. (p. 146)

Les meilleurs...
Chefs-d'œuvre gothiques

LA CATHÉDRALE
Admirez les très beaux ornements de la façade nord-ouest. (p. 54)

L'ESGLÉSIA DE SANTA MARIA DEL MAR
Un pur exemple d'architecture gothique catalane, tout en raffinement. (p. 102)

LE MUSÉE MARITIME
Sous ces arches gothiques se tenait autrefois l'un des plus grands arsenaux d'Europe. (p. 115)

L'ESGLÉSIA DE SANTS JUST I PASTOR
Exemple bien souvent négligé d'architecture ecclésiastique du gothique primitif. (p. 60)

15

ROBERT BIRD / ALAMY ©

DIRK RENCKHOFF / ALAMY ©

Le musée maritime (p. 115)

À l'instar de Venise, Barcelone s'enorgueillissait d'arsenaux royaux (Reials Drassanes), d'où fut mis à l'eau le vaisseau amiral de don Juan d'Autriche pour rejoindre la flotte hispano vénitienne lors de la célèbre bataille de Lépante contre les Turcs en 1571. Depuis les années 1940, les arsenaux abritent un musée passionnant où vous vous familiariserez avec l'héritage maritime de la ville. Des vaisseaux et des maquettes de toutes les époques et en tout genre, à voile et à vapeur, y sont exposés. La pièce vedette du musée est la réplique grandeur nature du vaisseau de don Juan d'Autriche.

Le Tibidabo (p. 187)

Le Tibidabo, le plus haut sommet de la ville, est un grand classique des sorties en famille. Le panorama justifie à lui seul la balade, et vous y trouverez un parc d'attractions aux manèges rétros. Pour vous y rendre, empruntez un vieux tramway qui cliquette le long d'une avenue bordée de belles demeures modernistes, puis montez à bord du funiculaire pour une ascension rapide jusqu'au sommet d'où vous contemplerez la ville et la mer à vos pieds.

Le Temple del Sagrat Cor (p. 187)

16

17

Le palais de la Musique catalane (p. 99)

Achevé en 1908, ce bijou moderniste conserve sa vocation de salle de concert. Si la façade et le hall d'entrée sont richement décorés, ce n'est rien en comparaison de l'auditorium. Avec sa somptueuse coupole inversée en vitrail coloré et les fabuleuses sculptures baroques ornant sa scène, vous aurez le sentiment d'entrer dans un autre monde.

LONELY PLANET / GETTY IMAGES ®

Culture café à Gràcia (p. 189)

Gràcia déborde de vie. Ce quartier, qui ne fut rattaché à la ville qu'en 1897, est un dédale de ruelles percé de-ci de-là de paisibles placettes parsemées de terrasses de cafés invitant à s'y attarder. Consacrez la journée à ses adresses branchées, ses boutiques rétros et ses petits marchés alimentaires, avant de vous mêler à sa population bohème pour un verre en soirée. Pour une expérience un peu décalée, prenez place dans le cadre enchanteur de La Nena (p. 186), réputée pour son épais chocolat chaud.

18

Les meilleurs...
Points de vue

LE TIBIDABO
Pour jouir du panorama, grimpez au sommet de la vieille église ou, mieux encore, de la tour plus récente. (p. 187)

LE CHÂTEAU DE MONTJUÏC
Cette forteresse est stratégiquement située au sommet de Montjuïc. (p. 162)

LA SAGRADA FAMÍLIA
Grimpez dans l'une des tours pour une vue panoramique sur les toits. (p. 130)

LE TRANSBORDADOR AERI
Montez à bord du téléphérique reliant Montjuïc et le Port Vell. (p. 113)

Les bars
d'El Raval (p. 83) **19**

De tous les quartiers de la vieille ville, El Raval est le plus interlope et sans doute le plus attrayant. Longtemps infréquentable et encore mal famé par endroits, il est parfait pour une tournée des bars. Vous y trouverez des tavernes du XIXe siècle, des bars à absinthe et des *lounges* ultramodernes. Bohèmes et étrangers, touristes et prostituées, artistes et personnages tout droit sortis d'un roman de Manuel Vásquez Montalbán s'y côtoient.

LOOK-DIE BILDAGENTUR DER FOTOGRAFEN GMBH / ALAMY ©

Les meilleurs...
Bars avec vue

MIRABLAU
Admirez la ville en contrebas depuis ce bar à la situation privilégiée, sur le Tibidabo. (p. 190)

OPIUM MAR
Club populaire doublé d'un bar, situé immédiatement en front de mer. (p. 121)

LA CASETA DEL MIGDIA
Admirez la mer à vos pieds depuis la pinède où se cache ce bar idyllique au sommet de Montjuïc. (p. 171)

LOWER EAST SIDE

DIEGO LEZAMA / GETTY IMAGES ©

⑳ Shopping à El Born (p. 105)

El Born, quartier autrefois décrépit, a aujourd'hui la cote. Pour qui fréquentait ses rues dans les années 1980, difficile de le reconnaître avec ses bars en vogue, ses restaurants branchés et – pour ceux qui ont les grandes chaînes en horreur – ses élégantes boutiques indépendantes. Ses ruelles médiévales recèlent, outre de petits espaces créateurs, des magasins de magie, des torréfacteurs du début du XXe siècle, des cavistes ou encore de ravissantes pâtisseries.

Les plages (p. 114)

Délaissées jusque dans les années 1980, les plages de Barcelone sont désormais l'un de ses principaux atouts. Bondées en été, elles attirent nombre de vacanciers, qui y jouent au volleyball ou s'ébattent dans les vagues. Les *chiringuitos* (bars de plages) vendent en-cas et boissons fraîches. Le week-end, la fête s'y poursuit bien après le coucher du soleil.

La Platja de Bogatell

Le Gran Teatre del Liceu (p. 57)

Si vous n'avez pas l'occasion d'assister à une représentation dans le cadre somptueux du Gran Teatre del Liceu, joignez-vous à une visite guidée pour admirer son superbe hall d'entrée, avec ses imposantes colonnes et ses somptueux chandeliers. Grimpez l'escalier de marbre jusqu'au Saló dels Miralls (salle des miroirs) recouvert de fresques avant de rejoindre l'éblouissante salle d'opéra.

Le MACBA (p. 81)

La collection d'art contemporain – toujours plus riche – du MACBA commence dans la chapelle gothique du Convent dels Àngels et se poursuit de l'autre côté de la place dans un édifice à la blancheur éclatante. On y trouve le meilleur de l'art contemporain catalan, espagnol et international. Tàpies et Barceló y sont régulièrement mis à l'honneur, ainsi que des artistes en vogue et leurs installations. Le bâtiment, œuvre de l'architecte américain Richard Meier, fait partie des institutions culturelles et artistiques ayant pour vocation de redynamiser El Raval. Le MACBA ; architecte : Richard Meier & Partners

23

Les meilleures...
Activités de plein air

LE FRONT DE MER
L'agréable promenade longeant la plage sur 4,6 km fait le bonheur des promeneurs, joggeurs et cyclistes. (p. 110)

LES CIRCUITS EN BATEAU
Au coucher du soleil, embarquez pour une croisière offrant une vue unique sur Barcelone et son front de mer. (p. 238)

UN PIQUE-NIQUE À MONTJUÏC
Faites le plein de provisions au marché de la Boqueria, puis mettez le cap sur Montjuïc pour un pique-nique panoramique. (p. 162)

LE PARC D'ATTRACTIONS
L'endroit rêvé pour des manèges ébouriffants, des projections de films en 3D et des spectacles de marionnettes du XIXe siècle. (p. 187)

Le musée-monastère de Pedralbes (p. 181)

Fondé au XIVe siècle par la reine Elisenda de Montcada pour accueillir une communauté de clarisses, ce paisible couvent est étranger à l'effervescence citadine du XXIe siècle. Sur trois étages, son cloître est un bel exemple d'architecture gothique catalane. Déambulez dans son réfectoire, ses cuisines, ses étables, son garde-manger et son infirmerie reconstituée. À l'étage, une collection d'art monastique complète la visite avec des œuvres d'artistes catalans du Moyen Âge.

Les meilleurs...
Lieux insolites

L'OBSERVATOIRE FABRA
Pour un dîner la tête dans les étoiles, réservez une table à cet observatoire de la Zona Alta. (p. 181)

LE COSMOCAIXA
Frayez-vous un chemin dans la luxuriante végétation d'une forêt amazonienne sans quitter l'Europe. (p. 180)

EL REY DE LA MAGIA
Magasin de magie séculaire que l'on croirait tout droit sorti d'un roman de Carlos Ruiz Zafón. (p. 105)

LA GRANDE SYNAGOGUE
Explorez les ruines romaines et médiévales de cette synagogue mise au jour dans les années 1990. (p. 61)

24

(25)

Le front de mer (p. 110)

Le front de mer barcelonais déborde de vitalité. Outre ses joggeurs, cyclistes, patineurs et promeneurs, vous y croiserez une ribambelle d'ambitieux projets architecturaux ayant donné naissance à une nouvelle Barcelone en contraste avec son noyau gothique. Rien de tel pour l'explorer que de louer un vélo et de parcourir sa promenade (isolée des voitures) bordant la mer entre la Barceloneta et El Fòrum. Vous verrez de jolies plages, d'intrigantes œuvres d'art en plein air et de nombreux bars où reprendre vos forces.

Barcelone
en 4 jours

Les incontournables de la ville

Pour votre première journée à Barcelone, visitez les principales curiosités de la ville : flânez le long de La Rambla, explorez les ruelles pittoresques du Barri Gòtic et émerveillez-vous devant le génie artistique de la Sagrada Família. Un parfum d'histoire, une architecture hors norme et un marché alimentaire : la journée promet d'être riche.

JOUR 1

❶ La Rambla (p. 52)

Commencez par La Rambla. Ne manquez pas les statues humaines, la mosaïque de Miró et le palais de la Virreina datant du XVIIIe siècle.

LA RAMBLA ➡ MARCHÉ DE LA BOQUERIA
🏃 L'entrée du marché est du côté ouest de La Rambla.

❷ Marché de la Boqueria (p. 82)

Ce marché croulant sous les victuailles est fréquenté par une foule hétéroclite. N'en repartez pas sans y avoir grignoté un morceau, à l'un des bars à tapas situé à l'arrière par exemple.

MARCHÉ DE LA BOQUERIA ➡ BARRI GÒTIC
🏃 Rejoignez la Plaça Reial sur votre gauche après la Carrer de Ferran.

❸ Barri Gòtic (p. 47)

Immergez-vous dans la vieille ville barcelonaise. Traversez l'emblématique Plaça Reial (p. 57) avant de vous perdre dans les ruelles médiévales du Barri Gótic. Rejoignez la splendide cathédrale (p. 54), puis visitez le temple romain d'Auguste (p. 61).

BARRI GÒTIC ➡ CAFÈ DE L'ACADÈMIA
🏃 Traversez la Plaça de Sant Jaume, empruntez la Carrer de la Ciutat et prenez la première à gauche.

❹ Déjeuner au Cafè de l'Acadèmia (p. 63)

Arrivez tôt pour trouver une table dans cet agréable petit restaurant servant une cuisine catalane traditionnelle. La formule entrée-plat-dessert est intéressante.

CAFÈ DE L'ACADÈMIA ➡ SAGRADA FAMÍLIA
Ⓜ Prenez la ligne 4 à Jaume I ; puis changez à Passeig de Gràcia pour la ligne 2 jusqu'à Sagrada Família.

❺ Sagrada Família (p. 130)

L'église la plus visitée d'Espagne, unique en son genre, est aussi extraordinaire que la grande pyramide de Gizeh et aussi somptueuse que le Taj Mahal.

SAGRADA FAMÍLIA ➡ ALKIMIA
🏃 Suivez la Carrer de Sardenya vers le nord-ouest, et tournez sur Carrer de l'Indústria à la troisième rue à gauche.

❻ Dîner à l'Alkimia (p. 143)

Jordi Vilà, le chef de ce restaurant acclamé, propose une cuisine catalane moderne et audacieuse. Craquez pour le menu dégustation (10 plats).

La Plaça Reial (p. 57)

JOUR 2

Mar i Muntanya

Cet itinéraire vous guidera le long de la Méditerranée puis à travers le vieux quartier de pêcheurs de La Barceloneta, avant de vous mener sur les hauteurs de Montjuïc pour un panorama d'exception, des jardins odorants et deux des plus beaux musées de la ville.

❶ Plage de la Barceloneta
(p. 114)

Commencez par une promenade le long du front de mer. Profitez des superbes paysages de cette zone autrefois à l'abandon et réaménagée pour les Jeux olympiques de 1992. Admirez au nord la chatoyante sculpture-poisson signée Frank Gehry tandis qu'au sud se dresse la tour en forme de voile de l'hôtel W.

PLAGE DE LA BARCELONETA ➡ CAN MAJÓ

🏃 Le restaurant se trouve en bord de mer sur la Carrer del Almirall Aixada, juste au nord de la sculpture de plage.

❷ Déjeuner au Can Majó
(p. 116)

Pour un déjeuner avec vue sur mer, optez pour la terrasse de ce restaurant de poisson. Nous vous recommandons son copieux plateau de fruits de mer et ses *suquets* (pots-au-feu de la mer).

CAN MAJÓ ➡ TRANSBORDADOR AERI

🏃 Pour rejoindre le téléphérique, marchez jusqu'à l'extrémité sud de La Barceloneta, puis tournez à droite.

❸ Transbordador Aeri
(p. 113)

Après le déjeuner, embarquez à bord de ce téléphérique pour un panorama inégalé sur le port et sur la ville. La traversée s'achève à Montjuïc, une colline truffée de jardins – floraux ou de sculptures – et d'excellents musées.

TRANSBORDADOR AERI ➡ FONDATION JOAN MIRÓ

🚡 Allez en téléphérique jusqu'à Montjuïc, puis suivez la route principale vers l'ouest sur 800 m.

Le musée national d'Art de Catalogne (p. 160)

PHOTOGRAPHE : FOTOGRAFEN GMBH / ALAMY ©

❹ Fondation Joan Miró
(p. 170)

Découvrez les œuvres de ce géant du monde de l'art dans cet impressionnant musée. Des toiles, sculptures et dessins de Miró y sont exposés, ainsi que des photos relatant la vie du prolifique artiste catalan. À l'extérieur, le paisible jardin de sculptures jouit d'une belle vue sur Poble Sec.

FONDATION JOAN MIRÓ ➡ MUSÉE NATIONAL D'ART DE CATALOGNE

🏃 Suivez le sentier traversant le jardin de sculptures vers l'est, montez les marches conduisant à la route principale puis continuez vers l'est jusqu'au musée.

❺ Musée national d'Art de Catalogne (p. 160)

L'admirable collection du gigantesque musée national d'Art de Catalogne est incontournable, notamment son impressionnante collection d'art roman provenant d'églises pyrénéennes vieilles de 900 ans. On y trouve aussi une sélection d'œuvres catalanes couvrant une période allant du Moyen Âge au XXe siècle. Devant le musée, le regard embrasse la Plaça d'Espanya jusqu'au lointain sommet du Tibidabo.

MUSÉE NATIONAL D'ART DE CATALOGNE ➡ TICKETS

🏃 Descendez vers la Plaça d'Espanya. Tournez à droite avant la fontaine, puis à gauche Carrer de Leida et de nouveau à droite sur l'Avinguda del Paral·lel.

❻ Tickets (p. 168)

Il vous faudra réserver plusieurs semaines à l'avance, mais cela en vaut la peine : Tickets est l'un des meilleurs restaurants de Barcelone. Ferran Adrià, le chef de génie à qui l'on doit la gastronomie moléculaire, y sert des plats d'une étourdissante créativité.

La Ribera

À l'instar du Barri Gòtic à l'ouest, La Ribera est un dédale de ruelles pavées à l'architecture médiévale. On y trouve des boutiques haut de gamme, une splendide salle de concert moderniste et une inestimable sélection d'œuvres signées Picasso. De délicieux restaurants et un parc élégant complètent la balade.

JOUR 3

① Musée Picasso (p. 92)

Picasso a fait ses études à Barcelone et c'est ici, dans ce superbe musée, que sont exposées ses premières œuvres (environ 3 500). Le bâtiment, un ensemble de maisons marchandes du XIVᵉ siècle, vaut autant la visite que les toiles qu'il abrite.

MUSÉE PICASSO ➡ EL BORN

🏃 Descendez la Carrer de Montcada vers le sud-est.

② Lèche-vitrines dans El Born (p. 105)

Les ruelles médiévales d'El Born regorgent de boutiques : magasins de magie, cavistes, boutiques de mode tape-à-l'œil... Pour des vêtements beaux et originaux, faites un tour à la boutique Custo Barcelona, une marque barcelonaise (p. 105).

EL BORN ➡ CAL PEP

🏃 Traversez la Plaça de les Olles.

③ Déjeuner chez Cal Pep (p. 101)

Régalez-vous au comptoir de cet établissement animé, où vous dégusterez des tapas de la mer parmi les meilleures de la ville. Situé sur une petite place, l'endroit est souvent bondé – et pour cause.

CAL PEP ➡ ESGLÉSIA DE SANTA MARIA DEL MAR

🏃 Suivez la Carrer de la Vidriería vers le nord-ouest, puis tournez à gauche, Carrer de Santa Maria.

④ Església de Santa Maria del Mar (p. 102)

À quelques rues se trouve l'une des plus belles églises gothiques catalanes. Ce chef-d'œuvre du XIVᵉ siècle domine le dédale de ruelles qui l'entoure.

ESGLÉSIA DE SANTA MARIA DEL MAR ➡ PARC DE LA CIUTADELLA

🏃 Suivez la Carrer de Santa Maria vers le nord-est, et longez les halles de l'ancien marché del Born jusqu'au parc.

⑤ Parc de la Ciutadella (p. 95)

À l'est de La Ribera, prenez un bol d'air en arpentant les étendues verdoyantes de ce parc soigné. Vous y verrez des sculptures, un petit zoo, le parlement de Catalogne et, clou de la visite, une imposante chute d'eau artificielle du XIXᵉ siècle.

PARC DE LA CIUTADELLA ➡ PALAIS DE LA MUSIQUE CATALANE

🏃 Retournez dans El Born en empruntant la Carrer de la Princesa, faites 200 m et tournez à droite vers le nord-ouest.

⑥ Palais de la Musique catalane (p. 99)

Imaginée par Lluís Domènech i Montaner au début du XXᵉ siècle, cette salle de concert intimiste est un chef-d'œuvre moderniste avec ses vitraux luminescents et ses innombrables détails ouvragés.

PALAIS DE LA MUSIQUE CATALANE ➡ EL XAMPANYET

🏃 Retournez Carrer de Montcada, au sud-est.

⑦ El Xampanyet (p. 104)

Plus haut dans la rue, El Xampanyet est un bar festif où terminer la journée. On y mange de savoureux hors-d'œuvre que l'on arrose de *cava* (vin pétillant catalan). L'endroit est généralement bondé mais l'ambiance est bon enfant, il vous suffira de jouer aimablement des coudes pour vous faire servir.

Le parc de la Ciutadella (p. 95)
PHOTOGRAPHE : JOSE FUSTE RAGA / CORBIS ©

Art et architecture

*Avec cet itinéraire, découvrez les paysages enchanteurs (quoique accidentés)
du parc que Gaudí édifia au-dessus de la ville, avant de descendre l'élégant
Passeig de Gràcia, véritable musée d'architecture à ciel ouvert, jusqu'à
El Raval. Là, explorez le meilleur musée d'art contemporain de Barcelone
au cœur de son quartier le plus bohème.*

❶ Parc Güell (p. 178)

Le parc Güell appartient à ceux qui se lèvent tôt : mettez votre réveil pour éviter la foule et voir comme les rayons du soleil matinal éclairent Barcelone et la Méditerranée en toile de fond. Ne manquez pas l'emblématique banc de *trencadís* recouvert de mosaïque, les colonnes de la Sala Hipóstila et le panorama depuis el Turó del Calvari. Achevez votre balade par une visite de la maison-musée Gaudí.

PARC GÜELL ➡ GRÀCIA

Ⓜ Prenez la ligne 3 à Vallcarca jusqu'à Fontana.

❷ Gràcia (p. 191)

Promenez-vous dans ce quartier aux allures de village où les cafés sont nombreux. Les rues à ne pas manquer sont Carrer de Verdi, Travessera de Gràcia et Carrer de Torrijos.

GRÀCIA ➡ BOTAFUMEIRO

🏃 Suivez Travessera de Gràcia vers le sud-ouest et tournez à droite dans Carrer Gran de Gràcia.

❸ Déjeuner chez Botafumeiro (p. 183)

Ce restaurant de poisson et fruits de mer, l'un des meilleurs de la ville, sert de succulentes spécialités galiciennes. Il est parfois difficile d'y trouver une table, même au déjeuner, mais vous pourrez toujours manger au comptoir.

BOTAFUMEIRO ➡ PASSEIG DE GRÀCIA

🏃 Suivez Carrer Gran de Gràcia vers le sud-est jusqu'à Gràcia (400 m).

❹ Passeig de Gràcia (p. 125)

Mettez le cap sur l'architecture grandiose de L'Eixample. Le Passeig de Gràcia est un boulevard élégant, quoique très fréquenté, bordé de somptueux édifices modernistes et de boutiques de luxe. Vous y verrez de surprenants bâtiments signés Gaudí, notamment La Pedrera (p. 142) et Casa Batlló (p. 139).

PASSEIG DE GRÀCIA ➡ MACBA

🏃 Poursuivez votre descente du Passeig de Gràcia, traversez la Plaça de Catalunya jusqu'à La Rambla, et tournez à droite dans Carrer del Bonsuccés.

❺ MACBA (p. 81)

À quelques rues de la Placa d'Espanya, découvrez le MACBA, le meilleur musée d'art contemporain de la ville. Il abrite une excellente collection d'art catalan et européen, de la Seconde Guerre mondiale à nos jours.

MACBA ➡ EL RAVAL

🏃 Suivez Carrer dels Àngels et tournez à gauche dans Carrer del Carme.

❻ El Raval (p. 71)

En début de soirée, arpentez El Raval et profitez du spectacle animé qu'offrent ses rues multiculturelles, ses magasins, ses friperies et de curieux bazars. Faites halte dans la jolie cour intérieure de l'ancien hôpital de la Santa Creu (p. 76) et jetez un œil au palais Güell, un autre chef-d'œuvre de Gaudí.

EL RAVAL ➡ KOY SHUNKA

Ⓜ Prenez la ligne 3 de Paral·lel à Catalunya.

❼ Dîner chez Koy Shunka (p. 63)

Terminez la soirée par un festin chez Koy Shunka. Ce temple zen de la grande cuisine allie avec succès créativité catalane et tradition japonaise. Quoique onéreux, le *menú degustación gastronómico* (11 plats) mérite la dépense.

L'ancien hôpital de la Santa Creu (p. 76)

L'agenda

Janvier

Festes dels Tres Tombs

Le 17 janvier pour la fête de Sant Antoni, des chars tirés par des chevaux accompagnés de *gegants* (géants de papier mâché que les processionnaires portent sur leurs épaules) parcourent L'Eixample du côté du marché de Sant Antoni.

Février

Carnestoltes/ Carnaval

Célébrée pendant plusieurs jours en février ou en mars, selon le calendrier de l'année, la fête du carnaval se traduit par des défilés costumés et moult fêtes. Elle se termine le Mardi gras, la veille du mercredi des Cendres. La grande parade (Gran Rua) a généralement lieu le samedi à partir de 17h30.

Festes de Santa Eulàlia

Chaque année autour du 12 février, Barcelone célèbre sainte Eulalie, sa première patronne, en organisant une semaine de manifestations culturelles, concerts et *castellers* (sortes de châteaux humains). Pour en savoir plus, voir www.bcn.cat/santaeulalia.

Avril

Día de Sant Jordi

Le 23 avril, la Catalogne fête son saint patron, saint Georges. La tradition veut que les hommes offrent une rose aux femmes qui, en retour, leur font présent d'un livre. Des stands de livres et des fleuristes s'installent sur La Rambla et la Plaça de Sant Jaume.

Feria de Abril de Catalunya

Fin avril, l'Andalousie s'invite au Parc del Fòrum à l'occasion de ce festival d'une semaine mettant le Sud à l'honneur. Flamenco, fête foraine et stands de nourriture sont au rendez-vous.

Mai

L'Ou Com Balla

À l'occasion de la Fête-Dieu, (fin mai ou début juin), des coquilles d'œuf (Ou com Balla, "l'œuf dansant") dansent sur le jet des fontaines de la ville ornées de fleurs pour l'occasion. Une procession quitte la cathédrale en fin d'après-midi, et des représentations de sardane (danse traditionnelle catalane) ont lieu sur le parvis à 19h.

Primavera Sound

Pendant trois jours, fin mai ou début juin, l'Auditori Fórum et diverses salles de spectacles accueillent des DJ et des musiciens du monde entier (www.primaverasound.com).

40

😃 Festival de Flamenco de Ciutat Vella

Ce festival qui se tient pendant quatre jours au Centre de Culture contemporaine de Barcelone (CCCB) est l'occasion de voir et d'écouter du bon flamenco à Barcelone.

Juin

😃 Festival del Grec

Ce programme éclectique de danse, de théâtre et de musique a lieu tout l'été. Des spectacles se tiennent dans toute la ville, y compris à l'amphithéâtre de Montjuïc (p. 164), le Teatre grec, auquel le festival doit son nom (www.barcelonafestival. com).

😃 La Revetlla de Sant Joan/Verbenas de Sant Joan

La veille de la Saint-Jean-Baptiste (24 juin), les Barcelonais descendent dans la rue ou organisent des soirées chez eux pour célébrer la Revetlla de Sant Joan (nuit de la Saint-Jean), prétexte à une soirée bien arrosée sous les feux de joie et les feux d'artifice.

😃 Pride Barcelona

La Barcelona Gay Pride prend la forme d'une semaine de réjouissances organisées vers la fin juin, avec un programme culturel et musical chargé, et le traditionnel défilé de la Gay Pride le dernier dimanche du mois (www. pridebarcelona.org).

⭐ Sónar

Réputé pour être la plus grande manifestation de musique électronique d'Europe, le Sónar est organisé à Barcelone aux alentours de la mi-juin. Les lieux changent chaque année (www.sonar.es).

Août

😃 Festa Major de Gràcia

À l'occasion de cette fête de quartier, qui dure une semaine aux environs du 15 août, les habitants de Gràcia concourent pour le prix de la rue la mieux décorée. On se presse pour écouter des groupes dans les rues et sur les places.

😃 Festa Major de Sants

Emboîtant le pas à Gràcia, le quartier de Sants connaît la même frénésie quelques jours plus tard, aux alentours du 24 août (www. festamajordesants.net).

😃 Festes de Sant Roc

Pendant quatre jours mi-août, la Plaça Nova, dans le Barri Gòtic, accueille des parades, des *correfoc* (spectacles pyrotechniques), un marché, de la musique traditionnelle et des spectacles de magie pour enfants.

Septembre

😃 Festes de la Mercè

Quatre jours durant, l'autre sainte patronne de Barcelone, la Vierge de La Mercè, est célébrée avec ferveur. C'est l'occasion de nombreux concerts gratuits, de manifestations sportives, de *castellers* (tours humaines), de sardanes, de défilés de *gegants* et *capgrossos* (personnages en papier mâché) et d'un gigantesque *correfoc* (course de feu).(www.bcn. cat/merce).

😃 Festa Major de la Barceloneta

Autre temps fort du mois de septembre, la Festa Major de la Barceloneta met à l'honneur San Miquel, le saint patron local (le 29). Elle dure une semaine environ. On y danse et on y boit beaucoup (notamment sur la plage).

Décembre

🔒 Fira de Santa Llúcia

De début décembre jusqu'à Noël, les centaines d'étals de ce vaste marché vendent toutes sortes de cadeaux et de décorations de saison – notamment le *caganer* (le chieur), un étonnant santon traditionnel catalan.

Quoi de neuf ?

Pour ce guide, nos auteurs ont traqué pour vous toutes les nouveautés, les changements et les tendances de Barcelone. En voici une sélection.

1 TICKETS, LE DERNIER-NÉ DES FRÈRES ADRIÀ
Si vous n'avez pas pu vous rendre chez El Bulli, ne desespérez pas ! Les frères Adrià ont ouvert Tickets, un nouvel établissement fidèle à leur philosophie novatrice qui saura émerveiller vos papilles, si toutefois vous arrivez à obtenir une table. Les réservations se font deux mois à l'avance et en ligne exclusivement, alors à vos claviers pour avoir une chance de tester l'adresse la plus tendance de Barcelone. (p. 168)

2 RÉOUVERTURE DU PALAIS GÜELL
Le Palau Güell a rouvert ses portes en 2011 après une vingtaine d'années de travaux de restauration, et le résultat est spectaculaire. Ce palais, l'une des premières œuvres de Gaudí, montre l'étendue du génie novateur de son auteur (p. 76).

3 LA FILMOTHÈQUE DE CATALOGNE
Ce projet marquera-t-il l'embourgeoisement du Raval ? Inaugurée en février 2012, la Filmoteca de Catalunya a pour ambition de servir de zone de convergence culturelle. (p. 84)

4 À LA RENCONTRE DES BARCELONAIS
Airbnb est un excellent moyen de trouver un hébergement à des prix raisonnables, et de vivre comme les Barcelonais. Vous pouvez, au choix, y louer une chambre dans un appartement partagé ou réserver un appartement entier. (www.airbnb.com)

5 LA CUISINE NIPPONE À L'HONNEUR
D'excellentes adresses japonaises se multiplient à travers la ville. Laissez-vous tenter par les sushis de Koy Shunka ou ceux de Can Kenji, un fantastique *izakaya* fusion. (p. 63, p. 143)

6 LE MUSÉE MARITIME
Le splendide Museu Marítim prévoit de rouvrir entièrement en 2013. Ne manquez pas ses superbes galères et autres merveilles maritimes, ni ses expositions interactives faisant le bonheur tant des adultes que des enfants. (p. 115)

7 LE MIBA (MUSEU D'IDEES I INVENTS DE BARCELONA)
À la fois pédagogique et divertissant, le musée des Idées et des Inventions de Barcelone a ouvert ses portes au cœur du Barri Gòtic en 2011, où il propose des expositions interactives loufoques et originales. (p. 57)

8 LE DISSENY HUB
Leur construction aura pris quelques années, mais l'inauguration des nouveaux bâtiments du Disseny Hub, sur la Plaça de les Glòries, est prévue pour 2013. (p. 94)

9 LE MUSÉE FREDERIC MARÈS
Après deux ans de travaux de rénovation, le Museu Frederic Marès a rouvert ses portes en 2011 avec des expositions encore améliorées et un formidable "cabinet du collectionneur" encore plus étoffé. (p. 62)

En avant-goût

 Livres

○ **L'Ombre du vent** (Carlos Ruiz Zafón). L'auteur catalan Carlos Ruiz Zafón a vendu des millions d'exemplaires de cette intrigue complexe avec la Barcelone d'après-guerre en toile de fond.

○ **Hommage à la Catalogne** (George Orwell). Ce chef-d'œuvre dresse un portrait éclairé de la ville à l'un des moments les plus instables de son histoire, lors de la guerre civile.

○ **La Cathédrale de la mer** (Ildefonso Falcones). Roman historique situé au XIVe siècle, sur fond d'Inquisition et de grands projets de construction.

○ **Barcelones** (Manuel Vàzquez Montalbán). Une chronique barcelonaise par le père de Pepe Carvalho.

 Films

○ **Tout sur ma mère** L'un des plus grands succès d'Almodóvar, plein de rebondissements et d'humour noir avec ses prostitués transsexuels et ses religieuses aux yeux de biche.

○ **L'Auberge espagnole** Cette sympathique comédie de Cédric Klapisch sur le passage à l'âge adulte relate les péripéties du premier séjour à l'étranger d'un groupe de jeunes.

○ **Biutiful** d'Alejandro González Iñárritu est un drame poignant qui montre Barcelone sous un autre aspect, loin des touristes.

Musique

○ **Joan Manuel Serrat** Roi de la *Nueva Canción* ; morceau phare : "Mediterráneo".

○ **The Pinker Tones** Groupe de pop électronique indépendant ; morceau phare : "Whistling Song".

○ **Sopa de Cabra** LE groupe de rock catalan ; morceau phare : "Si et quedes amb mi".

○ **Luís Llach** Chanteur catalanophone ultrapopulaire ; morceau phare : "Laura".

 Sites Internet

○ **Barcelona Tourism** (www.barcelonaturisme. cat) Site officiel de l'office du tourisme de Barcelone.

○ **Lonely Planet** (www.lonelyplanet.fr). Informations, forum des voyageurs et plus encore.

○ **What Barcelona** (www. whatbarcelona.com) Site de voyage convivial (en français).

Sur le départ ?

Si vous deviez n'en choisir qu'un...

Un livre Le célèbre critique d'art Robert Hughes rend hommage à une ville à la créativité débordante dans *Barcelone, la ville des merveilles*.

Un film Dans *Vicky Cristina Barcelona*, Woody Allen cuisine Barcelone à la sauce *Manhattan*, en mettant en lumière son mélange de beauté et de neuroticisme.

Un disque *Bari* est un superbe album signé Ojos de Brujo, mêlant flamenco, hip-hop et électronique.

Un site Le Cool (lecool. com) propose un programme hebdomadaire de l'actualité barcelonaise (et d'autres villes).

La Casa Batlló (p. 139)
PHOTOGRAPHE : AXEL FASSIO / GETTY IMAGES ©

Ce qu'il faut savoir

Monnaie
Euro (€)

Langue
Espagnol et catalan

Visas
Les Canadiens et les Suisses n'ont pas besoin de visa pour un séjour de moins de 90 jours. Les citoyens de l'Union européenne peuvent rester indéfiniment.

Argent
Il y a des DAB partout. Les cartes de crédit sont acceptées dans la plupart des commerces.

Téléphones portables
Les cartes SIM locales sont utilisables dans les téléphones européens déverrouillés. Vous pouvez aussi activer le roaming.

Heure
GMT/UTC + 1 heure en hiver et GMT/UTC + 2 heures en été

Wi-Fi
Répandu et gratuit dans les hôtels de catégorie moyenne à supérieure, dans les auberges et certains cafés.

Pourboires
Le service est inclus. Dans les établissements haut de gamme, on peut laisser un pourboire de 5-10 %.

Pour plus d'informations, consulter le *Carnet pratique* (p. 227).

QUAND PARTIR
Barcelone

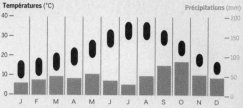

Printemps (mars-mai). Privilégiez la fin du printemps.

Été (juin-août). Haute saison touristique : la ville est prise d'assaut par les foules.

Automne (sept-nov). Les températures sont agréables, mais octobre peut être pluvieux.

Hiver (déc-fév). Les températures sont fraîches et les cieux azur. La neige est très rare.

À prévoir

2 mois avant. Réservez une table dans un restaurant haut de gamme. Achetez des places pour les grands matchs de football.

1 mois avant. Renseignez-vous sur les pièces de théâtre et les concerts, et réservez des places.

1 semaine avant. Consultez le programme des activités nocturnes, expositions et autres événements à ne pas manquer. Prenez rendez-vous au spa et réservez les visites organisées.

Quelques jours avant. Consultez la Chaîne météo (europe. lachainemeteo.com).

Budget quotidien

Moins de 50 €
- Dortoir 15-25 €
- Menu déjeuner à partir de 9 €
- Musées gratuits le dimanche

50 €-200 €
- Chambre double standard 80-120 €
- Dîner de deux plats avec vin pour deux 50 €
- Circuits à pied et guidés 15-25 €

Plus de 200 €
- Hôtels de charme et de luxe 200 € ou plus
- Repas gourmet dans les meilleurs restaurants, par personne 80 €
- Billets de concert au palais de la Musique catalane environ 50 €

À l'arrivée

Aéroport d'El Prat. Les *aerobus* relient fréquemment la ville (35 min, 5,65 €) de 6h à 1h. La course en taxi coûte environ 25 €. La ligne de train Renfe R2 Nord relie l'aéroport et les stations Estació Sants et Passeig de Gràcia en centre-ville.

Estació Sants. Les trains longue distance arrivent dans cette immense gare proche du centre-ville, d'où l'on peut rejoindre les autres quartiers en métro.

Estació del Nord. La gare routière internationale de Barcelone se situe à L'Eixample, environ 1,5 km au nord-est de la Plaça de Catalunya, et à courte distance à pied de plusieurs stations de métro.

Comment circuler

Métro. C'est le moyen de transport le plus pratique. Les rames circulent de 5h à 0h du dimanche au jeudi, jusqu'à 2h le vendredi et 24h/24 le samedi. La formule *Targeta* **T-10** (valable pour 10 trajets), à 9,25 €, est plus économique que les billets à l'unité (2 € par trajet).

Bus. Le Bus Turístic au départ de Plaça de Catalunya convient aux visiteurs souhaitant faire le tour des principales curiosités de la ville en un ou deux jours.

À pied Pour explorer la vieille ville, il vous suffit d'une bonne paire de chaussures de marche.

Se loger

Le choix d'hébergements est très vaste à Barcelone, des auberges de jeunesse à petit prix, dissimulées dans le vieux quartier, aux hôtels de luxe qui dominent le front de mer. Des appartements avec petit-déjeuner sont proposés à la location dans toute la ville et constituent une solution économique. Pour une chambre double dans un hôtel moyen de gamme, les prix varient généralement de 80 à 120 € par nuit. Quel que soit l'établissement que vous choisirez, mieux vaut réserver bien à l'avance. Pour un séjour à Noël, au Nouvel An, à Pâques ou en été, réservez même trois ou quatre mois avant le départ.

Sites web

○ **Airbnb** (www.airbnb.com). Réseau international comptant des centaines de chambres et d'appartements à Barcelone.

○ **Oh-Barcelona** (www.oh-barcelona.com, en français). Choix d'hôtels, auberges de jeunesse et de locations d'appartement à bon prix.

○ **Barcelona 30** (www.barcelona30.com, en français). Pour se loger sans se ruiner.

À emporter

○ **Une soif d'excellents vins bon marché et un solide appétit pour les produits de la mer.**

○ **Un guide de conversation catalan** Même s'il est parfaitement possible de se débrouiller en espagnol (et bien souvent en anglais), les Catalans apprécieront l'effort.

○ **Un imperméable** Tout particulièrement au début du printemps et à l'automne.

Mises en garde

○ **Pickpockets** Le vol à l'arraché est un réel problème en centre-ville. Restez vigilants et ne perdez pas vos affaires de vue.

○ **Zones à éviter** L'ambiance dans El Raval, surtout dans sa moitié sud, est parfois un peu louche à la nuit tombée.

○ **Saisons** Les Barcelonais désertent la ville en août, et de nombreux restaurants et magasins ferment ou assurent des horaires d'ouverture réduits.

○ **Tourisme** L'été, attendez-vous à une ville bondée de touristes.

La Rambla et le Barri Gòtic

L'histoire est au rendez-vous dans le Barri Gòtic, l'un des quartiers les plus pittoresques d'Europe. Dans cet enchevêtrement de ruelles pavées et de places paisibles, on tombe successivement nez à nez avec des ruines romaines, des églises médiévales et des palais réaménagés. Bien qu'envahi par les touristes, le quartier ne perd rien de sa couleur locale avec ses restaurants de luxe, ses boutiques créatives et sa vie nocturne débordante, prometteuse d'animation jusqu'au petit matin.

Non loin de là, La Rambla, le boulevard le plus célèbre d'Espagne, offre un spectacle bariolé avec ses kiosques à fleurs, ses bâtiments historiques, son marché haut en couleur, ses bières aux prix exorbitants, ses boutiques de souvenirs et son défilé sans cesse renouvelé de visiteurs venus des quatre coins de la planète. Ancien ruisseau servant à l'évacuation des eaux usées à la lisière de la Barcelone médiévale, La Rambla marque aujourd'hui la limite sud-ouest du Barri Gòtic.

La Plaça Reial (p. 57)

La Rambla et le Barri Gòtic
À ne pas manquer

Flâner le long de La Rambla (p. 52)

Cette artère traversant la vieille ville sur 1,2 km déborde de vie. On y trouve tout du long des artistes de rue, des étals de nourriture, des boutiques de souvenirs et de beaux bâtiments. Venez tôt le matin pour la découvrir au calme, puis revenez l'après-midi pour la retrouver noire de monde, dans toute sa splendeur carnavalesque.

La Plaça Reial (p. 57)

L'élégante Plaça Reial est idéale pour se ressourcer après avoir parcouru les ruelles parfois odorantes du quartier médiéval. De jour, les terrasses des cafés et des restaurants abrités sous ses arcades sont investies par une clientèle paisible, tandis qu'à la nuit tombée, ses tables éclairées à la bougie et ses clubs attirent une foule plus turbulente. Une fontaine, des lampadaires ouvragés et d'occasionnels concerts complètent le décor.

BERTRAND GARDEL / HEMIS / CORBIS ©

Le musée d'Histoire de Barcelone (p. 67)

3

Ce musée tient davantage du parcours d'aventure souterrain que de l'exposition poussiéreuse. Commencez ce voyage dans le temps par la Barcino de l'époque romaine en flânant parmi les ruines de thermes antiques, de lavoirs et d'installations viticoles. Puis remontez les siècles en vous frayant un chemin au milieu de ruines wisigothes, de salles gothiques impeccablement conservées et de chapelles médiévales.

4

La cathédrale (p. 54)

La cathédrale de la Santa Creu i Santa Eulàlia est une débauche gothique de gargouilles, de maîtres-autels et de cryptes lugubres. À l'instar de nombreuses églises espagnoles, elle mélange les styles – l'église du XIVe siècle a été recouverte par une façade néogothique au XIXe siècle – ce qui ne fait qu'ajouter à la fascination qu'elle exerce. Ne manquez pas le superbe panorama qu'offre son toit.

5

La Plaça de Sant Jaume (p. 56)

La Plaça de Sant Jaume est un haut lieu de la vie citoyenne barcelonaise depuis que les Romains y érigèrent un forum il y a 2 000 ans. Flanquée de plusieurs bâtiments gouvernementaux – dont l'Ajuntament, où s'est tenu le premier conseil de Barcelone au XIVe siècle –, elle joue encore un rôle politique important. En journée, elle charrie un mélange hétéroclite de bureaucrates, de manifestants et de touristes à l'air béat.

La plaça de Sant Jaume lors des fêtes de la Mercè (p. 41)

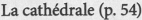

Promenade dans le Barri Gòtic

Cette promenade à travers le Barri Gòtic vous replongera plusieurs siècles en arrière à la Barcino de l'époque romaine. Vous découvrirez ce qui fut au Moyen Âge le quartier juif de la ville, et qui reste aujourd'hui truffé de trésors architecturaux séculaires, de places pittoresques et d'églises gothiques.

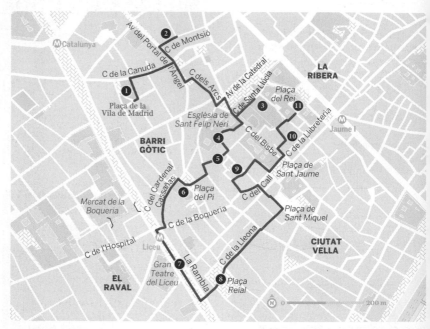

ITINÉRAIRE
- **Départ** Plaça de la Vila de Madrid
- **Arrivée** Plaça del Rei
- **Distance** 2,5 km
- **Durée** 2 heures

1 Nécropole romaine
La Plaça de la Vila de Madrid abrite un jardin semi-enfoui où sont visibles plusieurs **tombes romaines** (p. 61). Il était d'usage à l'époque romaine de border de tombes les routes à la sortie des villes, et il semblerait que cette route rattachait Barcino à la Via Augusta reliant Rome et Cadix.

2 Els Quatre Gats
L'un des rares bâtiments modernistes du quartier, la Casa Martí, abrite le restaurant **Els Quatre Gats** (les quatre chats). De 1897 à 1903, c'était le repaire des artistes barcelonais, parmi lesquels Picasso.

3 Cathédrale
L'Avinguda del Portal de l'Angel mène à la splendide **cathédrale** (p. 54). Jetez un œil aux trois frises signées Picasso ornant le bâtiment situé de l'autre côté de la place.

4 Plaça de Sant Felip Neri
Passez l'enceinte de l'ancienne ville fortifiée et tournez à droite sur la **Plaça de Sant Felip**

Neri. Observez les murs criblés d'impacts de la **vieille église**, endommagée par des bombardements profascistes en 1939.

⑤ Santa Eulàlia

Quittez la place et tournez à droite dans une ruelle où vous apercevrez une **statue** de sainte Eulalie (p. 205), l'une des saintes patronnes de la ville, morte en martyre aux mains des Romains.

⑥ Església de Santa Maria del Pi

Mettez le cap à l'ouest vers l'**Església de Santa Maria del Pi** (p. 57) du XIVᵉ siècle, célèbre pour sa splendide rosace. L'église est flanquée de deux paisibles places.

⑦ La Rambla

Continuez vers l'ouest et l'**avenue piétonnière** (p. 52) la plus animée de Barcelone. Vous y foulerez une **mosaïque signée Miró** et passerez devant le **Gran Teatre del Liceu,** le célèbre opéra.

⑧ Plaça Reial

Engagez-vous dans la petite rue menant à la **Plaça Reial** (p. 57), l'une des plus jolies places de Barcelone.

⑨ Grande synagogue

Allez vers le nord-est et les ruelles d'**El Call,** qui fut le quartier juif de Barcelone jusqu'au pogrom sanglant de 1391. La **grande synagogue** (p. 61), l'une des plus vieilles d'Europe, fut découverte en 1996.

⑩ Temple romain

Traversez la Plaça de Sant Jaume et tournez à gauche après la Carrer del Bisbe. Les vestiges d'un **temple romain,** dont les quatre colonnes sont cachées dans une petite cour, vous attendent.

⑪ Plaça del Rei

La promenade s'achève **Plaça del Rei.** Un ancien palais y abrite un excellent **musée d'histoire** (p. 67), recélant en sous-sol d'importantes ruines romaines.

 Les meilleurs...

RESTAURANTS

Pla Une appétissante cuisine fusion servie dans une vaste salle à manger médiévale. (p. 62)

La Vinateria dell Call Un cadre pittoresque pour une gastronomie catalane et méditerranéenne traditionnelle dans El Call. (p. 63)

Koy Shunka Une cuisine nippone préparée avec maestria qui mérite la dépense, surtout le *menú degustación* (11 plats). (p. 63)

Can Culleretes Entièrement orné de peintures murales, le plus vieil établissement de Barcelone est un grand classique depuis le XVIIIᵉ siècle. (p. 63)

BARS ET CAFÉS

Oviso Un antre bohème sur la Plaça de George Orwell. (p. 64)

Čaj Chai Un charmant café à l'écart dans une ruelle d'El Call. (p. 65)

Marula Cafe Un club pour amateurs de soul. (p. 65)

SITES HISTORIQUES

Temple romain d'Auguste D'imposantes colonnes vestiges d'un glorieux empire. (p. 61)

Nécropole romaine Des sépultures datant de Barcino, la Barcelone romaine. (p. 61)

Grande synagogue Une synagogue médiévale attestant d'un quartier juif jadis florissant. (p. 61)

Els Quatre Gats

Les incontournables
La Rambla

La Rambla est une vaste avenue piétonnière bordée d'arbres et flanquée d'étroites chaussées destinées à la circulation. Barcelonais et touristes s'y promènent en nombre jusque tard dans la nuit, profitant des différentes sources d'animation : cafés, restaurants, kiosques à journaux, musiciens ambulants, mimes et autres artistes de rue.

Plan p. 58

Ⓜ Catalunya, Liceu ou Drassanes

La Rambla de Canaletes

La partie haute de La Rambla, du côté de la Plaça de Catalunya, porte le nom d'une **fontaine** (début du XXe siècle), dont l'eau proviendrait de la source de Canaletes. Selon la légende, quiconque boit l'eau de la fontaine est sûr de revenir un jour à Barcelone. C'est là que les supporters de football en délire se rassemblent lorsque le club local, le FC Barcelone, remporte une victoire.

L'Església de Betlem

Juste au nord de la Carrer del Carme, cette église, considérée comme le plus bel édifice baroque de la ville, fut construite par les Jésuites entre la fin du XVIIe et le début du XVIIIe siècle à la place d'une église détruite par un incendie en 1671. Elle fut elle-même incendiée par les anarchistes en 1936 durant la guerre civile.

Le palais Moja

Du côté est de La Rambla se dresse le **Palau Moja**, rare édifice néoclassique. Ses lignes s'apprécient mieux depuis l'autre côté de La Rambla.

Le palais de la Virreina

Le **Palau de la Virreina** est une demeure rococo grandiose du XVIIIe siècle (avec quelques éléments néoclassiques). Il abrite l'office municipal d'informations culturelles où vous pourrez réserver des billets, ainsi que le **Centre de la Imatge**, où sont proposées des expositions temporaires de photographies. Tarifs et horaires variables.

La mosaïque de Miró

Sur la Plaça de la Boqueria, où se rejoignent quatre petites rues, au nord de la station de métro Liceu, on peut marcher sur une œuvre de Miró – une **mosaïque** colorée. L'artiste a choisi cet endroit pour sa proximité avec sa maison natale dans le Passatge del Crèdit. En voyant la mosaïque, les connaisseurs reconnaîtront les couleurs vives et les formes caractéristiques de Miró, mais de nombreux touristes passent dessus sans même s'en rendre compte. Un pavé près du bas de l'œuvre porte la signature de l'artiste.

La Rambla dels Caputxins

Portant le nom d'un monastère aujourd'hui disparu, cette section de La Rambla s'étend de la Plaça de la Boqueria à la Carrer dels Escudellers. Cette dernière doit son nom à la corporation des potiers, fondée au XIIIe siècle, dont les membres vivaient et travaillaient dans le quartier. La façade du Gran Teatre del Liceu (p. 57) se dresse à l'ouest ; la Plaça Reial (p. 57), ombragée par des palmiers, s'étend au sud-est.

La Rambla de Santa Mònica

La dernière section de La Rambla s'élargit à l'approche du monument à Colomb (p. 57) qui surplombe Port Vell. Cette partie de l'avenue doit son nom à l'ancien couvent Sainte-Monique, qui se dressait du côté ouest de la rue. Il a depuis été transformé et abrite le **Centre d'art Santa Mònica**, un centre culturel proposant surtout des expositions multimédias modernes ; entrée libre.

La guerre et La Rambla

La Rambla fut le théâtre de nombreux événements lors de la guerre civile. Dans *Hommage à la Catalogne*, Orwell décrit l'avenue durant les premiers jours de la guerre. "Sur les Ramblas, large artère centrale de la ville constamment animée par le va-et-vient de flots de gens, les haut-parleurs beuglaient des chants révolutionnaires tout le long du jour et jusqu'à une heure avancée de la nuit. [...] Une bonne part m'en demeurait incompréhensible et même, en un sens, ne me plaisait pas ; mais il y avait là un état de choses qui m'apparut sur-le-champ comme valant la peine qu'on se battît pour lui." Pendant la guerre, de violents combats de rue éclatèrent sur La Rambla. Des anarchistes tirèrent même sur Orwell alors qu'il traversait l'avenue en courant.

Les incontournables
La cathédrale

C'est du parvis, sur l'Avinguda de la Catedral, que l'on peut le mieux admirer la magnificence de la grande église de Barcelone. L'imposante façade principale (nord-ouest), richement décorée de gargouilles et de subtils entrelacs dignes d'une construction gothique d'Europe du Nord, fut conçue d'après des plans datant de 1408, mais ne fut ajoutée qu'en 1870. Elle est actuellement en cours de restauration. Le reste du bâtiment fut érigé entre 1298 et 1460. On remarquera les autres façades, plus sobres, et les deux tours octogonales au toit plat, du plus pur style gothique catalan.

Plan p. 58

📞 93 342 82 60

www.catedralbcn.org

Plaça de la Seu

Entrée libre, visite spéciale 5 €, chœur 2,20 €

🕐 8h-12h45 et 17h15-20h lun-sam, visite spéciale 13h-17h lun-sam, 14h-17h dim et jours fériés, salle capitulaire 10h-12h15 et 17h15-19h lun-sam, 10h-12h45 et 17h15-19h dim

Ⓜ Jaume I

Le chœur

Les stalles délicatement ciselées du chœur, au milieu de la nef centrale, datent de la fin du XIVᵉ siècle. Elles portent les armoiries des membres barcelonais de l'ordre de la Toison d'or, dont l'empereur Charles Quint présida ici une réunion en 1519. Prenez le temps d'observer de près le travail artistique ; la Vierge à l'Enfant représentée sur la chaire est particulièrement réussie.

La vue du toit

L'intérieur de la cathédrale est si riche que l'on aurait tôt fait d'en oublier l'extérieur. Son toit est pourtant remarquable, non seulement pour la vue qu'il offre sur la Barcelone médiévale, mais également parce qu'il permet de prendre conscience de l'envergure de la cathédrale. Les étages supérieurs sont accessibles par ascenseur depuis la Capella de les Animes del Purgatori, à côté du transept nord-est.

Les oies

Les oies sont à la cathédrale de Barcelone ce que les corbeaux sont à la tour de Londres. Les 13 volatiles du cloître, qui y cacardent de génération en génération depuis le Moyen Âge, symbolisent l'âge d'Eulalie au moment de son calvaire. Ils font d'excellents chiens de garde !

La crypte

C'est ici que se trouve le tombeau sacré de sainte Eulalie, copatronne de Barcelone, affectueusement surnommée Laia. Les reliefs du sarcophage en albâtre exécutés par des artisans italiens relatent son calvaire et, sur la partie supérieure, le transport de sa dépouille jusqu'à sa dernière demeure.

Les fonts baptismaux

Christophe Colomb aurait kidnappé une vingtaine d'Indiens sur l'île caribéenne d'Hispaniola lors de sa première expédition, qu'il aurait ramenés en Espagne. Seuls six survécurent au voyage et selon la légende, ils ont été aspergés d'eau bénite à cette fontaine située tout de suite à gauche de l'entrée principale.

Ma sélection

La cathédrale

PAR GORKA REGIDOR, GUIDE TOURISTIQUE ET FONDATEUR DE RUNNER BEAN TOURS

1 LA CRYPTE DE SANTA EULÀLIA
On trouve de nombreuses références à la sainte patronne de Barcelone un peu partout dans la cathédrale, mais c'est dans la crypte que c'est le plus frappant. En son centre trône un sarcophage italien en albâtre du XVᵉ siècle où la dépouille d'Eulalie se trouverait encore. La crypte n'est accessible que le 12 février, jour de la Sainte-Eulalie, mais si vous mettez 50 centimes dans la boîte, la salle s'éclairera pour vous en offrir un meilleur aperçu.

2 LA NEF PRINCIPALE
Si votre visite coïncide avec un concert, prenez place sur l'un des bancs et laissez-vous envoûter par le son de l'orgue du XVᵉ siècle qui enveloppe les lieux d'un voile de magie et de mystère.

3 LE CHŒUR
En 1519, l'ordre de la Toison d'or, composé de l'élite de la noblesse européenne, fut convié à Barcelone par le roi Charles Quint. En visitant le cloître, dont les stalles sont marquées des armoiries de chacun de ses membres, vous aurez le sentiment de voyager dans le temps.

4 LE CLOÎTRE
Un petit coin de paradis où vivent 13 oies en mémoire de sainte Eulalie. Faites-en le tour en observant les pierres tombales au sol. Vous y distinguerez des chaussures, ciseaux et autres symboles de confréries médiévales (celles des cordonniers, des tailleurs et des charpentiers). Si vous êtes à Barcelone le jour de la Fête-Dieu, vous pourrez assister à l'une de ses traditions les plus populaires : l'*Ou Com Balla* (l'œuf dansant).

5 LES GARGOUILLES EXTÉRIEURES
La cathédrale totalise 160 gargouilles. Levez le nez au ciel et cherchez, outre les dragons et les bêtes mythologiques facilement repérables, des éléphants, des licornes et des guerriers médiévaux. Un jeu qui ravira les plus jeunes et leurs aînés.

Découvrir La Rambla et le Barri Gòtic

 Comment circuler

○ **Métro.** Les stations situées sur La Rambla ou à proximité sont Catalunya, Liceu et Drassanes. Pour l'est du Barri Gòtic, optez pour Jaume I et Urquinaona.

○ **Bus.** Les bus de nuit et ceux desservant l'aéroport arrivent et partent de la Plaça Catalunya.

○ **Taxi.** Il est très facile d'arrêter un taxi sur La Rambla ou Plaça Catalunya.

◉ À voir

La Rambla   Rue animée
Voir p. 52.

Cathédrale   Église gothique
Voir p. 54.

GRATUIT **Palais del Lloctinent**   Site historique
(Palau del Lloctinent ; Carrer dels Comtes ; ⊙10h-19h ; M Jaume I). Cet ancien palais du XVIe siècle cache une cour paisible qui mérite le détour. En haut de l'escalier principal, admirez l'*artesonado,* un plafond sculpté de manière à figurer la coque renversée d'un bateau. Il fut réalisé au XVIe siècle par Antoni Carbonell. Des expositions sont parfois organisées.

Musée diocésain   Musée d'art
(Museu Diocesà ; Casa de la Pia Almoina ; ☎93 315 22 13 ; www. arqbcn.org, en partie en français ; Avinguda de la Catedral 4 ; adulte/ enfant 6/3 € ; ⊙10h-14h et 17h-20h mar-sam, 11h-14h dim ; M Jaume I). La principale œuvre de bienfaisance de la ville y élut domicile au XIe siècle, mais le bâtiment actuel, en mauvais état, ne date que du XVe siècle. Il abrite aujourd'hui le musée diocésain, qui présente une petite exposition sur Antoni Gaudí (comprenant un documentaire fascinant sur sa vie et sa philosophie) au dernier étage. Il compte également une collection éclectique d'objets d'art religieux médiéval que viennent habituellement enrichir une ou deux expositions temporaires.

Plaça de Sant Jaume   Place
(M Liceu ou Jaume I) Encadrée au nord par le palais de la Generalitat (siège du

La porte de Saint-Georges au palais del Lloctinent ; sculpteur : Josep Maria Subirachs

gouvernement catalan) et au sud par l'Ajuntament (hôtel de ville), la Plaça de Sant Jaume reste – depuis l'époque romaine, où elle abritait le forum romain – le centre de la vie citoyenne de Barcelone. Derrière l'Ajuntament s'élèvent les affreux bureaux de l'hôtel de ville construits dans les années 1970 sur la Plaça de Sant Miquel. En face, à l'angle de la Baixada de Sant Miquel, le palais Centelles est un joyau datant du XVe siècle. Si la porte est ouverte, vous pourrez flâner dans sa cour de style gothique Renaissance.

Ajuntament   Architecture

(☎ 93 402 70 00 ; www.bcn.cat ; Plaça de Sant Jaune ; ☉10h30-13h30 dim ; Ⓜ Liceu ou Jaume I). L'Ajuntament (hôtel de ville) ou Casa de la Ciutat (maison de la ville), est le siège de la municipalité depuis des siècles. Le Consell de Cent, chargé de gouverner la cité au Moyen Âge, l'occupa à partir du XIVe siècle. L'édifice a été remanié depuis la période gothique et a quelque peu perdu de sa splendeur.

Palais de la Generalitat   Palais

(Palau de la Generalitat ; www.gencat.cat ; Plaça de Sant Jaune ; Ⓜ Liceu ou Jaume I). Construit au début du XVe siècle, le palais, qui abrite le siège du gouvernement catalan, n'ouvre que rarement (le deuxième et le quatrième week-end du mois, et lors des journées portes ouvertes). La plus impressionnante des salles officielles, le **Saló de Sant Jordi**, tire son nom du saint patron de la région, saint Georges. On peut admirer à toute heure l'entrée d'origine, de style gothique, dans la Carrer del Bisbe. Réservez en ligne pour les visites du week-end.

Musée des Idées et des Inventions de Barcelone   Musée

(Museu d'idees i invents de Barcelona ; ☎ 93 332 79 30 ; www.mibamuseum.com ; Carrer de la Ciutat 7 ; adulte/enfant 7/5 € ; ☉10h-19h mar-sam, 10h-14h dim ; Ⓜ Jaume I). Inauguré en 2011, ce musée présente des inventions à la fois brillantes et bizarres : balais à franges équipés de microphones (pour chanter pendant que l'on fait le ménage), siège pour insérer des suppositoires,

mugs avec compartiment pour biscuits, bracelets mesurant les rayons UV et lunettes ajustables à toutes les vues.

Plaça de Sant Josep Oriol   Place

(Ⓜ Liceu). Cette petite place est la plus ravissante du Barri Gòtic. Ses bars et ses cafés, qui attirent les musiciens et les artistes de rue, permettent de passer un agréable moment. Entourée de ruelles pittoresques, bordée de boutiques, de restaurants et de cafés, elle est dominée par l'**Església de Santa Maria del Pi** (☉9h30-13h et 17h-20h30 ; Ⓜ Liceu), une église gothique construite entre le XIVe et le XVIe siècle. La splendide rosace de 10 m de diamètre qui surmonte le portail principal sur la Plaça del Pi serait la plus grande du monde.

Plaça Reial   Place

(Ⓜ Liceu). Loin de la circulation et des passants de La Rambla, la Plaça Reial est l'une des places les plus photogéniques de Barcelone. Restaurants, bars et boîtes de nuit sont installés sous les arcades des édifices néoclassiques du XIXe siècle, et la place bourdonne d'activité à toute heure. Les deux réverbères proches de la fontaine sont parmi les premières réalisations connues de Gaudí dans la ville.

Gran Teatre del Liceu   Architecture

(☎ 93 485 99 14 ; www.liceubarcelona.com ; La Rambla dels Caputxins 51-59 ; ☉visite guidée de 1 heure 10h, visite sans guide 11h30, 12h, 12h30 et 13h ; Ⓜ Liceu). À défaut d'assister à une représentation, vous pourrez toujours visiter ce magnifique opéra que les Barcelonais appellent tout simplement le Liceu. Édifié en 1847, il servit de tremplin à plusieurs grandes stars catalanes comme José Carreras et Montserrat Caballé. En 1994, un incendie détruisit la majeure partie de l'auditorium du XIXe siècle, mais les autorités municipales le reconstruisirent avec soin tout en le dotant des technologies les plus modernes. Le Liceu rouvrit ses portes en octobre 1999.

Monument à Colomb   Point de vue

(Mirador a Colom ; ☎ 93 302 52 24 ; Plaça del Portal de la Pau ; ascenseur adulte/enfant 4/3 € ; ☉8h30-20h30 ; Ⓜ Drassanes). Haut perché

La Rambla et le Barri Gòtic

200 m

Plaça de Catalunya

El Triangle

C de Catalunya

C de Santa Anna

Plaça de Ramon Amadeu

Església Santa Anna

C de Rivadeneyra

C de Bertrellans

Av del Portal de l'Àngel

C de n'Amargós

C Comtal

57 32

64

C de Montsió

C dels Tallers

Bureau d'information de La Rambla

La Rambla de Canaletes

9

C del Pintor Fortuny

Plaça del Bonsuccés

C del Bonsuccés

C d'en Xuclà

La Rambla dels Estudis

53

25

Plaça de la Vila de Madrid

C del Duc de la Victòria

C d'en Bot

BARRI GÒTIC

C d'en Roca

C de la Portaferrissa

66 63

39

Plaça del Pi

La Rambla

La Rambla de Sant Josep

19

6

17

Església de Betlem

C del Carme

Marché de la Boqueria

Jardins del Doctor Fleming

C de Jerusalem

C de Santa Eulàlia

Baixada de Santa Eulàlia

C del Cardenal Casañas

1 21

C de la Boqueria

56

C dels Banys Nous

Plaçeta de Manuel Ribé

61

C de la Fruita

C dels Banys Vells

C dels Boters

Plaça de Sant Felip Neri

C de Sant Domènec del Call

28

13

4

C dels Capellans

C dels Sagristans

C de Durant Bas

C del Pi

Plaça Nova

Av de la Catedral

Plaça de la Seu

15

Cathédrale

Musée Frederic Marès

C de la Tapineria

C de la Palla

C del Bisbe

16

C de Sant Honorat

C de Sant Sever

5

42

34

3 23

Musée d'Histoire de Barcelone

18

24

Plaça de Ramon Berenguer el Gran

Plaça d'Antoni Maura

LA RIBERA

Marché Santa Caterina

C de les Freixures

C dels Mercaders

C en Giralt Pellisser

C dels Carders

C dels Flassaders

C dels Assaonadors

C de la Princesa

Plaça d'Allada i Vermell

Església de Santa Maria del Mar

C de Montcada

C dels Banys Vells

C Vigatans

C de l'Argenteria

C de la Nau

C d'A J Baixeras

Plaça dels Traginers

Baixada de Viladecols

CIUTAT VELLA

46

C de la Bellafila

C de la Ciutat

14 37

8

C de la Palma

29

C de Lledó

Via Laietana

C del Sostinent Navarro

Plaça dels Comtes

C del Veguer

La Llibreria

58

Plaça de Sant Just

Plaça del Rei

Oficina d'Informació de Turisme de Barcelona

20

1

44

C del Pas de l'Ensenyança

Plaça de Sant Miquel

31 67

60

C d'en Ferran

C dels Capellans

C del Dr Joaquim Pou

33

C del Portet

Coloms

C de la Bòria

LA RIBERA

Plaça d'Antoni Maura

C de Sant Pere més Baix

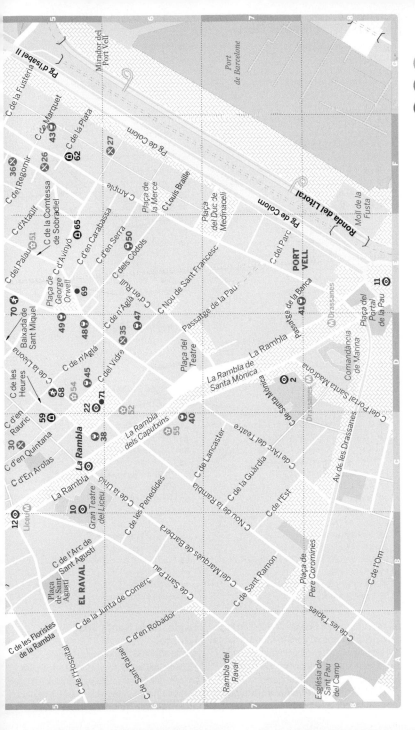

Mirador del
Port Vell

Pg d'Isabel II

C de la Fusteria

C de Marquet
43

C de la Plata
62 26
36
C d'en Regomir
C de Colom
27
Pg de Colom

C d'Ataülf

C de la Comtessa
de Sobradiel

Plaça de
la Mercè

C Louis Braille

51
C del Palau

65
C de n'Avinyó

C d'en Carabassa

C Ample

Plaça del
Duc de
Medinaceli

C d'en Serra
50

70

Plaça de
George
Orwell
69

C dels Codols

Pg de Colom

PORT
VELL

Baixada de
Sant Miquel

49
48

C de n'Aglà

C d'en Rull

C Nou de Sant Francesc

C del Parc

11

Plaça del
Portal
de la Pau

C de les
Heures

C de la Lleona

68
54

45

C del Vidre

35
47

Passatge de la Pau

Passatge de la Banca

41

Drassanes

Comandància
de Marina

C d'en
Rauric
59

22
71

52

Plaça del
Teatre

La Rambla

La Rambla de
Santa Mònica

30
C d'en Quintana

38

55

40

La Rambla
dels Caputxins

2

Drassanes

C d'En Arolas

La Rambla

C de Lancaster

C de l'Arc del Teatre

C de Santa Mònica

C del Portal Santa Madrona

Av de les Drassanes

12
Liceu

La Rambla

10

Gran Teatre
del Liceu

C de la Unió

C de les Penedides

C Nou de la Rambla

C de la Guàrdia

C de l'Est

Plaça
de Sant
Agustí
EL RAVAL

C de l'Arc de
Sant Agustí

C de Sant Pau

C del Marquès de Barbera

C de Sant Ramon

Plaça de
Pere Coromines

C de l'Om

C de les Floristes
de la Rambla

C de l'Hospital

C de la Junta de Comerç

C de Sant Rafael

C d'en Robador

Rambla del
Raval

C de les Tàpies

Església de
Sant Pau
del Camp

Port
de Barcelone

Ronda del Litoral

Moll de la
Fusta

La Rambla et le Barri Gòtic

sur un rond-point, Christophe Colomb veille, le doigt pointé vers la Méditerranée. Construit pour l'Exposition universelle de 1888, le monument offre, du haut de ses 60 m (on y accède par un ascenseur), une belle vue panoramique sur La Rambla et le port de Barcelone.

Església de Sants Just i Pastor
Église

(☎ 93 301 74 33 ; www.basilicasantjust.cat ; Plaça de Sant Just 5 ; ◷ 11h-14h et 17h30-20h lun-sam, 10h-13h dim ; Ⓜ Liceu ou Jaume I). Cet édifice un peu délabré, peut-être la plus ancienne église paroissiale de la ville, fut bâti en 1342 dans un style gothique catalan. Sa nef unique, qui renferme quelques beaux vitraux, est flanquée de chapelles de chaque côté des contreforts.

GRATUIT Centre d'interprétation du quartier juif   Site historique

(Centre d'interpretació del Call ; ☎ 93 256 21 22 ; www.museuhistoria.bcn.cat ; Placeta de Manuel Ribé ; ☉11h-14h mar-ven, 11h-19h sam et dim ; Ⓜ Jaume I ou Liceu). Cette maison du XIVᵉ siècle appartenait au tisserand juif Jucef Bonhiac. Elle est devenue un petit centre d'information consacré à l'histoire du quartier juif de Barcelone, le Call.

Grande Synagogue   Synagogue médiévale

(☎ 93 317 07 90 ; www.calldebarcelona.org; Carrer de Marlet 5 ; don suggéré 2,50 € ; ☉10h30-18h30 lun-ven, jusqu'à 14h30 sam et dim ; Ⓜ Liceu). L'une des quatre synagogues que comptait la ville au Moyen Âge. On voit encore des vestiges de murs romains et médiévaux dans le petit espace voûté auquel on accède depuis la rue, ainsi que d'anciens puits de tanneurs (XVᵉ siècle). La deuxième salle a été restaurée et sert encore de synagogue. Si l'on en croit des ruines d'un rempart de la fin de l'époque romaine tournées vers Jérusalem, une synagogue se dressait ici.

GRATUIT Temple romain d'Auguste   Vestiges romains

(Temple Romà d'August ; Carrer del Paradis ; ☉10h-20h mar-dim ; Ⓜ Jaume I). En face de la façade sud-est de la cathédrale, la Carrer del Paradis mène à la Plaça de Sant Jaume. La maison située au n°10 est agrémentée de touches gothiques et baroques ; dans le patio sont conservées quatre colonnes et l'architrave du principal temple romain de Barcelone, édifié au Iᵉʳ siècle et dédié à l'empereur Auguste. On se trouve alors sur le point culminant de Barcino, le mont Taber (16,9 m).

Nécropole romaine   Site archéologique

(Via Sepulcral Romana ; ☎ 93 256 21 00 ; www.museuhistoria.bcn.cat ; Plaça de la Vila de Madrid ; 2 € ; ☉11h-14h mar-ven, 11h-19h sam et dim ; Ⓜ Catalunya). Situé en contrebas dans la Carrer de la Canuda, ce jardin, qui abrite plusieurs tombes romaines, s'étend de chaque côté de la route qui partait vers le nord-ouest depuis Barcino. La loi romaine interdisant d'enterrer les morts dans l'enceinte de la cité, tous étaient ensevelis le long des routes.

Domus Romana   Site archéologique

(☎ 93 256 21 00 ; www.museuhistoria.bcn. cat ; Carrer de la Fruita 2 ; 2 € ; ☉10h-14h sam et dim ; Ⓜ Liceu). Les vestiges d'une maison de ville romaine ont été mis au jour et ouverts au public. Avec le forum, elle donne un aperçu du quotidien des Romains. On y voit aussi six silos à grains datant de l'époque où le quartier juif, le Call, était situé là.

Dalí   Musée

(Museo Real Círculo Artístico de Barcelona ; ☎ 93 318 17 74 ; www.daliabarcelona.com ; Carrer dels Arcs 5 ; adulte/enfant 10/7 € ; ☉10h-22h ; Ⓜ Liceu). Installée dans le bâtiment du Reial Cercle Artístic (cercle artistique royal), près de la cathédrale, cette collection comprend quelque 60 sculptures peu connues d'un artiste surtout réputé pour sa peinture. Des dessins, des photos et des documents sur l'artiste ou de sa main complètent le tout.

Musée de la Chaussure   Musée

(Museu del Calçat ; ☎ 93 301 45 33 ; Plaça de Sant Felip Neri 5 ; 2,50 € ; ☉11h-14h mar-dim ; Ⓜ Jaume I). Cet improbable musée abrite une collection allant des sandales égyptiennes à de délicates chaussures de femme du XVIIIᵉ siècle. Le musée et la corporation des cordonniers, dont les origines remontent à l'époque médiévale, furent transférés ici peu de temps après la guerre civile.

Où se restaurer

Idéale pour observer les passants, La Rambla est loin de satisfaire les palais. Aventurez-vous plutôt dans les rues

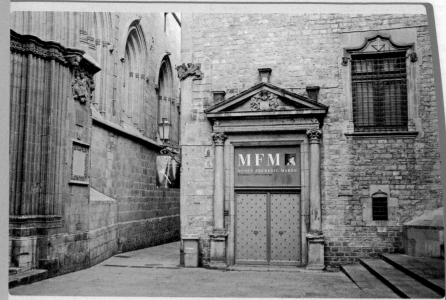

 Les incontournables
Le musée Frederic Marès

L'un des musées barcelonais les plus fascinants est installé dans ce complexe médiéval, qui fut autrefois le palais des comtes de Barcelone. Frederic Marès i Deulovol (1893-1991) était un riche sculpteur, voyageur et collectionneur compulsif. Il se spécialisa dans la sculpture médiévale espagnole, dont d'innombrables exemples, entre autres sont présentés au sous-sol, au rez-de-chaussée et au 1er étage.

Les deux derniers étages renferment "le cabinet du collectionneur", un extraordinaire bric-à-brac : armes médiévales, pipes sculptées, éventails délicats, arrangements "floraux" complexes composés de coquillages et daguerréotypes et photographies du XIXe siècle. La salle qui servait de bureau et de bibliothèque à Marès est aujourd'hui remplie de sculptures. La cour ombragée abrite un agréable café d'été, le Cafè de l'Estiu.

INFOS PRATIQUES

📞 93 256 35 00 ; www.museumares.bcn.es ; Plaça de Sant Lu 5 ; entrée 4,20 €, entrée libre dim après 15h et 1er dim du mois ; 🕐 10h-19h mar-sam, 11h-20h dim ; Ⓜ Jaume I

---

tortueuses du Barri Gòtic, votre estomac (et votre porte-monnaie) vous en seront éternellement reconnaissants.

Pla Fusion €€
(📞 93 412 65 52 ; www.elpla.cat ; Carrer de la Bellafila 5 ; plats 18-24 € ; 🕐 dîner ; 🖊 ; Ⓜ Jaume I). Dans cet établissement

chic, à l'éclairage romantique et apprécié de longue date, on déguste une queue de bœuf braisée au vin rouge, un thon saisi avec une aubergine grillée ou une lotte "à la thaï" avec crevettes, citronnelle et mousse de pomme. Menu dégustation à 36 € du dimanche au jeudi.

La Vinateria del Call
Espagnol €€

(📞 93 302 60 92 ; http://lavinateriadelcall.com, en français ; Carrer de Sant Domènec del Call 9 ; petites assiettes 7-11 € ; 🕐 dîner ; Ⓜ Jaume I). Dans l'ancien quartier juif, ce minuscule restaurant sert de savoureux plats espagnols : poulpe à la galicienne, chorizo au cidre et *escalivada* catalane (poivrons, aubergine et oignons grillés) avec des anchois. Petites portions, faciles à partager. Bonne sélection de vins abordables.

Koy Shunka
Japonais €€€

(📞 93 412 79 39 ; www.koyshunka.com ; Carrer de Copons 7 ; menu de plusieurs plats 72-108 € ; 🕐 déj mar-dim, dîner mar-sam ; Ⓜ Urquinaona). Au bout d'une allée étroite au nord de la cathédrale, Koy Shunka propose d'appétissants sushis, des sashimis, du bœuf Wagyu et de savoureuses salades d'algues, ainsi que des plats fusion inventifs (*almejas finas al vapor con sake*, palourdes à la vapeur avec saké ou *tempura de vieira y lagostino con setas de japonesas*, tempura de coquilles Saint-Jacques et grosses crevettes avec champignons japonais). Le *toro* (ventrèche de thon) est la spécialité de la maison.

Can Culleretes
Catalan €€

(📞 93 317 30 22 ; Carrer Quintana 5 ; plats 8-14 € ; 🕐 déj et dîner mar-sam, déj dim ; Ⓜ Liceu). Fondé en 1786, le plus vieux restaurant de Barcelone a toujours autant de succès. On s'y presse pour sa grande salle, son décor carrelé à l'ancienne, et les copieuses assiettes de spécialités catalanes. Menus du jour de plusieurs plats (12,80 €) d'un excellent rapport qualité/prix.

Cafè de l'Acadèmia
Catalan €€

(📞 93 319 82 53 ; Carrer de Lledó 1 ; plats 13-17 € ; 🕐 lun-ven ; Ⓜ Jaume I). Des plats traditionnels avec une touche créative. À l'heure du déjeuner, les employés de l'Ajuntament voisin raffolent du *menú del día* (14 €, ou 10 € au bar). Le soir, l'endroit est plus romantique, l'éclairage tamisé accentuant le charme du cadre boisé. Le choix va du *chuletón* (énorme côte de bœuf) pour deux à la *guatlla farcida de foie d'ànec i botifarra amb salsa de ceps* (caille farcie au foie de canard et saucisse, sauce aux champignons).

Cererìa
Végétarien €€

(📞 93 301 85 10 ; Baixada de Sant Miquel 3 ; plats 9-16 € ; 🕐 dîner lun-sam ; 📶🖊 ; Ⓜ Jaume I). Le sol de marbre noir et blanc, les quelques vieilles tables en bois et les instruments (la plupart faits sur place) confèrent un charme bohème à ce petit restaurant végétarien. Les pizzas, délicieuses, sont bio, tout comme les savoureuses galettes, les crêpes et les copieuses salades.

Cervecería Taller de Tapas
Espagnol €€

(📞 93 481 62 33 ; Carrer Comtal 28 ; plats 8-15 € ; 🕐 10h-0h lun-sam, 12h-0h dim ; Ⓜ Urquinaona). Établissement animé et décontracté, aux murs de pierre blanche et poutres au plafond. Large choix de tapas et plats du jour comme le *cochinillo* (cochon de lait rôti). Quelques bières du monde – Leffe, Guinness, Brahma (Brésil) et Sol (Mexique).

Agut
Catalan €€

(www.restaurantagut.com ; Carrer d'en Gignàs 16 ; plats 16-25 € ; 🕐 déj et dîner mar-sam, déj dim ; Ⓜ Drassanes). Restaurant emblématique au cœur du quartier gothique. Les diverses salles sont séparées par de larges arches, et des œuvres d'art tapissent les murs. Mais ici, l'art se trouve surtout dans les assiettes : viandes grillées au bois de chêne et succulents poissons et fruits de mer, comme la *cassoleta de rap a l'all cremat amb cloïsses* (lotte aux palourdes et à l'ail doré).

Los Caracoles
Espagnol €€

(📞 93 301 20 41 ; www.los-caracoles.es, en français ; Carrer dels Escudellers 14 ; plats 13-32 € ; Ⓜ Drassanes). La taverne "Les Escargots", gérée par la 5e génération de la famille Bofarull, a ouvert en 1835 et compte parmi les restaurants les plus connus de Barcelone. Dans les diverses salles (demandez la petite salle de banquet d'allure médiévale), les tables usées et les murs habillés d'ail respirent des siècles d'histoire et pourraient même distraire la clientèle des poulets rôtis et des escargots, qui sont les spécialités de la maison.

Bar Celta   Galicien €€
(Carrer de la Mercè 16 ; tapas 3-6 € ; ⏱12h-
0h mar-dim ; Ⓜ Drassanes). Bar à tapas
lumineux et bruyant spécialisé dans le
poulpe *(pulpo)* et d'autres créatures
comme les couteaux *(navajas)*. Même les
plus exigeants des Galiciens s'y régalent.
Prenez place au bar, commandez une
bouteille de Ribeiro et les *tazas* à la
galicienne (de petites tasses blanches), et
dévorez vos *raciones* (portions copieuses
de tapas).

Caelum   Café €
(📞 93 302 69 93 ; Carrer de la Palla 8 ; en-cas
2-4 € ; ⏱10h30-20h30 lun-jeu, 10h30-23h30
ven et sam, 11h30-21h dim ; Ⓜ Liceu). Des
siècles de divine tradition gastronomique
espagnole sont réunis dans cet espace
médiéval au cœur de la ville. Le charmant
sous-sol permet de savourer un thé
et des pâtisseries à l'abri des regards.

Milk   Brunch €
(www.milkbarcelona.com ; Carrer d'en Gignàs 21 ;
plats 9-10 € ; ⏱10h-16h et 18h30-23h30 ;

Ⓜ Jaume I). Connu de beaucoup comme
un bar à cocktails décontracté, le Milk,
tenu par des Irlandais, est surtout
populaire auprès des noctambules
pour ses brunchs (servis jusqu'à
16h). Dégustez pancakes, œufs à
la bénédictine et autres plats pour
"lendemains de fête" dans un endroit
petit mais cosy.

🍷 Où prendre un verre et faire la fête

Oviso   Bar
(Carrer d'Arai 5 ; ⏱10h-2h ; Ⓜ Liceu). Restaurant
populaire pour petits budgets avec tables
sur la place. C'est la nuit que son style
bohème se fait sentir, avec une clientèle
hétéroclite, une ambiance rock'n'roll
et deux salles de style fin du XIXᵉ siècle
aux curieuses peintures murales – des
oies prenant leur envol, des dauphins
bondissants et des paons bleus sur fond
rouge vif.

Ci-contre : Los Caracoles (p. 63) ; **Ci-dessous :** une rue du Barri Gòtic

La Cerveteca — Bar

Carrer de Gignàs 25 ; ⏲16h-22h un-jeu, 13h-23h ven et sam, 13h-22h im ; Ⓜ Jaume I). Incontournable pour es amateurs de bières, La Cerveteca offre un choix impressionnant de bières artisanales internationales. Outre la multitude de bouteilles, l'offre de bières à la pression est souvent renouvelée.

Caj Chai — Café

☎93 301 95 92 ; Carrer de Sant Domènec del Call 12 ; ⏲15h-22h lun, 10h30-22h mar-dim ; Ⓜ Jaume I). Inspiré des salons de thé bohèmes de Prague, ce café clair et animé, au cœur de l'ancien quartier juif, ravira les amateurs de thé. Très apprécié des habitants, il possède plus de 100 thés de Chine, d'Inde, de Corée, du Japon, du Népal, du Maroc et d'ailleurs.

Marula Cafè — Bar

www.marulacafe.com ; Carrer dels Escudellers 49 ; ⏲23h-5h ; Ⓜ Liceu). Fantastique trouvaille en plein cœur du Barri Gòtic, le Marula vous transporte dans les années 1970 au son du funk et de la soul. Les fans de James Brown seront au paradis. Les DJ passent également d'autres styles de musique, du breakbeat à la house.

Polaroid — Bar

(Carrer dels Còdols 29 ; ⏲19h-2h30 ; Ⓜ Drassanes). Comme son nom l'indique, Polaroid rappelle le passé avec ses cassettes VHS accrochées au mur, ses affiches de vieux films, ses tables couvertes de BD, ses vitrines de figurines et autres babioles kitch. La clientèle enjouée et sans prétention vient pour les *cañas* (pressions ; 2 €) bon marché, les bons mojitos et le popcorn gratuit.

Dusk — Bar lounge

(Carrer de la Mercè 23 ; ⏲18h-2h30 ; Ⓜ Drassanes). Dissimulé dans une charmante ruelle du quartier gothique, cet établissement tient à la fois du bar festif et du *lounge* à l'ambiance plus intime : il possède diverses salles à l'éclairage tamisé et aux murs de vieilles briques, avec canapés confortables encadrés de rideaux rouges, mais diffuse aussi du sport sur grand écran. La clientèle, principalement étrangère, apprécie les cocktails et les tapas.

Bosc de les Fades   Bar lounge
(Passatge de la Banca 5 ; ☉10h-1h ; Ⓜ Drassanes). Comme son nom l'indique, la "Forêt des fées" offre une retraite féerique loin de l'agitation des Ramblas voisines. Chaises et tables éclairées par des lampes sont éparpillées sous une forêt d'intérieur dotée d'une fontaine et d'une grotte.

Barcelona Pipa Club   Bar
(☎93 302 47 32 ; www.bpipaclub.com ; Plaça Reial 3 ; ☉22h-4h ; Ⓜ Liceu). Ce club de fumeurs de pipe ressemble à un vaste appartement rempli de bibelots, notamment des pipes dont l'endroit tire son nom. Sonnez à la porte et montez au 2e étage.

Blondie   Bar
(www.blondie-bcn.com ; Carrer d'en Roca 14 ; ☉20h-2h ; Ⓜ Liceu). Ce bar tenu par des Italiens avec son éclairage multicolore tamisé, ses murs au carrelage noir et blanc, de la bière Estrella Galicia (la *lager* la plus fraîche du pays) a un air un peu louche.

El Paraigua   Bar
(☎93 302 11 31 ; www.elparaigua.com ; Carrer del Pas de l'Ensenyança 2 ; ☉10h-0h lun-mer, 11h-2h jeu-sam ; Ⓜ Liceu). Petit établissement au cadre moderniste intimiste, "Le parapluie" sert des boissons depuis les années 1960. Le décor du début du XXe siècle provient d'un autre commerce du quartier qui fut démoli pour être réinstallé ici. Au bar du sous-sol, des DJ sont aux platines les jeudis (à partir de 22h) et des concerts sont organisés – funk, soul, rock, blues – les vendredis et samedis (à partir de 23h30).

Blvd   Club
(☎93 301 62 89 ; www.boulevardcultureclub. com ; La Rambla 27 ; ☉0h-6h mer-sam ;

Ⓜ Drassanes). Flanqué de bars à strip-tease (fidèle à l'esprit qui régnait jadis dans la partie basse de La Rambla), cet établissement a connu d'innombrables destinées. L'ambiance dépend de ce que les DJ posent sur les platines. Avec ses trois pistes de danse, dont l'une se trouve à l'étage, le club possède une atmosphère agréablement kitch, la musique va des tubes des années 1980 à la house (notamment le samedi sur la piste principale).

Karma   Club
(☎93 302 56 80 ; www.karmadisco.com ; Plaça Reial 10 ; ☉0h-5h30 mar-dim ; Ⓜ Liceu). Bonne musique indé en semaine, et programmation allant du rock au disco le week-end.

La Macarena   Club
(☎637 416647 ; www.macarenaclub.com ; Carrer Nou de Sant Francesc 5 ; ☉0h-5h ; Ⓜ Drassanes). Difficile de croire qu'il s'agissait jadis d'un bar décoré de céramiques et fréquenté par des musiciens de flamenco andalous. C'est désormais une petite boîte de nuit sombre, le genre d'endroit où l'on peut s'asseoir au bar, rencontrer des gens, puis danser sur de la musique électro ou de la house sélectionnée par les DJ, le tout dans quelques mètres carrés.

⭐ Où sortir

Harlem Jazz Club   Musique live
(☎93 310 07 55 ; www.harlemjazzclub.es ; Carrer de la Comtessa de Sobradiel 8 ; 6-15 € ; ☉20h-4h mar-jeu et dim, 20h-5h ven et sam ; Ⓜ Drassanes). Ce club exigu de la vieille ville est l'une des meilleures adresses pour les amateurs de jazz. Généralement deux sessions par soir avec différents musiciens. Mieux vaut arriver tôt pour trouver une place près de la scène.

Jamboree   Musique live
(☎93 319 17 89 ; www.masimas.com/jamboree ; Plaça Reial 17 ; 8-13 € ; ☉20h-6h ; Ⓜ Liceu). Ouvert bien avant la mort de Franco,

 Les incontournables
Le musée d'Histoire de Barcelone

Le Museu d'Història de Barcelona, l'un des plus fascinants de Barcelone, vous fait remonter jusqu'à Barcino. On y parcourt les vastes ruines de la ville fondée par l'empereur Auguste vers l'an 10 av. J.-C. Son cadre, l'ancien Palau Reial Major (Grand Palais royal), n'est pas moins impressionnant. Situé sur Plaça del Rei (ancienne cour du palais) il s'agit de l'un des lieux clés du pouvoir princier de la Barcelone médiévale.

Le circuit souterrain représente 4 km² de vestiges romains et wisigoths. Après l'exposition sur une villa romaine typique, on atteint la laverie publique ; dans la rue, des récipients permettaient de recueillir l'urine alors utilisée comme désinfectant. On passe devant des ateliers de teinturerie, des bains publics d'eau froide et des boutiques où était fabriqué le *garum* (condiment à base d'entrailles, d'œufs et de sang de poisson, très prisé dans tout l'Empire romain), une église du VIᵉ siècle et des installations vinicoles.

Après les vestiges du patio clos d'une maison romaine, le palais de l'Évêché médiéval (Palau Episcopal), on arrive dans deux vastes salles voûtées abritant des expositions sur la Barcelone médiévale. La visite se termine dans le Saló del Tinell, la salle de banquet du Palais royal, construite entre 1359 et 1370. Elle offre un bel exemple de style gothique catalan. C'est ici que Christophe Colomb rapporta ses premières impressions du Nouveau Monde à Ferdinand d'Aragon et Isabelle de Castille.

INFOS PRATIQUES

📞 93 256 21 00 ; www.museuhistoria.bcn.cat ; Plaça del Rei ; adulte/enfant 7 €/gratuit, entrée libre 1ᵉʳ sam du mois à partir de 16h et à partir de 15h dim ; 🕙 10h-19h mar-samt, 10h-20h dim ; Ⓜ Jaume I

l'établissement a vu se produire de grands noms du jazz, dont Chet Baker et Ella Fitzgerald. Aujourd'hui, deux concerts ont lieu presque tous les soirs (à 20h et 22h) et, à minuit, le Jamboree se transforme en discothèque.

Sidecar Factory Club
Musique live (☎93 302 15 86 ; www.sidecarfactoryclub. com ; Plaça Reial 7 ; 8-18 € ; ⏰22h-5h lun-sam ; Ⓜ Liceu). L'entrée se fait par la Plaça Reial ; avant minuit, on vient manger ou prendre quelques verres au rez-de-chaussée (qui ferme au plus tard à 3h). Puis on descend au sous-sol dans la salle voûtée en briques rouges, où des concerts sont organisés presque tous les soirs. De la pop anglaise alternative au country punk, il y en a pour tous les goûts, mais le rock et la pop dominent.

L'Ateneu
Musique classique (☎93 343 21 61 ; www.masimas.com/fundacio ; Carrer de la Canuda 6 ; 12-15 € ; Ⓜ Catalunya). Véritable institution locale proposant des concerts de musique de chambre (30 minutes intenses), généralement les vendredis, samedis et dimanches à 18h, 19h et 20h.

Gran Teatre Del Liceu
Théâtre, concer (☎93 485 99 00 ; www.liceubarcelona.com ; La Rambla dels Caputxins 51-59 ; ⏰billetterie 13h30-20h lun-ven et 1 heure avant le spectacle sam et dim ; Ⓜ Liceu). Restauré en 1994 après un incendie, le magnifique Opéra de Barcelone est désormais une salle ultramoderne. Prenez place dans le grand auditorium pour retrouver tout le prestige de cette salle du XIXe siècle tout en bénéficiant des techniques acoustiques les plus perfectionnées. Les sompteux fauteuils rouges et les rideaux de scène forment un superbe contraste avec le doré des cinq étages de loges.

Tablao Cordobés
Flamenco (☎93 317 57 11 ; www.tablaocordobes.com ; La Rambla 35 ; spectacles 39 €, avec dîner 62-70 € ; ⏰spectacles 20h15, 22h et 23h30 ; Ⓜ Liceu). Dans ce *tablao* (restaurant où l'on donne des représentations de flamenco) typique du genre installé depuis 1970, les artistes se produisent sur une petite scène en bois dont la toile de fond voûtée est censée évoquer l'Alhambra de Grenade.

L'Herboristeria Del Rei

DÉCOUVRIR LA RAMBLA ET LE BARRI GÒTIC OÙ SORTIR

🔒 Shopping

Quelques boutiques sympathiques jalonnent La Rambla, mais les plus intéressantes se trouvent dans les rues adjacentes : mode pour jeunes dans la Carrer d'Avinyó, magasins variés sur l'Avinguda del Portal de l'Àngel ou jolies boutiques anciennes dans la Carrer de la Dagueria et alentour.

L'Arca de l'Àvia   Vintage, vêtements
(📞 93 302 15 98 ; Carrer dels Banys Nous 20 ; Ⓜ Liceu). Ce "coffre de grand-mère" recèle d'extraordinaires souvenirs du passé : vestes de soie brodées du XVIIIᵉ siècle, kimonos, robes de mariée et châles des années 1920.

Taller de Marionetas Travi   Jouets
(📞 93 412 66 92 ; Carrer de n'Amargós 4 ; ⏲ 12h-21h lun-sam ; Ⓜ Urquinaona). Ouverte dans les années 1970, cette boutique vend des marionnettes fait main : Don Quichotte, Sancho et autres personnages espagnols, ainsi que des réalisations originales d'ailleurs, marionnettes siciliennes, birmanes ou indonésiennes. Vous pouvez commander une marionnette qui vous ressemble (à partir de 300 €). Apportez une photo et renseignez-vous sur place.

Sala Parés   Arts et artisanat
(📞 93 318 70 20 ; www.salapares.com ; Carrer del Petritxol 5 ; ⏲ 16h-20h lun, 10h30-14h et 16h30-20h mar-sam ; Ⓜ Liceu). Au siècle dernier, on trouvait des œuvres de Picasso à vendre dans cette galerie privée, l'une des plus respectées et des plus dynamiques de la ville.

Papabubble   Confiserie
(📞 93 268 86 25; www.papabubble.com; Carrer Ample 28; Ⓜ Liceu) Cette confiserie semble appartenir à une autre époque avec ses bocaux de bonbons durs aux couleurs de l'arc-en-ciel.

Xocoa   Chocolat
(📞 93 301 11 97 ; www.xocoa-bcn.com ; Carrer del Petritxol 11-13 ; Ⓜ Liceu). Dans la Carrer de Petritxol, bordée de boutiques et de cafés, on trouve dans ce paradis de la confiserie des rangées de barres chocolatées, de chocolats fourrés, de pâtisseries et bien plus encore.

Espacio De Creadores   Mode
(📞 93 318 03 31 ; Carrer Comtal 22 ; Ⓜ Catalunya). Un grand choix à prix réduits (jusqu'à 70% de réduction) de vêtements et accessoires féminins de créateurs espagnols ou étrangers.

Urbana   Mode
(📞 93 269 09 20 ; Carrer d'Avinyó 46 ; ⏲ 11h-21h lun-sam ; Ⓜ Liceu). Prêt-à-porter, chaussures et accessoires s'adressent aux hommes comme aux femmes dans cette boutique originaire du Pays basque. Elle propose un choix de vêtements originaux : t-shirts graphiques pour homme par Supremebeing, robes à motifs floraux Yumi et élégants chapeaux Atlantis.

Herboristeria Del Rei   Herboristerie
(📞 93 318 05 12 ; www.herboristeriadelrei. blogspot.com ; Carrer del Vidre 1 ; ⏲ 16h-20h mar-ven, 10h-20h sam ; Ⓜ Liceu). Depuis 1823, ce magasin que fréquenta la reine Isabelle II d'Espagne stocke quantité d'herbes, d'épices et de plantes médicinales étranges. Un lieu hors du temps, dont le cadre est resté pratiquement inchangé depuis 1860. Le réalisateur Tom Tykwer a tourné ici certaines scènes du film *Le Parfum, histoire d'un meurtrier*.

El Ingenio   Masques et costumes
(📞 93 317 71 38 ; www.el-ingenio.com ; Carrer d'en Rauric 6 ; Ⓜ Liceu). D'énormes masques de carnaval, des costumes, des accessoires de théâtre et bien d'autres fantaisies vous attendent dans cet univers magique. Vous y trouverez d'élégants masques vénitiens, des costumes de flamenco, des têtes de gorille, des yoyos, des kazoos, des monocycles et autres accessoires.

La Manual Alpargatera   Chaussures
(📞 93 301 01 72 ; Carrer d'Avinyó 7 ; Ⓜ Liceu). Tous, de Salvador Dalí à Jean Paul Gaultier, ont commandé une paire d'espadrilles dans cette célèbre boutique qui confectionne les traditionnelles chaussures de toile depuis son ouverture juste après la guerre civile.

El Raval

Longtemps l'un des lieux les plus malfamés de la capitale catalane, El Raval est désormais tendance. Les Barcelonais ont même inventé un verbe pour dire "se promener dans El Raval" : ravalejar.

Le mieux est d'accorder une journée entière à la découverte de ce quartier en commençant par sa moitié nord, dont les rues s'apparentent presque à celles d'un quartier respectable. Flânez le long de la Carrer del Pintor Fortuny bordée de boutiques d'art, en vous arrêtant pour déjeuner au marché coloré de la Boqueria, puis consacrez quelques heures au musée d'Art contemporain de Barcelone. Puis mêlez-vous aux groupes de jeunes fêtards peuplant La Rambla del Raval et ses nombreux bars. Ne manquez pas l'étonnante silhouette cylindrique du luxueux hôtel Barceló Raval et son restaurant branché. Le point fort d'El Raval est son animation nocturne. Vous y trouverez quelques-unes des adresses les plus excentriques, les plus branchées et les plus anciennes de la ville pour boire un verre et faire la fête.

Un bar dans El Raval

El Raval
À ne pas manquer

Le MACBA (p. 81)

Plus fréquemment désigné par son acronyme MACBA, le Museu d'Art Contemporani de Barcelo[...]
situé sur la Plaça de Ángels (lieu de rendez-vous des skateurs), recèle plus de sept décennies d'ar[...]
moderne. Ses salles baignées de lumière naturelle grâce à d'immenses baies vitrées orientées ple[...]
sud sont consacrées aux artistes les plus avant-gardistes de la scène contemporaine. Le noyau
de la collection se compose de toiles catalanes et espagnoles. MACBA, architecte : Richard Meier & Partners

1

2

Le marché de la Boqueria (p. 82)

D'appétissants fruits et légumes,
des étals de poissons chatoyants,
le parfum alléchant de fromages
artisanaux, le plus vieux marché de
la ville est également le plus animé,
mêlant histoire, héritage et théâtre d[...]
rue. Rien d'étonnant à ce qu'il soit tr[...]
couru des touristes, particulièremen[...]
séduits par les attrayantes rangées
de bars à tapas du fond.

Le palais Güell (p. 76)

Le riche industriel Eusebi Güell et l'architecte moderniste Gaudí sont indissociables, comme ils le sont de Barcelone. Cette splendide demeure ornée d'une façade à pignons et coiffée de cheminées en forme de champignon est une œuvre de jeunesse de l'artiste, au style moins flamboyant. Les amateurs d'art s'y pressent par curiosité, pour admirer les premiers pas d'un génie.

Les bars (p. 83)

Les bars d'El Raval, qui furent longtemps le théâtre d'une vie nocturne louche et peu recommandable, ont été largement aseptisés ces dernières années, à l'instar de ceux du quartier de La Ribera dans les années 1990. Le quartier n'a cependant pas tout perdu de son essence, et conserve suffisamment d'adresses douteuses ouvertes toute la nuit pour satisfaire des semaines durant le visiteur désireux de revivre la bohème de l'époque de Hemingway. London Bar (p. 84)

Les tables de quartier (p. 77)

La scène culinaire d'El Raval, l'un des quartiers les plus passionnants de la ville, répond à la demande d'une population multiethnique et d'une armée d'étudiants affamés. Ces dernières années, des bouis-bouis végétariens en self-service, des bars à jus et des bistrots éclairés à la bougie ont fait leur apparition en marge des petits restaurants traditionnels.

Promenade dans El Raval

Art avant-gardiste, vie nocturne débordante et faune bariolée sont quelques-unes des caractéristiques d'un Raval en constante évolution. Cette promenade vous fera découvrir ses principales curiosités, en vous conduisant de repaires bohèmes en chefs-d'œuvre architecturaux.

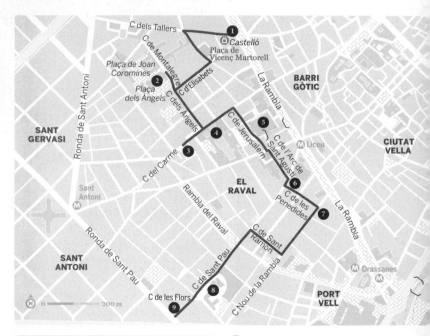

ITINÉRAIRE

- **Départ** La Rambla de Canaletes
- **Arrivée** La Confitería
- **Distance** 2,8 km
- **Durée** 2 heures

❶ Carrer des Tallers

Avec sa poignée de disquaires et de magasins de guitare, cette **ruelle piétonne** adjacente à La Rambla a le rythme dans la peau ! Pour une vaste sélection de musiques d'Espagne et d'ailleurs, faites un tour chez **Castelló** (p. 85).

❷ MACBA

Traversez la **Plaça de Vicenç Martorell** et dirigez-vous vers le **MACBA** (p. 81), qui joua un rôle déterminant dans le renouveau culturel d'El Raval. Ce bâtiment immaculé et ultramoderne que l'on doit à l'architecte américain Richard Meier tranche avec les bâtiments historiques alentour, ce qui suscita la controverse.

❸ Bar Muy Buenas

Arrêtez-vous pour un verre au **Bar Muy Buenas** (p. 83), Carrer del Carme. L'endroit, qui était un bar laitier à la fin du XIXe siècle, conserve de nombreux éléments de son décor moderniste d'origine. Idéal pour grignoter un petit quelque chose autour d'un verre.

4 Ancien hôpital de la Santa Creu

Plus loin, promenez-vous dans la paisible cour de l'**ancien hôpital de la Santa Creu** (p. 76), hôpital principal de la ville au XVe siècle. Ses imposants bâtiments gothiques abritent désormais des institutions culturelles, dont une grande bibliothèque.

5 La Boqueria

Tout de suite à l'est se trouve le **marché de la Boqueria** (p. 82), un vaste marché alimentaire. Vous y trouverez de quoi composer un pique-nique, à moins que vous n'optiez pour l'un de ses bars à tapas.

6 Hotel España

Après avoir pris l'apéritif à La Boqueria, rejoignez l'**Hotel España** pour un repas catalan traditionnel. Ses salles à manger, ainsi que le reste de l'édifice, furent décorées par Domènech i Montaner en 1903, et l'on y trouve une splendide cheminée en albâtre dessinée par Eusebi Arnau.

7 Palais Güell

Descendez la Carrer de les Penedides pour retrouver l'une des attractions phares d'El Raval, le **palau Güell** (p. 76), l'une des premières grosses commandes de Gaudí. On y observe les éléments caractéristiques de l'artiste, notamment des cheminées recouvertes de mosaïque colorée.

8 Església de Sant Pau del Camp

Poursuivez la promenade jusqu'à la plus vieille église de Barcelone. En chemin, vous traverserez **La Rambla del Raval,** une artère piétonne moins fréquentée que sa jumelle située à quelques rues à l'est. Le portail de l'**Església de Sant Pau del Camp** conserve des éléments de décoration wisigothe. Son cloître est le plus bel exemple d'architecture romane de la ville.

9 La Confitería

Achevez votre tour à **La Confitería** (p. 83), l'un des bars les plus charmants d'El Raval. Avant 1998, les locaux servirent de salon de coiffure et de confiserie. L'intérieur conserve de nombreux éléments d'origine.

 Les meilleurs…

RESTAURANTS

Bar Pinotxo L'un des meilleurs bars à tapas de La Boqueria. (p. 77)

Ca L'Isidre Cuisine catalane traditionnelle dans un cadre d'époque. (p. 77)

Granja Viader Ce bar laitier typiquement catalan sert de savoureuses tasses de chocolat chaud. (p. 77)

Casa Leopoldo On y sert une cuisine de la mer depuis 1929 ; l'écrivain Manuel Vázquez Montalbán en raffolait. (p. 77)

Elisabets Prisé des gens du quartier, ce restaurant affiche souvent complet au déjeuner. (p. 80)

BARS

Bar La Concha Un bar à l'ambiance survoltée, surtout lors des spectacles de drag-queens. (p. 83)

La Confitería Décor XIXe et peintures murales pour ce bar servant un excellent vermouth. (p. 83)

33|45 Bar à cocktails branché pour public branché. (p. 83)

CONCERTS

Jazz Sí Club Une salle minuscule à la programmation éclectique, avec de l'authentique flamenco. (p. 84)

Robadors 23 Lieu de rendez-vous des amateurs de jazz. (p. 84)

Tapas

4 Ancien hôpital de la Santa Creu

Plus loin, promenez-vous dans la paisible cour de l'**ancien hôpital de la Santa Creu** (p. 76), hôpital principal de la ville au XVe siècle. Ses imposants bâtiments gothiques abritent désormais des institutions culturelles, dont une grande bibliothèque.

5 La Boqueria

Tout de suite à l'est se trouve le **marché de la Boqueria** (p. 82), un vaste marché alimentaire. Vous y trouverez de quoi composer un pique-nique, à moins que vous n'optiez pour l'un de ses bars à tapas.

6 Hotel España

Après avoir pris l'apéritif à La Boqueria, rejoignez l'**Hotel España** pour un repas catalan traditionnel. Ses salles à manger, ainsi que le reste de l'édifice, furent décorées par Domènech i Montaner en 1903, et l'on y trouve une splendide cheminée en albâtre dessinée par Eusebi Arnau.

7 Palais Güell

Descendez la Carrer de les Penedides pour retrouver l'une des attractions phares d'El Raval, le **palau Güell** (p. 76), l'une des premières grosses commandes de Gaudí. On y observe les éléments caractéristiques de l'artiste, notamment des cheminées recouvertes de mosaïque colorée.

8 Església de Sant Pau del Camp

Poursuivez la promenade jusqu'à la plus vieille église de Barcelone. En chemin, vous traverserez **La Rambla del Raval,** une artère piétonne moins fréquentée que sa jumelle située à quelques rues à l'est. Le portail de l'**Església de Sant Pau del Camp** conserve des éléments de décoration wisigothe. Son cloître est le plus bel exemple d'architecture romane de la ville.

9 La Confitería

Achevez votre tour à **La Confitería** (p. 83), l'un des bars les plus charmants d'El Raval. Avant 1998, les locaux servirent de salon de coiffure et de confiserie. L'intérieur conserve de nombreux éléments d'origine.

 Les meilleurs…

RESTAURANTS

Bar Pinotxo L'un des meilleurs bars à tapas de La Boqueria. (p. 77)

Ca L'Isidre Cuisine catalane traditionnelle dans un cadre d'époque. (p. 77)

Granja Viader Ce bar laitier typiquement catalan sert de savoureuses tasses de chocolat chaud. (p. 77)

Casa Leopoldo On y sert une cuisine de la mer depuis 1929 ; l'écrivain Manuel Vázquez Montalbán en raffolait. (p. 77)

Elisabets Prisé des gens du quartier, ce restaurant affiche souvent complet au déjeuner. (p. 80)

BARS

Bar La Concha Un bar à l'ambiance survoltée, surtout lors des spectacles de drag-queens. (p. 83)

La Confitería Décor XIXe et peintures murales pour ce bar servant un excellent vermouth. (p. 83)

33|45 Bar à cocktails branché pour public branché. (p. 83)

CONCERTS

Jazz Sí Club Une salle minuscule à la programmation éclectique, avec de l'authentique flamenco. (p. 84)

Robadors 23 Lieu de rendez-vous des amateurs de jazz. (p. 84)

Tapas

Découvrir El Raval

⟨⟩ Depuis/vers El Raval

○ **Métro** El Raval est entouré par trois lignes de métro : la 1, la 2 et la 3 qui ont des arrêts à des emplacements stratégiques du quartier. La station Liceu, sur la ligne 3, est la plus pratique.

◉ À voir

Palais Güell   Palais
(🕿 93 317 39 74 ; www.palauguell.cat ; Carrer Nou de la Rambla 3-5 ; tarif plein/réduit 10/8 € ; ⊙ 10h-20h avr-sept, 10h-17h30 oct-mars ; Ⓜ Drassanes). Le Palau Güell, l'un des rares bâtiments modernistes de la vieille ville, a rouvert en mai 2010, après 20 ans de restauration. Il offre un formidable aperçu du génie et de l'imagination architecturale de Gaudí, et ce dès le début de sa carrière.

C'est à la fin des années 1880 que Gaudí fit construire ce palais pour le riche industriel Eusebi Güell, son plus fidèle mécène. Ce bâtiment n'est pas aussi fantaisiste que ses œuvres ultérieures, mais Gaudí y a fait preuve d'un grand éclectisme architectural en mêlant styles gothique, mauresque et Art nouveau. Le grand salon est conçu comme une pyramide parabolique : chaque mur est une arcade s'étirant sur 3 étages avant de former la coupole du sommet. Le toit est composé de mosaïques colorées et de cheminées aux formes étonnantes. Picasso commença sa période bleue en 1902 dans un atelier de l'autre côté de la rue, Carrer Nou de la Rambla 10.

GRATUIT Ancien hôpital de la Santa Creu
Bâtiment historique
(🕿 93 270 23 00 ; www.bnc.cat ; Carrer de l'Hospital 56; ⊙ 9h-20h lun-ven, jusqu'à 14h sam ; Ⓜ Liceu). Derrière le marché de la Boqueria (p. 82) se trouve ce qui était au XVe siècle le principal hôpital de la ville. Aujourd'hui restauré, l'Antic

Le palais Güell
ALEKSANDAR TODOROVIC / SHUTTERSTOCK ©

Hospital de la Santa Creu abrite
la **bibliothèque de Catalogne** (Biblioteca
de Catalunya ; entrée libre ; 🕙9h-20h lun-ven,
9h-14h sam), et l'**Institut des études
catalanes** (Institut d'Estudis Catalans).

L'ancienne chapelle gothique de
l'hôpital (📞93 442 71 71 ; www.bcn.cat/
acapella ; entrée libre ; 🕙12h-14h et 16h-20h
mar-sam, 11h-14h dim et jours fériés) accueille
souvent des expositions temporaires.

En arrivant par la Carrer de l'Hospital,
on pénètre dans un agréable patio,
quelque peu délabré, fréquenté par
des clochards et des étudiants faisant
une pause ; il y a aussi un café-bar
convivial. À la sortie, on découvre la
prestigieuse Escola Massana, école
d'art et de design, et, en haut des
escaliers, la bibliothèque. Unique en son
genre, elle rassemble la collection de
documents (environ trois millions) la
plus complète sur l'histoire de la région.
On peut visiter les salles de lecture,
sous de larges voûtes gothiques, où
se tiennent aussi des expositions
temporaires.

**Centre de culture contemporaine
de Barcelone**   Centre culturel
(Centre de Cultura contemporània de Barcelona,
CCCB ; 📞93 306 41 00 ; www.cccb.org ; Carrer
de Montalegre 5 ; 2 expositions tarif plein/réduit/
enfant 7/5 €/gratuit, 1 exposition 5/3 €/gratuit,
gratuit 15h-20h dim ; 🕙11h-20h mar, mer et ven-
dim, 11h-22h jeu ; MUniversitat). La Casa de
la Caritat, ancien hospice du XVIIIe siècle,
accueille depuis 1994 un complexe
d'auditoriums, de salles d'expositions
et de conférences. La grande cour, avec
sa haute paroi de verre s'élevant sur
un côté, est spectaculaire. Avec 4 500 m²
dévolus aux expositions et répartis en
quatre espaces, le centre offre
un programme renouvelé de
manifestations culturelles.

🍴 Où se restaurer

El Raval est sans doute le quartier le plus
contrasté de la vieille ville. Celui qui fut
longtemps le *barri* le plus pauvre de
la ville accueille certains des restaurants

les plus anciens de Barcelone, mais
aussi, depuis la fin des années 1990,
de nouvelles adresses tendance, vers
le MACBA.

Bar Pinotxo   Tapas €€
(Marché de la Boqueria ; repas 20 € ; 🕙6h-17h
lun-sam sept-juil ; MLiceu). Le meilleur bar à
tapas de La Boqueria, si ce n'est
de la ville. Juanito vous y régalera
d'une *ración* de pois chiches servis dans
une sauce aux pignons et aux raisins
secs, d'un mélange d'épinards et
de pommes de terre saupoudré de gros
sel, de petits calmars aux haricots blancs
ou d'un morceau frémissant de poitrine
de porc au caramel.

Ca L'Isidre   Catalan €€€
(📞93 441 11 39 ; www.calisidre.com ; Carrer de
les Flors 12 ; plats 20-70 € ; 🕙lun-sam, fermé
à Pâques et 3 semaines en août ; MParal.lel).
Relégué dans une ruelle banale d'El Raval,
Ca L'Isidre est un établissement ancien
dont les salles sont impeccablement
tenues. La carte est un chef-d'œuvre :
goûtez les cœurs d'artichaut farcis aux
champignons et au foie gras, le steak
de thon au coulis de tomate ou encore
la cervelle d'agneau au beurre noir.

Granja Viader   Café €
(📞93 318 34 86 ; www.granjaviader.cat ;
Carrer d'en Xuclà 4 ; 🕙9h-13h45 et 17-20h45
mar-sam, 17h-20h45 lun ; MLiceu). Ce salon
de thé catalan à l'ancienne doublé d'une
pâtisserie voit affluer depuis plus d'un
siècle des Barcelonais venus se délecter
d'une tasse de chocolat chaud maison
à la crème fouettée *(suís)*.

Casa Leopoldo   Catalan €€€
(📞93 441 30 14 ; www.casaleopoldo.com ; Carrer
de Sant Rafael 24 ; repas 50 € ; formule 25 € déj
et dîner mar et jeu, déj mer ; 🕙déj et dîner mar-
sam, déj dim sept-juil ; MLiceu). Au cœur des
ruelles peu avenantes d'El Raval, c'était
le repaire de l'écrivain Manuel Vázquez
Montalbán. Les salles pleines de recoins,
aux poutres apparentes et aux carrelages
superbes, font le charme de ce lieu datant
de 1929. Large éventail de fruits de mer
et liste des vins conséquente.

El Raval

200 m

0

N

CIUTAT VELLA

Plaça de Sant Felip Neri

Plaça Nova

C de la Palla

C dels Boters

C del Pi

C de la Boqueria

C de Ferran

C d'En Ariola

C de Montsió

C de Duran i Bas

Av del Portal de l'Angel

C de la Canuda

BARRI GÒTIC

Plaça de St Josep Oriol

C del Petritxol

C de la Portaferrissa

C de Bertrellans

Plaça de la Vila de Madrid

C d'en Bot

C d'en Roca

La Rambla de Sant Josep

La Rambla

Plaça de Ramon Amadeu

C de Santa Anna

7

6

Liceu

Pla de la Boqueria

La Rambla dels Estudis

13

C del Carme

C de Jerusalem

La Rambla de Canaletes

C del Pintor Fortuny

C de les Floristes de la Rambla

4

Catalunya

34

Plaça del Bonsuccés

C d'en Xuclà

C de les Egipcíaques

1

C dels Tallers

C del Bonsuccés

37

39

15

Jardins del Doctor Fleming

Plaça de Vicenç Martorell

12

C del Notariat

C del Doctor Dou

C de Pelai

C de les Ramelleres

C d'Elisabets

38

C de Jovellanos

40

C dels Àngels

21

C dels Tallers

C de Montalegre

2

Plaça dels Àngels

C del Pou de la Creu

C de Gravina

3

MACBA

C de Joaquín Costa

14

Universitat

36

Plaça de Joan Coromines

19

C de la Lluna

Plaça de Castella

28

23

16

Plaça de la Universitat

35

C del Tigre

C del Lleó

C de Sant Vicenç

Plaça de Goya

C de Valldonzella

Ronda de Sant Antoni

C de Ferlandina

Plaça del Pes de la Palla

La Rambla
de Santa
Mònica

C de Santa Mònica

Drassanes

C del Portal Santa Madrona

Musée
maritime

PORT
VELL

27

22
29

Palais
Güell

C de Lancaster

C de l'Arc del Teatre

Av de les Drassanes

C de l'Arc del Teatre

C de Santa Madrona

20

La Rambla
dels Caputxins

C del Vidre

Plaça
Reial

Gran Teatre
Del Liceu

C de la Unió

C de les Penedides

C de l'Est

C de Sant Pau

C del Marquès de Barberà

25

C de Santa Madrona

C de l'Om

C d'en Robador

Plaça
de Sant
Agustí

C de la Junta de Comerç

EL RAVAL

32

Plaça
de Salvador
Seguí

30

C de Sant Ramon

Institut
Català
de la Dona

Plaça de Pere
Coromines

C de Sant Oleguer

C de les Tàpies

C Nou de la Rambla

8

5

Ancien hôpital
de la Santa Creu

C de l'Hospital

17

C de Sant Rafael

11

C de l'Espalter

Rambla del Raval

C de Sant Rafael

C de la Riereta

Església de
Sant Pau
del Camp

C de l'Abat Safont

26

C de la Riera Baixa

C de la Riera Alta

33

C de l'Aurora

C de Sant Pacià

9

24

C de les Flors

C d'Aldana

Plaça
del Padró

C de la Cera

C de les Carretes

Plaça de
Josep Maria
Folch i Torres

10

C de la Reina Amàlia

Ronda de Sant Pau

C del Marquès de Campo Sagrado

C del Comte Borrell

C de la Cendra

C de
Requesens

31

C de Sant Antoni Abat

Sant
Antoni

18

SANT
ANTONI

C del Parlament

El Raval

Elisabets
Catalan €

Plan p. 78 (☎ 93 317 58 26 ; Carrer d'Elisabets 2-4 ; plat 7-9 € ; ☺lun-sam sept-juil ; MCatalunya). Cet établissement sans prétention est prisé pour sa cuisine locale toute simple. De vieux postes de radio décorent les murs et le *menú del día* (10,75 €) change tous les jours.

Pla dels Àngels
Méditerranéen €

(☎ 93 329 40 47 ; www.semproniana.net ; Carrer Ferlandina 23 ; formule déj/dîner 10/15 €, repas 20 € ; ☺13h30-16h et 21h-23h30 tlj ; MUniversitat). À deux pas du MACBA, ce petit bistro possède une arrière-salle au décor coloré et à l'ambiance animée où s'entassent des tables. La carte mélange influences catalanes, françaises et italiennes, pour un résultat parfois surprenant, comme ses salades mangue-tofu-menthe-origan ou sa soupe poire-châtaigne-pignon.

Sesamo
Végétarien €

(☎ 93 441 64 11 ; Carrer de Sant Antoni Abat 52 ; ☺déj et dîner lun, mar et jeu-sam, déj dim ; MSant Antoni). Situé à un angle de rue, cet établissement promettant un "repas sans bêtes" attire un public varié. Jus de fruits et pâtisseries au petit-déjeuner, formule entrée-plat-dessert à midi (7 €).

Restaurant el Cafetí
Catalan €€

(☎ 93 329 24 19 ; www.elcafeti.com ; Passatge de Bernardí ; plats 8-15 €, menu du jour 12 € ; ☺déj et dîner mar-sam, déj dim ; MLiceu). Ce minuscule établissement au décor d'époque propose une cuisine locale traditionnelle, avec toutefois une ou deux variations peu orthodoxes. Paella et plats à base de riz.

Biblioteca
Méditerranéen €€€

(☎ 93 412 62 21 ; www.bibliotecarestaurant.cat ; Carrer de la Junta de Comerç 28 ; repas 35-40 € ;

 Les incontournables
Le MACBA

Réalisé par l'architecte américain Richard Meier et inauguré en 1995, le MACBA et ses passionnantes expositions destinées à un public averti, sont la référence en art contemporain à Barcelone. Au rez-de-chaussée, sa collection permanente est dédiée à l'art espagnol et catalan de la seconde moitié du XXᵉ siècle : œuvres de Tàpies, Brossa et Miquel. Des artistes internationaux (Klee, Nauman et Cage) y sont aussi représentés.

La galerie, sur deux étages, accueille des expositions itinérantes presque toujours étonnantes. De l'autre côté de la place envahie par les skateboards, le couvent des Anges (Convent dels Angels), vieux de 400 ans et rénové, abrite la **chapelle Macba** (La Capella Macba ; plan p. 78; Plaça dels Àngels ; Ⓜ Universitat), où le musée expose des pièces de sa collection permanente. Cette ancienne église a conservé sa structure gothique.

La bibliothèque et l'auditorium accueillent concerts, conférences et autres événements, très abordables ou gratuits. L'excellente librairie propose livres d'art et de théorie artistique, ainsi que gadgets originaux et petits objets design.

INFOS PRATIQUES

Museu d'Art Contemporani de Barcelona ; ✆ 93 412 08 10 ; www.macba.cat ; Plaça dels Àngels 1 ; tarif plein/réduit 7,50/6 € ; ◷ 11h-20h lun et mer, jusqu'à minuit jeu-ven, 10h-20h sam, 10h-15h dim et jours fériés ; Ⓜ Universitat

◷ dîner lun-ven, déj et dîner sam ; Ⓜ Liceu). La arte de cette "bibliothèque" aux murs le brique nue et à la déco blanche sobre offre un bel aperçu de la gastronomie spagnole.

Can Lluís Catalan €€€
(Carrer de la Cera 49 ; repas 30-35 € ; ◷ lun-sam sept-juil ; Ⓜ Sant Antoni). Cet établissement impeccablement tenu a vu se succéder trois générations de patrons depuis 1929.

 ## Les incontournables
Le marché de la Boqueria

Le marché de la Boqueria, le plus central de Barcelone, est sans doute aussi l'un des plus beaux et des plus animés. Ses étals débordent de fruits et de légumes multicolores, d'une infinie variété de poissons et de crustacés, de charcuteries (dont le fameux jambon de Jabugo), de fromages et de pâtisseries.

Certains prétendent qu'un marché se tenait déjà à cet endroit en 1217. Aujourd'hui élevé au rang de curiosité touristique, c'est avant tout le lieu où les Barcelonais, parmi lesquels bon nombre des meilleurs restaurateurs de la ville, viennent faire leurs emplettes depuis toujours.

La Boqueria abrite une petite dizaine d'établissements modestes où manger un morceau. Cela vaut la peine de s'y arrêter pour goûter aux spécialités gastronomiques catalanes, comme le *bacallà salat* (morue salée), habituellement servi dans une *esqueixada,* une salade de tomates, oignons et olives noires ; les *calçots* (un légume entre l'oignon et le poireau), cuisinés au barbecue et engloutis d'une traite ; les *cargols* (escargots), un hors-d'œuvre catalan meilleur cuisiné au four *(a la llauna)* ; les *peus de porc* (pieds de porc), souvent servis en ragoût avec des escargots ; ou encore les *percebes,* ou pouce-pieds, un crustacé aux allures de doigts de sorcière très prisé des Espagnols et généralement accompagné d'une sauce à l'ail et au persil.

INFOS PRATIQUES

93 412 13 15 ; www.boqueria.info ; La Rambla 91 ; 8h-20h30 lun-sam, fermé dim ; M Liceu

Au menu : poissons et fruits de mer du jour. Le *llenguado* (sole) cuit au four est agrémenté de whisky et de raisins secs.

Mama I Teca   Catalan €

📞 93 441 33 35 ; Carrer de la Lluna 4 ; plats 8-10 € ; ⏰ déj et dîner dim-lun et mer-ven, dîner sam ; M Sant Antoni). Minuscule établissement, le Mama i Teca tient plus d'un mode de vie que d'un restaurant. Installé dans une rue multiculturelle très animée, au cœur d'El Raval, il est fréquenté par une clientèle locale qui s'y attarde pour un verre ou des plats typiquement catalans servis sans hâte.

Olivia   Café €

📞 93 318 63 80 ; Carrer Pintor Fortuny 22 ; gâteau à partir de 3 € ; ⏰ 9h-21h lun-sam, 10h-21h dim oct-mai. 9h-21h lun-sam juin-sept ; 🛜 ; M Catalunya). Dans une rue paisible d'El Raval, ce petit café à l'atmosphère détendue sert d'excellents gâteaux et un bon café.

🍷 Où prendre un verre et faire la fête

Depuis une vingtaine d'années, de nouveaux bars et clubs ouvrent dans les ruelles autrefois sordides d'El Raval, qui s'impose comme l'un des quartiers les plus tendance pour sortir. En marge de ces établissements branchés, de vieux cafés de style bars à matelots continuent de prospérer depuis l'époque de Picasso, où ils servaient de repaires à la bohème barcelonaise. Le bas d'El Raval est depuis longtemps connu pour son côté interlope, notamment autour de la Carrer de Sant Pau avec ses dealers, ses pickpockets et ses prostituées se mêlant à la foule des noceurs. Restez vigilants si vous vous y promenez tard le soir.

Bar la Concha   Bar

(Carrer de la Guàrdia 14 ; ⏰ 17h-3h ; M Drassanes). La Concha fut longtemps le repaire de prédilection de la communauté gay et travestie, mais tout le monde est invité à la fête, surtout lorsque les drag-queens sont de la partie ! La musique va du *paso dobles* (danse de salon animée) à la pop rétro espagnole.

La Confitería   Bar

(Carrer de Sant Pau 128 ; ⏰ 11h-2h ; M Paral.lel). Offrez-vous un voyage au XIXe siècle. Cet établissement était une confiserie jusque dans les années 1980, et sa reconversion en bar n'a quasiment rien changé à son aspect, si ce n'est que les bouteilles ont remplacé les bonbonnières.

33|45   Bar

(Carrer de Joaquín Costa 4 ; ⏰ 10h-1h30 lun-jeu, 10h-3h ven et sam, 10h-0h dim ; M Universitat). Au cœur de la trépidante vie nocturne de la Carrer de Joaquín Costa, ce bar à cocktails très en vogue sert d'excellents mojitos (et même des mojitos à la framboise !) à une clientèle branchée. On apprécie les canapés et les fauteuils de l'arrière-salle après s'être dépensé sur les sets tonitruants d'un DJ dans l'espace principal.

Negroni   Bar à cocktails

(Carrer de Joaquín Costa 46 ; ⏰ 19h-2h lun-jeu, 19h-3h ven et sam ; M Liceu). Le décor noir et beige attire une clientèle composée en grande partie d'étudiants qui viennent essayer les cocktails maison, notamment le Negroni, création florentine à base de Campari, de gin et de vermouth sucré.

Bar Muy Buenas   Bar

(Carrer del Carme 63 ; ⏰ 9h-2h lun-jeu, 9h-3h ven et sam, 19h-2h dim ; M Liceu). À la fin du XIXe siècle, ce bar était une petite épicerie. Le cadre moderniste et la clientèle décontractée en font un lieu idéal pour siroter un mojito au calme. Vous assisterez peut-être à un concert ou à une lecture de poésie. Quelques en-cas orientaux sont proposés à la carte.

Bar Pastís   Bar

(📞 93 318 79 80 ; www.barpastis.com ; Carrer de Santa Mònica 4 ; ⏰ 19h30-2h dim-ven, 19h30-3h sam ; M Drassanes). Ce vieux bistrot minuscule aux allures de cabaret français est en activité depuis la fin de la Deuxième Guerre mondiale. Mieux vaut arriver avant 21h pour avoir une chance d'être assis, d'approcher du bar et de profiter de l'ambiance. Des artistes se produisent certains soirs et poussent la chansonnette en français.

London Bar
Bar

Plan p. 79 (Carrer Nou de la Rambla 34-36 ; 🕙19h30-4h mar-dim ; **M**Liceu). Ouvert en 1909, ce bar moderniste fut d'abord le rendez-vous des gens du cirque avant d'accueillir Picasso, Miró et Hemingway. De nos jours, on se bouscule le long du bar à l'avant et autour des tables en bois.

Marmalade
Bar

(www.marmaladebarcelona.com ; Carrer de la Riera Alta 4-6 ; 🕙19h-3h ; **M**Sant Antoni). De la rue, on peut apercevoir les reflets de son bar rétroéclairé, au bout d'un long couloir bordé de canapés. À gauche du bar, dans un recoin aux murs de brique nue, trône un billard très apprécié, mais un peu incongru dans cet antre chic et tamisé (avec restaurant attenant).

Casa Almirall
Bar

(Carrer de Joaquín Costa 33 ; 🕙17h30-2h30 dim-jeu, 19h-3h ven et sam ; **M**Universitat). Ouvert depuis les années 1860, ce bar de quartier au décor moderniste et à la clientèle hétéroclite est resté "en l'état".

Moog
Club

(www.masimas.com/moog ; Carrer de l'Arc del Teatre 3 ; 10 € ; 🕙0h-5h ; **M**Drassanes). Cette discothèque aussi minuscule que sympathique est l'une des préférées de la clientèle du centre-ville. Sur la piste principale, les DJ proposent house, techno et électro, tandis qu'à l'étage, on écoute du rock indé et parfois aussi de la pop rétro.

⭐ Où sortir

Cinémathèque de Catalogne
Cinéma

(Filmoteca de Catalunya ; 📞93 567 10 70 ; www.filmoteca.cat ; Plaça Salvador Seguí 1-9 ; 2-4 € ; 🕙8h-22h ; **M**Liceu). Après une dizaine

d'années de chantier, la cinémathèque de Catalogne a déménagé dans ce bâtiment moderne de 6 000 m² en mars 2012. Outre ses deux salles de cinéma totalisant 555 fauteuils, la nouvelle cinémathèque abrite une bibliothèque consacrée au cinéma, une librairie, un café, des bureaux et un espace d'exposition.

Jazz Sí Club
Concerts

(📞93 329 00 20 ; www.tallerdemusics. com ; Carrer de Requesens 2 ; entrée 8 € avec conso ; 🕙18h-23h ; **M**Sant Antoni). Ce petit bar bondé géré par le Taller de Músics (Atelier des musiciens) propose une belle programmation de jazz ou de flamenco (le vendredi soir). Les concerts commencent vers 21h, mais des bœufs y sont parfois improvisés dès 18h30.

Robadors 23
Concerts

(Carrer d'en Robador 23 ; 2-3 € ; 🕙20h-2h ; **M**Liceu). Sis dans une rue interlope d'El Raval, avec prostituées, drogués et autres marginaux, ce petit bar étroit s'est fait un nom avec ses concerts gratuits du mercredi soir.

Cangrejo
Club gay

(📞93 301 29 78 ; Carrer de Montserrat 9 ; 🕙21h30-1h dim, mer et jeu, 21h30-3h ven et sam ; **M**Drassanes). Véritable royaume du kitsch et de la transgression depuis les années 1920, ce club est tenu par la vedette de cabaret Carmen de Mairena Ambiance décalée, notamment les vendredis et samedis soir à l'occasion des spectacles de drag-queens. Arrivez tôt pour avoir une chance d'entrer.

Teatre Llantiol
Théâtre

(📞93 329 90 09 ; www.llantiol.com ; Carrer de la Riereta 7 ; 6-10 € ; **M**Sant Antoni). Ce théâtre accueille toutes sortes de représentations : concerts, spectacles de magie, récitals.

🔒 Shopping

Les galeries d'art installées autour du musée d'Art contemporain (MACBA)

HELEN CATHCART / ALAMY ©

ont la fierté du quartier, tout comme es boutiques de mode vintage et es friperies, toujours plus nombreuses, lans la Carrer de la Riera Baixa. .a Carrer dels Tallers concentre, pour .a part, l'essentiel des disquaires le la ville.

Ras
Livres

www.rasbcn.com ; Carrer del Doctor del ou 10 ; 🕐12h-20h mar-sam ; **M**Universitat). mi-chemin entre une librairie et une ;alerie d'art, cet espace accueille les xpositions d'artistes expérimentaux ocaux et internationaux, tout en roposant à la vente de superbes uvrages de photographie, l'architecture et d'art.

Fantastik
Art et artisanat

www.fantastik.es ; Carrer de Joaquín Costa 62 ; 🕐11h-14h et 16h-21h lun-jeu, 11h-21h ven et am, fermé le dim ; **M**Universitat). Cette ooutique colorée propose pas moins de 400 articles (un collier de perles n forme de crânes du Mexique, un robot unaire made in China, des zèbres n plastique recyclé d'Afrique du Sud, tc.) en provenance directe d'une ingtaine de pays.

La Portorriqueña
Cafés

(Carrer d'en Xuclà 25 ; **M**Catalunya). Depuis 1902, cet établissement propose des cafés du monde entier, moulus sous vos yeux, ainsi que toutes sortes de douceurs au chocolat. Il partage la rue avec des magasins d'alimentation à l'ancienne.

Holala! Plaz
Mode

(Plaça de Castella 2 ; **M**Universitat). Vêtements vintage et programme éclectique d'expositions et d'activités.

Castelló
Musique

(Carrer dels Tallers 3 et 7 ; **M**Catalunya). À eux seuls, ces deux magasins de musique, qui font partie de la même entreprise familiale créée en 1935, représenteraient un cinquième des ventes de disques en Catalogne.

Teranyina
Textiles

(Carrer del Notariat 10 ; **M**Catalunya). Teresa Rosa Aguayo tient cet atelier de textiles dans la partie d'El Raval où vivent les artistes. Vous pourrez vous initier au métier à tisser ou simplement admirer les tapis et autres réalisations de la créatrice, tous à vendre bien sûr.

85

La Ribera

La Ribera offre un fascinant mélange d'histoire et d'avant-gardisme. Son dédale de bâtiments médiévaux recèle d'excellents musées, des restaurants étoilés et des boutiques attirantes. La moitié sud du quartier, appelée El Born, est un bon point de départ. On y trouve la somptueuse Església de Santa Maria del Mar, l'agréable Carrer de Montcada, une rue bordée de belles demeures gothiques et baroques, et quelques-uns des meilleurs musées de la ville.

Le Passeig del Born fut la place principale de Barcelone du XIIIe au XVIIIe siècle, et reste très animé de nos jours avec ses nombreux bars, cafés et restaurants. Les rues qui la traversent abritent une kyrielle de superbes boutiques (plutôt haut de gamme). Les Barcelonais s'y retrouvent en soirée, surtout l'été où les terrasses sont bondées et où les restaurants ouvrent leurs portes en grand.

Le Passeig del Born (p. 91)

La Ribera
À ne pas manquer

Le renouveau d'El Born (p. 100)

Barcelone est en constante ébullition, et c'est particulièrement vrai pour El Born, dont les ruelle au sud de Carrer de la Princesa forment le quartier le plus tendance. Le Passeig del Born et la Plaça de Santa María del Mar en sont les centres névralgiques : les boutiques de mode y côtoie des bars branchés, des magasins spécialisés et des restaurants expérimentaux. Débuté dans le années 1990, ce renouveau ne semble pas près de faiblir. *La Plaça de Santa María del Mar*

1

2

Le palais de la Musique catalane (p. 99)

Commandez une salle de concert à un architecte moderniste (Lluís Domène i Montaner) en lui laissant carte blanche, et voilà le résultat : un palais somptueux. L'édifice (1908) est une allégorie de la musique faite de pierre et de verre, dotée d'une excellente acoustique. Suivez une visite guidée ou découvrez-le dans toute sa splende à l'occasion d'une représentation.

L'Església de Santa Maria del Mar (p. 102)

Le Barri Gòtic a beau être le quartier médiéval par excellence, c'est quelques rues à l'est que l'on trouve les plus beaux bâtiments gothiques de Barcelone. Cette église du XIVᵉ siècle est un modèle du genre. L'extérieur est plutôt monastique, mais à l'intérieur, ses colonnes élancées, son abside baignée de lumière et ses superbes vitraux lui confèrent une beauté solennelle.

3

4

5

Le parc de la Ciutadella (p. 95)

La Ciutadella fut longtemps le seul espace vert de la ville, et reste aujourd'hui une source d'oxygène chère aux Barcelonais résidant dans les petites rues de la vieille ville. Outre ses allées propices à la promenade et au jogging et ses pelouses idéales pour une sieste au soleil, le parc abrite un zoo, une fontaine inspirée par Gaudí, d'étranges sculptures et les bâtiments du Parlement catalan. Parlement de Catalogne

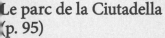

Le musée Picasso (p. 92)

Logé dans un ensemble de cinq demeures gothiques, ce musée expose les œuvres de jeunesse de Picasso. Des toiles antérieures à sa réinvention cubiste à Paris offrent un aperçu du cheminement du jeune artiste. Elles mettent également en évidence l'influence que Barcelone eut sur lui. Les trois salles consacrées à ses réinterprétations de l'œuvre de Vélasquez *Les Ménines* raviront les amateurs de ses travaux plus tardifs.

Promenade dans La Ribera

Joyau de la vieille ville, La Ribera regorge de superbes monuments séculaires. Elle tire son charme d'un singulier mélange d'anciens terrains de joutes, de maisons de marchand médiévales, d'une superbe église gothique et d'une salle de concerts du XXᵉ siècle.

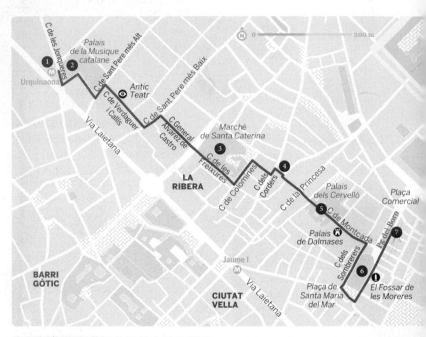

ITINÉRAIRE

- **Départ** Via Laietana
- **Arrivée** Passeig del Born
- **Distance** 1,8 km
- **Durée** 1 heure

❶ La Caixa

Superbe exemple d'architecture moderniste, les bâtiments de la banque **La Caixa**, avec leur faux clocher, leurs fenêtres voûtées, leurs vitraux et leurs sculptures rendent hommage au passé gothique de la ville. Notez la sculpture d'une femme portant une caisse (d'épargne) dans l'angle. Le logo de La Caixa – une étoile bleue à deux points jaune et rouge – fut créé par Miró et symbolise une personne glissant une pièce dans une tirelire.

❷ Palais de la Musique catalane

À l'angle de la rue, retrouvez l'extravagant **palais de la Musique catalane** (p. 99) imaginé par Domènech i Montaner au début du XXᵉ siècle. Sa façade est ornée de sculptures représentant des figures mythologiques (notamment saint Georges, patron de la Catalogne, portant son drapeau) ainsi que de célèbres compositeurs et d'anonymes citoyens catalans. Pour voir la salle de concert, optez pour une visite guidée ou venez pour une représentation.

③ Marché de Santa Caterina

Passez par l'**Antic Teatre** (Carrer de Verdaguer i Callís 12), dont l'agréable cour abrite un café. Prochaine étape : le **marché de Santa Caterina** (p. 94). Vous y trouverez, outre des produits alimentaires de qualité et des restaurants en abondance, les ruines d'un monastère du XVᵉ siècle.

④ Capella d'en Marcús

À l'extrémité nord de la rue, à l'angle de la Carrer dels Corders et juste après la Carrer de la Princesa (XIXᵉ siècle), se dresse une **chapelle** romane (XIIᵉ siècle). La Capella d'en Marcús servait jadis de halte aux voyageurs empruntant la sortie de Barcelone vers le nord-est.

⑤ Carrer de Montacada

Au Moyen Âge, la **Carrer de Montacada** était l'une des artères les plus élégantes de la ville. Ses belles demeures datent pour la plupart des XIVᵉ et XVᵉ siècles, et certaines abritent d'importants musées, comme le **musée Picasso** (p. 92). Le soir, des concerts sont donnés dans la cour baroque du palais médiéval de Dalmases, au n°20.

⑥ Església de Santa Maria del Mar

L'**édifice gothique** (p. 102) le plus émouvant de la ville domine les ruelles pavées d'El Born de toute sa majesté. À l'intérieur, on est frappé par la sensation d'espace et de luminosité. Sur la place d'El Fossar de es Moreres longeant le côté sud de l'église brûle une flamme éternelle en souvenir des combattants catalans de la Résistance qui furent enterrés là après la défaite du siège de Barcelone en septembre 1714, pendant la guerre de Succession d'Espagne.

⑦ Passeig del Born

Cette **rue piétonne**, parmi les plus jolies de la ville, ne manque pas de charme avec ses terrasses de cafés. Lieu de promenade prisé des Barcelonais, le Passeig del Born fut la place principale de la ville du XIIIᵉ au XVIIIᵉ siècle. Au Moyen Âge, il servait de décor à des tournois, des exécutions et autres manifestations publiques.

 Les meilleurs…

RESTAURANTS

Casa Delfín Cuisine catalane de premier choix, sur une jolie rue piétonne. (p. 100)

Le Cucine Mandarosso De nourrissantes recettes italiennes cuisinées à la perfection. (p. 100)

El Passadís Del Pep Grand favori des habitants pour ses produits de la mer. (p. 101)

Cal Pep Tapas appétissantes. (p. 101)

BARS

La Vinya del Senyor Belle carte des vins et terrasse. (p. 103)

Gimlet Lieu magique servant des cocktails rétros. (p. 104)

El Xampanyet L'un des bars à *cava* les plus réputés (et animés) de Barcelone. (p. 104)

Miramelindo Adresse élégante au cœur de l'animation du Passeig del Born. (p. 104)

SITES

Església de Santa Maria del Mar Superbe cathédrale gothique. (p. 102)

Palais de la Musique catalane Salle de concert au décor féerique. (p. 99)

Parc de la Ciutadella Agréable espace vert doté d'une imposante fontaine. (p. 95)

Cal Pep (p.101)
FERRAN NADEU ©

Les incontournables
Le musée Picasso

Le Museu Picasso est installé dans cinq palais
médiévaux contigus qui valent à eux seuls
le détour (et la longue file d'attente). Les
cours, galeries et escaliers des trois premiers
bâtiments sont ravissants et la collection qui y
est présentée est exceptionnelle. Les expositions,
majoritairement consacrées aux premières années
de la carrière de Picasso, comprennent quelques
toiles antérieures à sa réinvention cubiste à Paris,
offrant un aperçu du cheminement du jeune
artiste. Elles mettent également en évidence
l'influence que Barcelone eut sur l'un
des plus grands noms de la peinture.

Plan p. 96

☎ 93 256 30 00

www.museupicasso.
bcn.es

Carrer de
Montcada 15-23

Tarif plein/senior
et enfant de moins
de 16 ans/étudiant
11 €/gratuit/6 €,
expositions
temporaires 6 €/
gratuit/2,90 €,
gratuit 15h-20h dim
et 1er dim du mois

🕐 10h-20h mar-dim
et jours fériés

Ⓜ Jaume I

La collection

La collection est consacrée aux œuvres de jeunesse de l'artiste. Mais les périodes suivantes sont aussi représentées et permettent d'avoir une vue d'ensemble du génie versatile de Picasso. On comprend, en sortant du musée, qu'il était novateur, se renouvelant sans cesse (et en avance sur les autres) dans sa recherche de nouvelles formes d'expression.

Les premières années

On découvre d'abord des croquis, des huiles et des esquisses du très jeune Picasso – réalisés pour la plupart entre 1893 et 1895, lorsqu'il vivait avec ses parents à Málaga puis à La Corogne. Certains autoportraits ainsi que les portraits de son père, datés de 1896, témoignent de son talent précoce. *Portrait de la tante Pepa (Retrato de la Tía Pepa)*, exécuté à Málaga en 1896, prouve l'incroyable maturité de ses coups de pinceau et sa capacité à représenter un caractère – à 15 ans seulement ! Cette même année, Picasso peignit l'immense *Science et Charité (Ciència i Caritat,* voir ci-contre). Son inventivité se retrouve dans ses modèles, son père pose en tant que docteur, et une mendiante et son fils rencontrés dans la rue interprètent la femme malade et l'enfant.

La période bleue

Autres pièces phares : quelques toiles de la période bleue de l'artiste. *Femme au bonnet* représente une détenue de la prison pour femmes de Saint-Lazare que Picasso visita à Paris – elle montre la fascination de Picasso pour les personnes des classes miséreuses. Quoique manquant de chaleur et de gaieté, sa représentation nocturne des *Terrasses de Barcelone (Terrats de Barcelona)* et *Le Fou (El Foll)* est très vivante. Durant cette période, il peignait souvent les toits de la ville de différents points de vue. En 1903 et 1904, Picasso réalisa des séries de dessins de mendiants, d'aveugles et de personnes âgées pauvres– *Le Fou* en est l'un des plus impressionnants.

Le musée Picasso

PAR MALÉN GUAL, CONSERVATRICE AU MUSÉE PICASSO

1 SCIENCE ET CHARITÉ
En 1897, Picasso commença à travailler sur une toile grâce à laquelle il devait s'imposer dans le monde de l'art espagnol : *Science et Charité*. L'œuvre, au style rigoureusement académique, obéit aux codes du réalisme social et incarne la première période de sa jeunesse. Il n'avait que 15 ans lorsqu'il la peignit.

2 DANSEUSE NAINE (LA NANA)
À l'époque où Picasso peignit cette toile en 1901, ses travaux s'inspiraient de ceux de Toulouse-Lautrec. Cependant, contrairement à celles de ce dernier, les peintures à huile de Picasso ne comportent que très peu de dessin. Le coup de pinceau est sec, les couleurs chaudes et véhémentes, et la peinture est souvent appliquée par des coups de pinceau moyens ou légers. Il cherchait son inspiration dans les salles de bal et les cabarets, notamment au Moulin-Rouge.

3 EL PASEO DEL COLON
En 1917, Picasso se rendit à Barcelone avec les Ballets russes par amour pour l'une des danseuses, Olga Khoklova. *El Paseo del Colon* représente le Passeig de Colon vu de la pension Ranzini où séjournait Olga. La toile allie cubisme et divisionnisme.

4 ARLEQUIN
Avec cette toile, Picasso revient au classicisme, pas uniquement dans l'exécution mais également dans la douceur et la subtilité des tonalités qui ne sont pas sans rappeler ses arlequins de l'année 1905. Picasso exposa cette toile en 1919.

5 LA SÉRIE DES MÉNINES
Entre août et décembre 1957, Picasso réalisa une analyse approfondie de l'œuvre de Vélasquez *Les Ménines*. Ces 58 toiles sont une étude complète de son rythme, de sa couleur et de son mouvement. C'est également un jeu, imaginant la métamorphose de certaines composantes de l'œuvre originale. Mais la fidélité vis-à-vis de cette dernière et le respect de l'atmosphère sont indiscutables.

Découvrir La Ribera

🔄 Depuis/vers La Ribera

o **Métro** La ligne 4 du métro dessert le sud-ouest de La Ribera. Les stations sont Urquinaona, Jaume I et Barceloneta. La ligne 1 s'arrête également à proximité, à Urquinaona et à Arc de Triomf (la station la plus proche du parc de la Ciutadella).

Le musée du Chocolat

TRAVEL PICTURES / ALAMY ©

👁 À voir

Musée Picasso　　　　　Musé
Voir p. 92

Musée Barbier-Mueller d'art précolombien　　Musé
Ce musée a fermé ses portes en septembre 2012.

Centre de documentation du Disseny Hub　　Musé
(📞93 256 22 94 ; www.dhub-bcn.cat ; Carrer de Montcada 12 ; 🕙11h-18h45 mar-jeu ; Ⓜ Jaume I). Le palais dels Marquesos de Llió du XIIIe siècle (modifié plusieurs fois jusqu'au XVIIIe siècle) abrite le centre de documentation du Disseny (Design) Hub.

Les collections permanentes du musée du Textile, du musée des Arts décoratifs et du musée de la Céramique sont présentées au palais royal de Pedralbes. Un nouveau centre définitif situé sur la Plaça de les Glòries et regroupant ces deux entités devrait être achevé en 2013. Le café-restaurant de sa cour est parfait pour une pause.

Marché de Santa Caterina　　Marché
(Mercat de Santa Caterina ; 📞93 319 17 40 ; www.mercatsantacaterina.net ; Avinguda de Francesc Cambó 16 ; 🕙7h30-14h lun, 7h30-15h30 mar, mer et sam, 7h30-20h30 jeu et ven ; Ⓜ Jaume I). Achevé en 2005, cet extraordinaire marché se distingue par son étrange toiture ondulée et kaléidoscopique, suspendue au-dessus de l'animation des étals, des restaurants et des cafés par ce qui ressemble à des branches métalliques grises émanant d'arbres d'acier.

Sa toiture en céramiques multicolores (avec un plafond en bois chaud et léger) rappelle la tradition moderniste des *trencadís* (style de mosaïque d'origine arabe, très utilisée par Gaudí). Faisant penser à une série de vagues, ce design tout en courbes trouve ses racines mêmes dans l'imagination débordante des architectes barcelonais d'autrefois.

L'ancien marché avait été construit en 1848 sur le site d'un imposant monastère gothique du XVe siècle, le couvent Santa Caterina. Dans un angle, l'**espace Santa Caterina** (Espai Santa Caterina ; entrée libre ; ⊙8h30-14h lun-mer et sam, 8h30-20h jeu et ven) abrite sous verre (avec des panneaux explicatifs) une partie de ses fondations.

Parc de la Ciutadella   Parc

(Passeig de Picasso ; ⊙8h-18h nov-fév, 8h-20h oct et mars, 8h-21h avr-sept ; MArc de Triomf). Que ce soit pour une promenade, un pique-nique, une visite au zoo ou pour découvrir le parlement régional de Catalogne, la visite du "poumon vert" le plus central de la ville est incontournable. Le parc de la Ciutadella est parfait pour s'offrir un moment de détente.

Après la guerre de Succession d'Espagne (1714), le roi Philippe V fit raser une partie de La Ribera pour y bâtir une immense forteresse (la Ciutadella) afin de surveiller Barcelone. Cette citadelle devint aussitôt le symbole de la haine que les Catalans portaient à Madrid et aux Bourbons, d'autant plus qu'elle servit plus tard de prison politique. Démolie en 1869 sur autorisation du gouvernement, elle fit place au parc qui accueillit l'Exposition universelle de 1888.

Située près de l'entrée du Passeig de Pujades, la monumentale **fontaine** réalisée entre 1875 et 1881 par Josep Fontserè avec l'aide du jeune Gaudí, est l'élément le plus impressionnant du parc. L'œuvre combine de façon spectaculaire statuaire classique, rochers escarpés, verdure et chutes d'eau. Non loin, vous pourrez louer des embarcations pour naviguer sur le plan d'eau.

Au sud-est, l'ancien arsenal du fort abrite désormais le **Parlement de**

Catalogne (Parlament de C[...] parlament.cat ; ⊙visites guidée[...] dim et jours fériés).

En parcourant le parc du côté [...] de Picasso, vous longerez plusieurs [...] construits pour l'Exposition universel[...] peu de temps avant cette dernière. Celu[...] qui se situe tout en haut de la rue, d'allure médiévale, est le plus intéressant. Il s'agit du **château des Trois Dragons** (Castell dels Tres Dragons ; plan p. 97) qui a longtemps accueilli le musée de Zoologie, aujourd'hui déplacé dans le musée bleu (p. 114), dans le parc del Forum.

Zoo   Zoo

(☏902 457545 ; www.zoobarcelona.com ; Passeig de Picasso et Carrer de Wellington ; tarif plein/senior/- de 3 ans/3-12 ans 17 €/8,90 €/gratuit/10,20 € ; ⊙10h-19h juin-sept, 10h-18h mi-mars à mai et oct, 10h-17h nov à mi-mars ; ⚲ ; MBarceloneta). Sortie idéale pour les enfants, le zoo abrite quelque 7 500 animaux, des geckos aux gorilles. Plus de 400 espèces et de multiples aires de pique-nique.

Musée du Chocolat   Musée

(Museu de la Xocolata ; ☏93 268 78 78 ; www.museuxocolata.cat ; Plaça de Pons i Clerch ; tarif plein/réduit/- de 7 ans 4,30 €/ 3,65 €/gratuit ; ⊙10h-19h lun-sam, 10h-15h dim et jours fériés ; ⚲ ; MJaume I). Les amateurs de chocolat auront du mal à se contenir : le ticket d'entrée est une barre chocolatée ! Sous les arches gothiques de ce qu'il reste du cloître du couvent est installé le **Bar del Convent** (⊙10h-21h lun-jeu, 11h-23h ven, 13h-0h sam), agréable café-bar, idéal pour les visiteurs accompagnés de petits. Des enfants jouent souvent au football dans le cloître. L'entrée se trouve au n°36 de la Carrer del Comerç.

Arxiu Fotogràfic de Barcelona   Galerie

(☏93 256 34 20 ; www.bcn.cat/arxiu/fotografic ; Plaça de Pons i Clerch ; entrée libre ; ⊙10h-19h lun-sam ; MJaume I). Au 2e étage de l'ancien couvent de Sant Agustí, un petit espace d'exposition est consacré aux archives photographiques de la ville. Il s'agit le plus souvent de photos de Barcelone, de la fin du XIXe à la fin du XXe siècle.

LA RIBERA À VOIR

DÉCO

Catalunya : www.
es 10h à 13h sam.
du Passeig
édifices
e, ou

C d'Ali Bei

Ronda de Sant Pere

Arc de Triomf

Pg de Lluís Companys

C de Lluís el Piadós

19

Plaça de Sant Pere

C de Méndez Núñez

Passaige de Sert

C de Sant Pere més Alt

C Comtal

C d'en Cortines

C del Portal-Nou

Plaça del Comerç

C d'Ortigosa

C d'en Mònec

C d'en Llàstics

C dels Metges

Plaça de Sant Agustí Vell

Plaça de Sant Agustí Vell

C del Comerç

Palais de la Musique catalane
36

C de Verdaguer i Callís

C de Sant Pere Mitjà

C de Mare de Déu del Pilar

C de Sant Pere més Baix

C d'en Giralt i Pellisser

C de Jaume Giralt

C del Fonollar

Ancien couvent de Sant Agustí

26

21

23

34

Plaça d'Allada i Vermell

9

25

Marché de Santa Caterina

C dels Carders

C General Álvarez de Castro

LA RIBERA

6 14

5

C dels Assaonadors

24

C de les Freixures

C de Colomines

C dels Corders

C de la Princesa

Av de Francesc Cambó

C dels Mercaders

Musée Picasso

Palais dels Cervelló

C del Dr. Joaquim Pou

Plaça d'Antoni Maura

C de la Bòria

4

8

42

C de Montcada

Av de la Catedral

C de la Tapineria

10

41

44

27

29

37

Plaça de la Seu

C de Santa Llúcia

Plaça de Ramon Berenguer el Gran

Carrer dels Cotoners

22

C-Vigatans

C del Bro soli

C dels Mirallers

C dels Comtes

Plaça de l'Àngel

C de l'Argenteria

45

40

Església de Santa Maria del Mar

C del Bisbe

Via Laietana

C de Manresa

C de Basea

C de la Nau

30

15

C de les Caputxes

C de la Llibreteria

C de Jaume I

C del Sotstinent Navarro

Plaça de Sant Just

C de Lledó

BARRI GÒTIC

Plaça de Sant Jaume

CIUTAT VELLA

46

C del Call

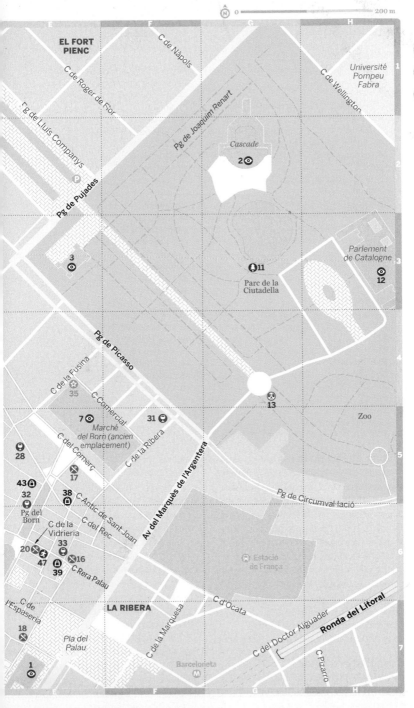

EL FORT PIENC

C de Nápols

C de Roger de Flor

Pg de Lluís Companys

Pg de Pujades

Université
Pompeu
Fabra

C de Wellington

Pg de Joaquim Renart

Cascade
2

3

11

Parc de la
Ciutadella

Parlement
de Catalogne
12

Pg de Picasso

C de la Fusina

35

C Comercial

7

Marché
del Born (ancien
emplacement)

C del Comerç

31

C de la Ribera

Av del Marquès de l'Argentera

13

Zoo

28

17

Pg de Circumval·lació

43

32

38

C Antic de Sant Joan

C del Rec

Pg del
Born

C de la
Vidrieria

20

47

33

39

16

C Rera Palau

Estació
de França

LA RIBERA

C de la Marquesa

C d'Ocata

C del Doctor Alguader

Ronda del Litoral

C Pizarro

C de
l'Espaseria

18

Pla del
Palau

Barceloneta

1

N   0   200 m

97

La Ribera

Musée du Roi de la magie   Musée

(Museu del Rei de la Màgia ; ☎ 93 319 73 93 ; www.
elreydelamagia.com ; Carrer de l'Oli 6 ; avec/sans
spectacle 12/5 € ; ☉18h-20h jeu, avec spectacle
18h sam et 12h dim ; 🖮 ; Ⓜ Jaume I). Ce petit
musée est tenu par les propriétaires du
magasin de magie (p. 105) tout proche. Il
renferme des accessoires remontant aux
origines du magasin (XIXᵉ siècle) : affiches
et manuels d'apprentissage d'époque,
baguettes, cartes truquées… Il fait aussi
office de théâtre de prestidigitation (à
l'étage). Les apprentis illusionnistes
pourront également s'y inscrire à des cours.

Casa Llotja de Mar   Architecture

(☎ 902 448448 ; www.casallotja.com ; Passeig
d'Isabel II 1 ; Ⓜ Barceloneta) Le chef-
d'œuvre de cet ancien édifice médiéval,
surnommé La Llotja et qui servait de
point de rencontre aux marchands, est
la belle salle des Transactions (Saló
de Contractacions), de style gothique,
construite au XIVᵉ siècle. Pablo Picasso
et Joan Miró ont suivi les cours de l'école
d'art qui occupait la salle des Consuls
(Saló dels Cònsols) à partir de 1849.

Ces deux salles et cinq autres furent
enchâssées dans un édifice néoclassique
au XVIIIᵉ siècle. Les opérations boursières
se sont poursuivies jusqu'au début du
XXᵉ siècle et le bâtiment appartient
toujours à la chambre de commerce de la
ville. Ses portes sont parfois ouvertes au
public, mais les salles sont généralement
louées pour des événements.

DÉCOUVRIR LA RIBERA À VOIR

NEIL SETCHFIELD / GETTY IMAGES ©

 Les incontournables
Le palais de la Musique catalane

Cette salle de concert est l'un des joyaux de l'architecture moderniste de Barcelone.
Plus qu'une symphonie architecturale, c'est une juxtaposition savante de tuiles, de
briques, de pierres sculptées et de vitraux. Construit entre 1905 et 1908 par Lluís
Domènech i Montaner pour la fondation musicale Orféo Català, le Palau de la Música
Catalana fut conçu comme une sorte de temple de la Renaixença (Renaissance) catalane.
Bâti avec l'aide de certains des meilleurs artisans de l'époque dans le cloître de l'ancien
couvent de Sant Francesc, il a subi plusieurs remaniements majeurs depuis 1990.

L'extérieur donne déjà un aperçu de la splendeur de l'édifice. Remarquez la façade
principale avec ses mosaïques, ses chapiteaux floraux et une allégorie sculptée de la
musique populaire catalane.

Une petite promenade dans le foyer et le restaurant vous permettra d'admirer
les magnifiques piliers recouverts de mosaïques pailletées. Mais c'est surtout
l'auditorium qui vous émerveillera, resplendissant de mille feux sous sa gigantesque
verrière composée de vitraux où dominent le bleu et l'or. Au-dessus d'un buste de
Beethoven se dresse l'imposante statue des Walkyries de Wagner, le compositeur
fétiche de l'époque. Bien entendu, il n'est possible de voir tout cela qu'en se
joignant à une visite guidée ou en assistant à un concert. – deux options tout aussi
recommandables l'une que l'autre.

INFOS PRATIQUES

☎902 475485 ; www.palaumusica.org ; Carrer de Sant Francesc de Paula 2 ; tarif plein/enfant/
étudiant et senior (UE) 15 €/gratuit/7,50 € ; ⊙visites de 50 min départ toutes les 30 min 10h-18h
semaine de Pâques et août, 10h-15h30 sept-juil ; Ⓜ Urquinaona

Marché del Born
Marché

(Plaça Comercial ; **M** Barceloneta) En 2001, des fouilles menées dans l'enceinte de l'ancien marché del Born, une halle aux fruits et légumes dont la structure de fer et de verre date du XIXe siècle, mirent au jour les ruines de l'un des quartiers qui furent rasés pour permettre la construction – vivement critiquée – de la Ciutadella. Les historiens découvrirent des rues intactes et les restes de maisons datant du XVe siècle pour les plus anciennes. Leur engouement fut tel que les projets de construction d'une nouvelle bibliothèque municipale dans l'enceinte de ce marché longuement inusité furent abandonnés. À la place, le site accueillera un musée et un centre culturel dont la date d'inauguration reste incertaine.

🍴 Où se restaurer

Au début des années 1990, El Born présentait peu d'intérêt. Aujourd'hui, bars, discothèques, restaurants et boutiques de créateurs peuplent le quartier. L'innovation culinaire y est reine : chefs avant-gardistes et maîtres de la cuisine fusion ont investi cette partie sud de La Ribera pour y mener leurs expériences gastronomiques. Toutefois, si vos papilles ne sont pas joueuses, vous trouverez également facilement de nombreux restaurants traditionnels.

Casa Delfín
Catalan €

(Passeig del Born 36 ; plats 4-12 € ; ⊙12h-1h ; **M** Barceloneta). Le Casa Delfín offre le meilleur de la cuisine catalane (et méditerranéenne). Commencez par les *calçots* (croisement entre le poireau et l'oignon ; de janvier à mars uniquement) doux et acidulés ou les piments *padron salés*, suivis de sardines grillées saupoudrées de persil. Prenez ensuite une belle lotte grillée au vin blanc et à l'ail.

Le Cucine Mandarosso
Italien €

(📞 932 69 07 80 ; www.lecucinemandarosso. com ; Carrer Verdaguer i Callis 4 ; plats 8 € , menu midi 10 € ; ⊙déj et dîner ; **M** Urquinaona). Quel

Ci-contre : El Xampanyet (p. 104) ; **Ci-dessous :** Une paella
(CI-CONTRE) BRENT WINEBRENNER / GETTY IMAGES ® ; (CI-DESSOUS) PHOTO DE L'AUTEUR LTD / ALAMY ©

plaisir de découvrir les bons plats du Mandarosso, préparés à la perfection ! Le menu, renouvelé quotidiennement, comprend seulement six plats au choix, dont cinq de pâtes et un de légumes, poisson ou viande. Les *antipasti* sont composés de légumes ou de fromage frais, tels que la *burrata* (fromage proche de la mozzarella), crémeuse à souhait, la mozzarella de bufflonne, ou la *scamorza* et la *provola* fumées.

El Passadís Del Pep
Poissons et fruits de mer €€

(📞 93 310 10 21 ; www.passadis.com ; Pla del Palau 2 ; plats 15-20 € ; 🕐 déj et dîner mar-sam, dîner lun sept-juil ; Ⓜ Barceloneta). Cette adresse est dépourvue d'enseigne, mais les Barcelonais la connaissent bien. Les ingrédients sont livrés chaque jour depuis les ports de pêche de la côte catalane. Il n'y a pas de carte, car l'offre dépend de la pêche du jour, mais poissons et fruits de mer frais, jambon fumé *(jamón)*, pain à la tomate et légumes grillés sont proposés à coup sûr.

Cal Pep
Tapas €€

(📞 93 310 79 61 ; www.calpep.com ; Plaça de les Olles 8 ; plats 8-18 € ; 🕐 déj mar-sam, dîner lun-ven sept-juil ; Ⓜ Barceloneta). Le principal problème ici est de réussir à franchir la porte, et l'attente peut être longue. Si vous souhaitez l'une des cinq tables du fond, il faudra réserver. La plupart des clients se frayent un chemin jusqu'au bar pour déguster les tapas de fruits de mer parmi les plus savoureuses de la ville.

Pep en personne recommande ses *cloïsses amb pernil* (palourdes et jambon) ou le *trifàsic* (cocktail de calamars, de petite friture et de crevettes).

Pla de la Garsa
Catalan €€

(📞 933 15 24 13 ; www.pladelagarsa.com ; Carrer dels Assaonadors 13 ; plats 10 € ; 🕐 dîner ; Ⓜ Jaume I). Cette demeure du XVIIᵉ siècle est idéale pour un dîner romantique : poutres en bois, tables éparpillées et discrète musique d'ambiance s'accordent

101

 Les incontournables
L'Església de Santa Maria del Mar

À l'extrémité sud-ouest du Passeig del Born s'élève l'abside de la plus belle église gothique catalane de Barcelone, Santa Maria del Mar (Notre-Dame-de-la-Mer). Érigée au XIVe siècle en 59 ans, un record pour l'époque, cette église d'une grande sobriété possède une remarquable harmonie architecturale. Pendant la construction, les *bastaixos* (débardeurs) de la ville consacraient une journée par semaine à transporter sur leur dos les pierres nécessaires à l'édification de l'église depuis les carrières royales de Montjuïc. Leur souvenir vit à jamais dans des reliefs les représentant sur les portails et d'autres sculptures ailleurs dans l'église. Confinée et délimitée par les rues étroites qui l'entourent, l'église donne de l'extérieur une impression d'austérité. À l'intérieur cependant, les piliers octogonaux élancés qui séparent la nef centrale et les deux ailes latérales créent un vaste espace latéral très lumineux.

Contrairement aux autres grandes églises gothiques de Barcelone, celle-ci est quasiment dénuée de décorations, mais Santa Maria était déjà très sobre avant que les anarchistes ne la saccagent en 1909 puis en 1936. Renseignez-vous sur la programmation des récitals de musique (généralement baroque et classique).

INFOS PRATIQUES

 93 319 05 16 ; Plaça de Santa Maria del Mar ; 🕐9h-13h30 et 16h30-20h ; Ⓜ Jaume I

pour créer, sur deux niveaux, un cadre enchanteur où l'on déguste une copieuse cuisine catalane, avec des plats comme le *timbal de botifarra negra* (sorte de boudin noir aux champignons).

Tantarantana   Méditerranéen €
(📞 93 268 24 10 ; Carrer d'en Tantarantana 24 ; plats 6-7 € ; 🕐 dîner lun-sam ; Ⓜ Jaume I).
Cerné de restaurants très tendance servant de la nouvelle cuisine espagnole,

cet établissement offre une autre solution rafraîchissante. On y déguste, sur des tables en marbre rétro, des plats simples mais bien préparés, comme du risotto ou du thon grillé servi avec des légumes et du gingembre. La clientèle, surtout constituée de trentenaires, apprécie la terrasse en été.

En Aparté   Français €
(932 69 13 36 ; www.enaparte.es ; Carrer Lluis el Piados 2 ; plats 8-10 € ; M Arc de Triomf ou Urquinaona). Petit restaurant discret où l'on déguste une cuisine française de qualité, à l'écart de la paisible Plaça de Sant Pere. Tables de machines à coudre, décoration vintage et baies vitrées laissant entrer la lumière en début d'après-midi. L'excellent menu du midi (11 €) comprend une salade (betterave, pommes et noix) et une quiche ou un plat de légumes tels que des poivrons farcis avec un gratin de pommes de terre.

Mandarosso Pastis   Café, pâtisserie €
(933 19 05 02 ; www.lecucinemandarosso. com ; Carrer General Alvarez de Castro 5-7 ; 8h-21h mar-sam, 9h-14h dim, fermé lun ; M Urquinaona). Petit frère du Cucine Mandarosso (p. 100) consacré aux gâteaux. La salle comporte deux petites tables, une grande table en bois, un petit tourne-disque d'où s'échappent de vieux airs, et une superbe vitrine à gâteaux. Sert aussi le petit-déjeuner.

Bubó   Pâtisserie, restaurant €
(93 268 72 24 ; www.bubo.ws ; Carrer de les Caputxes 6 et 10 ; 16h-0h lun, 10h-0h mar-jeu et dim, 10h-2h ven et sam ; M Barceloneta). Carles Mampel est un véritable artiste du dessert. Difficile de passer devant son bar-pâtisserie sans avoir envie de prendre place pour goûter l'une de ses créations fantaisistes.

Lilipep   Café €
(933 10 66 97 ; Carrer del Pou de la Cadena 8 ; 10h-22h mar-jeu, 10h-0h ven-dim ; ; M Jaume I). Pour une pause entre deux visites ou pour prendre un verre et

une *tapa* (incluse !), direction ce café germano-catalan, niché dans une petite rue en retrait de la Carrer de la Princesa. Choisissez un livre en buvant votre café et renseignez-vous sur la programmation des prochains concerts. Plats de viande et végétariens, et copieux petit-déjeuner allemand.

La Llavor dels Orígens   Catalan €
(www.lallavordelsorigens.com ; Carrer de la Vidrieria 6-8 ; plats 8-10 € ; 12h30-0h30 ; M Jaume I). Voici une véritable mine de produits régionaux catalans. Les étagères de la boutique croulent sous le poids des bouteilles et des paquets divers. Belle carte de petits plats, comme la *sopa de carbassa i castanyes* (soupe de potiron et de marron) ou les *mandonguilles amb albergínies* (rissoles à l'aubergine), à accompagner de vins servis au verre.

Bar Joan   Catalan €
(93 310 61 50 ; Mercat de Santa Caterina ; menu du jour 11 € ; déj lun-sam ; M Jaume I). Outre le populaire Cuines de Santa Caterina, le marché de Santa Caterina abrite plusieurs bars-restaurants. Le Bar Joan est surtout fréquenté par une clientèle locale qui apprécie son *arròs negre* (riz à l'encre de seiche) servi le mardi midi.

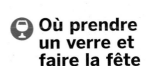 Où prendre un verre et faire la fête

D'innombrables bars jalonnent le Passeig del Born, les rues avoisinantes et celles qui entourent l'Església de Santa Maria del Mar – le quartier jouit donc d'une atmosphère particulièrement festive.

La Vinya del Senyor   Bar à vins
(Plaça de Santa Maria del Mar 5 ; 12h-1h mar-dim ; M Jaume I). Minuscule bar avec terrasse à l'ombre de l'Església de Santa Maria del Mar. La carte des vins est impressionnante. Une table attend ceux qui souhaitent se réunir autour d'une bonne bouteille.

Gimlet
Bar à cocktails

(Carrer del Rec 24 ; cocktails 10 € ; ⌚22h-3h ; Ⓜ Jaume I). On se croirait dans un film avec Humphrey Bogart ! Les barmen en veste blanche vous préparent d'une main de maître un gimlet ou tout autre cocktail classique (10 € environ).

El Xampanyet
Bar à vins

(Carrer de Montcada 22 ; ⌚midi-16h et 19h-23h mar-sam, midi-16h dim ; Ⓜ Jaume I) Rien n'a changé depuis des décennies dans ce bar à *cava* (vin pétillant catalan) aux murs carrelés à l'ancienne. Installé au comptoir ou à une table, sirotez un ou deux verres de *cava* accompagnés d'un assortiment de tapas, comme les *boquerons en vinagre* (anchois blancs au vinaigre) bien relevés.

Miramelindo
Bar

(⌚93 319 53 76 ; Passeig del Born 15 ; ⌚20h-2h30 ; Ⓜ Jaume I). Installée dans un édifice gothique, cette vaste taverne est un classique du Passeig del Born pour boire un cocktail en profitant de la musique d'ambiance jazz ou soul. Installez-vous confortablement à une table à l'arrière avant qu'il n'y ait trop de monde.

La Fianna
Bar

(www.lafianna.com ; Carrer dels Banys Vells 15 ; ⌚18h-1h30 dim-mer, 18h-2h30 jeu-sam ; Ⓜ Jaume I). Avec ses murs en pierre nue, ses candélabres en fer forgé et ses canapés couverts de coussins, ce bar a un petit côté médiéval. L'endroit est animé et l'espace se remplit à mesure que la nuit avance.

Mudanzas
Bar

(⌚93 319 11 37 ; Carrer de la Vidrieria 15 ; ⌚10h-2h30 ; Ⓜ Jaume I). Ce bar fut l'un des tout premiers à mettre de l'animation dans le quartier d'El Born, et il attire encore aujourd'hui une clientèle fidèle. Un endroit sympathique pour discuter autour d'une bière ou même avaler un sandwich. Bon choix de *grappas* italiennes.

Upiaywasi
Discothèque

(⌚93 268 01 54 ; Carrer d'Allada Vermell 11 ; ⌚17h-2h lun-jeu, 17h-3h ven et sam, 16h-1h dim ; Ⓜ Barceloneta). Ce bar à cocktails à l'éclairage tamisé mêle ambiance *lounge* et musique latina. La disposition des fauteuils et des tables, les lustres et la décoration discrète confèrent au cadre un côté intimiste agréable.

Magic
Club

(⌚93 310 72 67 ; Passeig de Picasso 40 ; ⌚23h-6h mer-dim ; Ⓜ Barceloneta). Même si l'on peut parfois assister à des concerts dans le sous-sol enfumé, il s'agit avant tout d'un club classique où l'on se déhanche sur du rock, les tubes du moment et de la pop espagnole.

 **Où sortir**

Palais
de la Musique catalane
Concerts

(Palau de la Música Catalana ; ⌚902 442882 ; www.palaumusica.org ; Carrer de Sant Francesc de Paula 2 ; ⌚billetterie 10h-21h lun-sam ; Ⓜ Urquinaona). Véritable régal pour les yeux, cet édifice moderniste est aussi l'adresse traditionnelle pour les concerts de musique classique et lyrique à Barcelone. Assister à une représentation est une expérience mémorable. Avant le concert, sirotez un verre dans le foyer agrémenté de piliers recouverts de mosaïques pailletées. Montez l'imposant escalier pour gagner l'auditorium principal, une fantaisie moderniste. Programmation très diversifiée.

Flow
Arts du spectacle

(⌚93 310 06 67 ; Carrer de la Fusina 6 ; ⌚20h-3h mar-dim ; Ⓜ Jaume I). Ancien bar rénové, avec boule à facettes et billard peu utilisé. Un curieux endroit pour un cocktail où l'on assiste parfois à des concerts de musique expérimentale et du théâtre amateur.

 Shopping

Au Moyen Âge déjà, La Ribera était un quartier commerçant. Il abrite toujours de très nombreux petits magasins d'alimentation à l'ancienne, véritable festin d'arômes et d'ambiances. Une multitude de boutiques branchées les a rejoints depuis la fin des années 1990.

Casa Gispert Alimentation
(☎ 93 319 75 35 ; www.casagispert.com ; Carrer dels Sombrerers 23 ; Ⓜ Jaume I). Cette superbe boutique à la devanture en bois vend des noix grillées et des fruits secs depuis 1851.

Vila Viniteca Vins
(☎ 902 327 777 ; www.vilaviniteca.es ; Carrer dels Agullers 7 ; 🕙 8h30-20h30 lun-sam ; Ⓜ Jaume I). Ce caviste, qui figure parmi les grands de Barcelone (et ils sont nombreux !), sélectionne les meilleurs vins régionaux et étrangers, et ce depuis 1932.

Galeria Maeght Galerie d'art
(☎ 93 310 42 45 ; www.maeght.com ; Carrer de Montcada 25 ; 🕙 11h-14h et 15h-19h mar-ven, 11h-14h sam ; Ⓜ Jaume I). Installée dans l'une des belles demeures médiévales qui font la réputation de la rue, cette galerie haut de gamme se consacre aux maîtres du XXᵉ siècle. Le bâtiment est aussi intéressant que les œuvres exposées.

Coquette Mode
(☎ 93 295 42 85 ; www.coquettebcn.com ; Carrer del Rec 65 ; Ⓜ Barceloneta). Avec son look très design, le magasin en lui-même est attrayant. Il offre un grand choix de prêt-à-porter féminin décontracté de créateurs comme Tsunoda, Vanessa Bruno, Chloé Baño ou Hoss Intropia.

El Magnífico Cafés
(☎ 93 319 60 81 ; www.cafeselmagnifico. com ; Carrer de l'Argenteria 64 ; Ⓜ Jaume I). Le Magnífico torréfie depuis près d'un siècle une gamme impressionnante de cafés dont l'arôme vous chatouille les narines dès l'entrée. À noter aussi, une bonne sélection de thés. De l'autre côté de la rue, les mêmes patrons tiennent le **Sans i Sans** (☎ 93 319 60 81 ; Carrer de l'Argenteria 59), un charmant salon de thé beaucoup plus récent.

Hofmann Pastisseria Pâtisserie
(☎ 93 268 82 21 ; www.hofmann-bcn.com ; Carrer dels Flassaders 44 ; Ⓜ Jaume I). Avec ses placards en bois à l'ancienne, cette petite pâtisserie a un côté intemporel alors qu'elle est assez récente. Au choix : chocolats, viennoiseries, gâteaux, pâtisseries et autres douceurs plus tentantes les unes que les autres.

El Rey de la Magia Magie
(☎ 93 319 39 20 ; www.elreydelamagia.com ; Carrer de la Princesa 11 ; 🕙 11h-14h et 17h-20h lun-ven, 10h-14h sam ; Ⓜ Jaume I). Depuis plus d'un siècle, les propriétaires de ce lieu amusent et épatent la galerie. Difficile de faire un choix parmi les balais volants, les jeux de cartes truqués et les verres de "lait qui disparaît"...

Nu Sabates Chaussures, accessoires
(☎ 93 268 03 83 ; www.nusabates.com ; Carrer dels Cotoners 14 ; Ⓜ Jaume I). Deux cordonniers catalans se sont associés pour fabriquer des chaussures en cuir originales (ainsi que des sacs et autres articles de maroquinerie) qu'ils vendent dans ce local élégamment rénové.

Custo Barcelona Mode
(☎ 93 268 78 93 ; www.custo-barcelona. com ; Plaça de les Olles 7 ; Ⓜ Jaume I). Cadre psychédélique et atmosphère décontractée : Custo est définitivement une marque jeune et branchée. Les couleurs vives et les coupes audacieuses des vestes de soirée ou des minishorts s'adressent à une clientèle plutôt extravertie.

La Barceloneta et le front de mer

Le long front de mer de Barcelone offre un autre genre de balade après les ruelles gothiques et l'architecture moderniste. En s'éloignant de la vieille ville vers le nord-est, on se retrouve bientôt entouré d'un chapelet d'appétissants restaurants de fruits de mer et de bars de plage. Une promenade bordée de palmiers conduisant les cyclistes, les coureurs et les promeneurs vers les plages s'étire sur quelque 4 km jusqu'au parc del Fòrum.

Accolée au front de mer, La Barceloneta est un ancien quartier de pêcheurs datant du milieu du XVIIIe siècle et quadrillé de ruelles étroites. Il est resté populaire. D'innombrables restaurants de fruits de mer et une poignée de bars bohèmes constellent ce labyrinthe.

L'été venu, les plages, qui s'étirent vers le nord jusqu'à El Fòrum, sont prises d'assaut par les adeptes du bronzage. Le long du sable, de rustiques cabanes de plage appelées *chiringuitos* débitent leurs cocktails jour et nuit au rythme de la musique.

La Barceloneta et le front de mer
À ne pas manquer

Les plages (p. 114)

Les plages de Barcelone déroulent leur bande de sable fin à un jet de pierre de la vieille ville et de nombreuses autres curiosités de choix. Si elles se prêtent à la baignade, on peut également les longer à vélo, s'y arrêter pour dîner au port de plaisance de Port Olímpic ou y siroter un cocktail au coucher du soleil, les yeux dans l'eau.

Les fruits de mer (p. 116)

Dans les ruelles du XVIIIe siècle de La Barceloneta, sur laquelle flotte un air marin, on sert une bonne cuisine de la mer sans prétention. Promenez-vous dans le quartier à la découverte de ses restaurants familiaux et laissez-vous tenter par les spécialités locales comme l'*arròs negre* (riz à l'encre de seiche) et les coquilles Saint-Jacques au *cava* (vin pétillant catalan).

L'aquarium (p. 112)

③

Pas moins de 450 espèces d'animaux aquatiques sont visibles dans cet aquarium de bord de mer, mais ce sont les requins qui tiennent la vedette. Abrités derrière la fine couche de Plexiglas d'un couloir immergé de 80 mètres, vos enfants vivront intensément leur rencontre avec la bête. La frayeur passée, conduisez-les aux sections interactives consacrées à la Méditerranée. En sortant du musée, promenez-vous le long du Port Vell, le vieux port modernisé de Barcelone.

④

Le musée d'Histoire de Catalogne (p. 112)

La fierté catalane est palpable à Barcelone, une ville profondément indépendante. Pour comprendre la complexité et la singularité de l'histoire de la Catalogne, commencez par ce musée dont les collections vont de l'âge de pierre au postfranquisme, avec des expositions interactives sur l'Empire romain, le Moyen Âge, la guerre civile espagnole et d'autres époques charnières.

⑤

Le musée maritime (p. 115)

Pour changer de l'art et de l'architecture, faites un tour dans ce musée installé entre les murs d'un ancien arsenal royal. Barcelone est l'un des plus grands ports méditerranéens d'Europe et son Musée maritime offre bien plus que l'habituelle collection de rafiots. Bien que soumis à de continuelles rénovations, le musée conserve sa pièce phare : une réplique d'un vaisseau du XVIe siècle.

Promenade dans La Barceloneta

Avant d'accueillir des sculptures, des marinas et une promenade, le front de mer barcelonais était un terrain vague industriel réaménagé à l'occasion des JO de 1992. Cette promenade vous conduira dans le village de pêcheurs de La Barceloneta et le long des plages jusqu'au Port Olímpic.

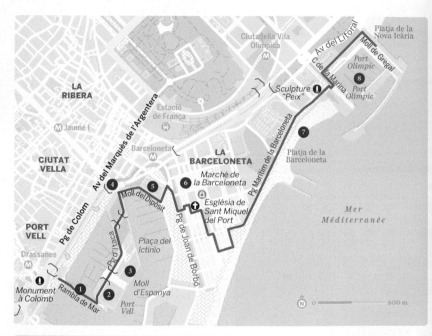

ITINÉRAIRE

- **Départ** Port Vell
- **Arrivée** Port Olímpic
- **Distance** 4,2 km
- **Durée** 2 heures

1 La Rambla de Mar

Avec la statue de Colomb dans le dos, promenez-vous le long de **La Rambla de Mar,** une étroite passerelle piétonne enjambant le port dans la continuation de La Rambla. Ce pont tournant est un endroit paisible depuis lequel profiter de l'air marin et de la vue sur le Port Vell et sur l'extension du front de mer barcelonais. Une fois par heure environ, le pont s'ouvre pour laisser passer les bateaux.

2 Maremàgnum

Arrimé au flanc ouest de la Rambla de Mar, le **Maremàgnum** est un centre commercial ultrafréquenté abritant restaurants avec vue sur mer, bars, boutiques et cinémas.

3 Aquarium

Tout près, l'**Aquarium** (p. 112), l'un des plus grands d'Europe, accueille 11 000 créatures marines. Le clou de la visite reste les requins qui évoluent dans un tunnel de verre. Les plus intrépides se jetteront à l'eau pour une baignade au beau milieu de ces imposants prédateurs.

④ Visage de Barcelone

Vers La Barceloneta, vous passerez devant **La Cara de Barcelona**, de l'artiste pop américain Roy Lichtenstein. Dévoilée en 1992, cette sculpture en *trencadís* (mosaïque réalisée à partir d'éclats de carreaux) rend hommage à Gaudí et aux autres modernistes.

⑤ Musée d'Histoire de Catalogne

Le **Museu d'Història de Catalunya** (p. 112) est abrité dans d'anciens entrepôts. Un bar-restaurant avec terrasse se trouve au dernier étage. Au rez-de-chaussée, les terrasses de quelques luxueux restaurants de fruits de mer s'ouvrent sur le port de plaisance.

⑥ La Barceloneta

Descendez le Passeig de Joan de Borbó, une rue animée offrant un portrait contrasté de la population barcelonaise. Rejoignez le labyrinthe de **La Barceloneta**, où l'on retrouve par endroits l'essence marine de cet ancien quartier de pêcheurs et de dockers. Vous y croiserez l'église baroque de Sant Miquel del Port et un effervescent marché.

⑦ Platja de la Barceloneta

Si le quadrillage serré des ruelles de la Barceloneta est parfois oppressant, le vaste front de mer ne se trouve heureusement qu'à quelques pas. La plage du centre ville, la **platja de La Barceloneta**, est truffée de monde. Sur le sable, quelques bars servent à boire et à manger au rythme de la musique. Plus loin, à l'angle nord-est de la plage, des établissements branchés attirent les foules lors des chaudes nuits d'été.

⑧ Port Olímpic

Une longue promenade longe le front de mer jusqu'au **Port Olímpic,** un port de plaisance bordé de restaurants de poisson construit à l'occasion des Jeux olympiques de 1992. Depuis La Barceloneta, vous pourrez difficilement manquer la sculpture *Peix*, un gigantesque poisson de cuivre de l'artiste Frank Gehry. Au nord se trouve l'agréable plage de Nova Icària.

 Les meilleurs...

RESTAURANTS

Can Majó Pour un festin de fruits de mer en terrasse, près du front de mer. (p. 116)

Maians Cuisine excellente et charme sans prétention. (p. 117)

La Cova Fumada Minuscule gargote servant des plats délicieux. (p. 117)

Els Pescadors L'un des meilleurs restaurants de fruits de mer barcelonais. (p. 119)

Torre d'Alta Mar Restaurant de luxe avec vue. (p. 118)

BARS ET CLUBS

Xampanyeria Can Paixano Bar à *cava* idéal pour reprendre des forces. (p. 121)

Absenta Décor kitsch pour déguster absinthe et vermouth maison. (p. 121)

Opium Mar Bar-club ultrapopulaire situé en front de mer. (p. 121)

Razzmatazz Club digne d'Ibiza au cœur d'El Poblenou. (p. 123)

PLANS DE BORD DE MER

Orsom Embarquez pour un tour en catamaran au coucher du soleil. (p. 123)

El Fòrum Rendez-vous à vélo jusqu'à cet espace de construction récente. (p. 114)

Platja de la Mar Bella Bronzez en tenue d'Ève sur cette plage nudiste. (p. 114)

Découvrir La Barceloneta et le front de mer

Depuis/vers La Barceloneta et le front de mer

○ **À pied** depuis la vieille ville, La Rambla et la Via Laietana sont les principaux axes piétonniers permettant de franchir la Ronda del Litoral.

○ **Métro** Pour le Port Vell, descendez à Drassanes (ligne 3) ; la station Barceloneta (ligne 4) dessert le quartier du même nom. Les arrêts suivants sur la ligne 4 sont Ciutadella Vila Olímpica (la meilleure station pour le Port Olímpic) et El Maresme Fòrum, proche du Parc del Fòrum.

L'Aquarium
ANNA SERRANO / SIME / 4CORNERS ©

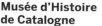 À voir

Port Vell et La Barceloneta

Aquarium   Aquarium

(L'Aquàrium ; plan p. 116 ; 📞93 221 74 74 ; www.aquariumbcn.com ; Moll d'Espanya ; adulte/enfant 18/13 € , plongée 300 € ; 🕐9h30-23h juil et août, 9h30-21h sept-juin, plongée 9h30-14h mer, ven et sam ; Ⓜ Drassanes). Difficile de ne pas ressentir un frisson à la vue d'un requin qui glisse juste au-dessus de vous ! Long de 80 m, le tunnel aux requins est l'attraction phare de cet aquarium, l'un des plus grands d'Europe. Inauguré en 1995, il renferme la plus belle collection mondiale d'espèces méditerranéennes et accueille aussi des spécimens venus de destinations plus lointaines (mer Rouge, Caraïbes ou Grande Barrière de corail australienne). En tout, ce sont quelque 11 000 poissons (dont une dizaine de requins) qui y sont hébergés.

On admirera de splendides raies et d'énormes poissons-lunes, ainsi que plusieurs espèces de requins, qui nagent au-dessus et autour des visiteurs. Un espace interactif, Planeta Agua, accueille un groupe de pingouins de l'Antarctique et un aquarium permet d'observer les raies de près.

Si vous possédez un brevet de plongée, vous pourrez nager avec les requins dans le bassin principal.

Musée d'Histoire de Catalogne   Musée

(Plan p. 116 ; 📞93 225 47 00 ; www.mhcat.net ; Plaça de Pau Vila 3 ; adulte/enfant exposition temporaire 4/3 € , expositions permanentes et temporaires 5/4 € , gratuit 1er dim du mois ; 🕐10h-19h mar et jeu-sam,

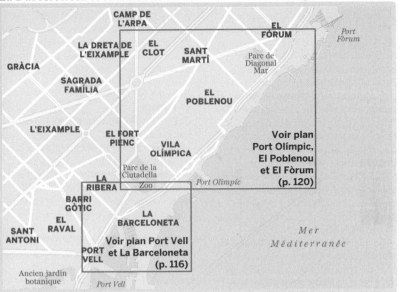

10h-20h mer, 10h-14h30 dim ; Ⓜ Barceloneta). Le palais de la Mer (Palau de Mar), face au port, abritait des entrepôts, puis fut transformé dans les années 1990 pour accueillir le Museu d'Història de Catalunya.

Ses collections permanentes, aux 2e et 3e étages, retracent l'histoire de la Catalogne, de la préhistoire au début des années 1980, au travers d'objets, de vidéos, de maquettes, de documents et de bornes interactives.

On peut ainsi avoir un aperçu de la vie au temps des Romains, écouter des poèmes arabes écrits pendant l'occupation maure, pénétrer dans le logis pyrénéen d'une famille médiévale ou chevaucher le destrier d'un chevalier et tenter de soulever une armure.

Il est aussi possible de descendre dans un abri antiaérien datant de la guerre civile ou de visionner une vidéo sur la Catalogne d'après Franco. Un café-restaurant, le 1881, est installé sur le toit. À l'extérieur, se trouve un chapelet d'élégants restaurants en plein air où déguster de traditionnels plats de fruits de mer.

Pailebot de Santa Eulàlia   Voilier
(Plan p. 116 ; Moll de la Fusta ; adulte/enfant avec entrée au musée maritime 4 €/gratuit ; ⊙12h-19h30 mar-ven, 10h-19h sam et dim ; Ⓜ Drassanes). Une goélette de 1918 restaurée par le Musée maritime est amarrée le long du Moll de la Fusta, une promenade bordée de palmiers. La visite du voilier n'est pas indispensable pour en profiter, car on le voit très bien de l'extérieur. Le bateau largue parfois les amarres pour se montrer dans d'autres villes de la côte catalane.

Transbordador Aeri   Téléphérique
(Plan p. 116 ; www.telefericodebarcelona.com ; Passeig Escullera ; aller/aller-retour 10/15 € ; ⊙11h-19h, fermé jan à mi-fév ; Ⓜ Barceloneta, 🚌17, 39 ou 64). Ce téléphérique suspendu entre le port et Montjuïc offre un splendide panorama de la ville. Il relie la Torre de Sant Sebastià (La Barceloneta) au Miramar (Montjuïc), et s'arrête à mi-chemin à la Torre de Jaume I, devant le World Trade Center. Un restaurant, le Torre d'Alta Mar, bénéficie d'un emplacement exceptionnel au sommet de la Torre de Sant Sebastià.

Platjas

Plages

(Plan p. 120 ; 🚌36 ou 41, Ⓜ Ciutadella Vila Olímpica, Bogatell, Llacuna ou Selva de Mar)

Quelques plages *(platjas)* agréables s'étendent du Port Olímpic au nord-est de la ville. Elles sont en grande partie artificielles mais attirent néanmoins 7 millions de baigneurs par an !

La plus prisée, la **Platja de Nova Icària**, est la plus au sud. Juste derrière, de l'autre côté de l'Avinguda del Litoral, la Plaça dels Campions a accueilli le podium où sont montés les vainqueurs des épreuves de voile des JO de 1992.

La suivante est la **Platja de Bogatell**. Juste derrière se trouve le cimetière de l'Est, construit en 1773. Son monument central commémore les victimes d'une épidémie de fièvre jaune en 1821.

Les plages suivantes, la **Platja de la Mar Bella** (qui comprend une petite zone pour nudistes ainsi qu'une école de voile) et la **Platja de la Nova Mar Bella**, mènent au Front Marítim, un secteur résidentiel et commercial en construction, qui fait partie intégrante du projet de Diagonal Mar dans le quartier d'El Fòrum. En face s'étend la dernière en date de ces plages artificielles, la **Platja del Llevant**.

Port Olímpic, El Poblenou et El Fòrum

Torre Agbar

Architecture

(Plan p. 120 ; ☎ 93 342 21 29 ; www.torreagbar. com ; Avinguda Diagonal 225 ; Ⓜ Glòries).

Monument lumineux en forme de concombre, la futuriste Torre Agbar (tour Agbar) de l'architecte français Jean Nouvel est l'un des ajouts les plus osés au profil architectural de la ville depuis la Sagrada Família. Achevée en 2005, elle scintille la nuit de tous ses reflets rouges et bleus. On ne peut malheureusement visiter que le hall d'entrée, qui accueille souvent des expositions temporaires.

Parc del Centre del Poblenou

Parc

(Plan p. 120 ; Avinguda Diagonal ; 🕙10h-coucher du soleil ; Ⓜ Poblenou). Barcelone recèle de nombreux parcs où le ciment règne en maître, et le parc del Centre del Poblenou,

créé par Jean Nouvel et émaillé de sièges en métal stylisés et de sculptures, ne fait pas exception. Mais les murs de ciment d'inspiration gaudienne sont peu à peu pris d'assaut par des bougainvillées. Le parc est planté de quelque 1 000 arbres d'essences méditerranéennes et de milliers d'arbustes et de plantes.

El Fòrum

Quartier

(Plan p. 120 ; Ⓜ El Maresme Fòrum). Autrefois composé de terrains en friche, de fabriques désaffectées et d'une usine de traitement des eaux usées, ce secteur au nord-est de la ville accueille désormais des appartements haut de gamme, des hôtels de luxe, une marina (Port Fòrum), un centre commercial et un palais des congrès.

L'élément architectural le plus frappant est l'**Edifici Fòrum**, un bâtiment triangulaire bleu futuriste construit par les architectes suisses Herzog et de Meuron. À 300 m à l'est, la **Zona de Banys** est l'occasion de louer un kayak ou un vélo, de pratiquer la plongée sous-marine ou d'autres activités. Cette zone a été gagnée sur la mer grâce à une digue construite avec d'énormes blocs de ciment. À son extrémité nord, un énorme panneau photovoltaïque se tourne vers le soleil.

En été, pendant le week-end, un **parc d'attractions** propose manèges, tirs à la carabine, châteaux gonflables, autos tamponneuses, etc.

Le **parc de Diagonal Mar**, conçu par Enric Miralles, comporte des bassins, des fontaines, une promenade botanique à la découverte de plus de 30 espèces d'arbres et de plantes, et des sculptures modernes.

Musée bleu

Musée

(Museu Blau ; plan p. 120 ; ☎ 93 256 60 02 ; Parc del Fòrum ; adulte/enfant 6/2,70 € ; 🕙10h-19h mar-ven, 10h-20h sam et dim ; Ⓜ El Maresme Fòrum). Installé dans l'Edifici Fòrum, le Musée bleu, ouvert en 2011, permet de découvrir toutes les facettes du monde naturel. Les présentations multimédias et interactives évoquent l'évolution de la vie, la formation de la Terre et les

 ## Les incontournables
Le musée maritime

Ces chantiers navals sont un magnifique exemple d'architecture civile gothique. Aujourd'hui, leurs vastes arcades abritent le Musée maritime, l'un des plus beaux musées de Barcelone.

À leur heure de gloire, les chantiers navals comptaient parmi les plus grands de toute l'Europe. Commencées au XIIIe siècle et achevées en 1378, les longues travées entrecoupées d'arches de pierre (les plus hautes atteignent 13 m), véritables cales de lancement, descendaient en pente douce directement jusqu'à l'eau, laquelle atteignait encore leur niveau au moins jusqu'à la fin du XVIIIe siècle. Au centre de l'arsenal trône une réplique grandeur nature (datant des années 1970) du navire de Juan d'Autriche.

Des navires de pêche, d'anciennes cartes de navigation, des maquettes et des dioramas du front de mer de Barcelone sont également exposés dans ce musée captivant. Il accueille aussi des expositions temporaires (le centenaire du *Titanic* a ainsi donné lieu en 2012 à une fascinante exposition). Le musée était en cours de rénovation lors de notre passage, et les travaux devraient se poursuivre en 2013. À sa réouverture, il abritera une collection largement enrichie et des présentations multimédias retraçant l'épopée de la marine espagnole. Pendant les travaux, seule une partie de l'exposition est visible.

L'agréable café du musée, doté d'une terrasse dans la cour, sert un choix d'en-cas et un *menú de mediodía* (menu déjeuner) correct à midi.

INFOS PRATIQUES

Plan p. 116 ; 📞 93 342 99 20 ; www.mmb.cat ; Avinguda de les Drassanes ; tarif plein/enfant de moins de 7 ans/senior et étudiant 2,50 €/gratuit/1,25 €, gratuit 15h-20h dim ; 🕐 10h-20h ; Ⓜ Drassanes

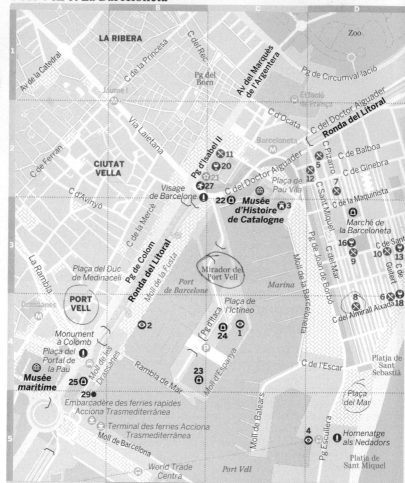

Port Vell et La Barceloneta

DÉCOUVRIR LA BARCELONETA ET LE FRONT DE MER   OÙ SE RESTAURER

---

grands scientifiques ayant contribué à la connaissance humaine. Les 9 000 m² du musée renferment des spécimens du monde animal, végétal et minéral et des squelettes de dinosaures.

✂️ Où se restaurer

Port Vell et La Barceloneta

Pour un repas savoureux et une ambiance agréable, rendez-vous dans les petites rues de La Barceloneta, où les bonnes adresses vont du bruyant bar à tapas au restaurant de poisson haut de gamme. Sachez que de nombreux établissements ferment les dimanches et lundis soir.

Can Majó　　　　Fruits de mer　€€
(Plan p. 116 ; ☎ 93 221 54 55 ; Carrer del Almirall Aixada 23 ; plats 18-24 € ; ⏱ déj et dîner mar-sam, déj dim ; 🚌 45, 57, 59, 64 ou 157, Ⓜ Barceloneta). Quasiment sur la plage (avec des tables à l'extérieur en été), le Can Majó est connu pour ses fruits de mer, pour ses plats

Port Vell et La Barceloneta

à base de riz et ses *suquets* (ragoûts de poissons). Vous pouvez essayer la délicieuse *bollabessa de peix i marisc* (bouillabaisse de poissons et fruits de mer) ou la grande *graellada* (grillade de divers poissons).

Maians
Tapas €

(Plan p. 116 ; Carrer de Sant Carles 28 ; tapas 4-6 € ; ⏰mer-dim ; Ⓜ Barceloneta). Minuscule et enjoué, ce bar-restaurant sert de succulentes tapas à une clientèle branchée du quartier. Ne manquez pas

le *cazón en adobo* (friture de roussette marinée) ni les *mejillones a la marinera* (moules dans un coulis de tomate), suivis d'un généreux *arroz negra* (paella aux encornets).

La Cova Fumada
Tapas €

(Plan p. 116 ; ☏ 93 221 40 61 ; Carrer de Baluard 56 ; tapas 3-6 € ; ⏰9h-15h20 lun-mer,

117

9h-15h20 et 18h-20h20 jeu et ven, 9h-13h20 sam ;
Ⓜ Barceloneta). Dénué d'enseigne, ignoré
des touristes, ce petit restaurant familial
bourdonne d'activité. Son secret : le *pulpo*
(poulpe), les *calamares*, les *sardinas* et
la quinzaine d'autres petites assiettes
qui composent la carte, tous cuits à la
perfection dans le coin-cuisine à l'entrée.

Torre d'Alta Mar Méditerranéen €€€

(Plan p. 114 ; 📞 93 221 00 07 ; www.
torredealtamar.com ; Torre de Sant Sebastià ;
plats environ 30 € ; 🕐 déj et dîner mar-sam, dîner
dim et lun ; 🚌 17, 39, 57 ou 64, Ⓜ Barceloneta).
Le sommet de la Torre de Sant Sebastià,
à 75 m du sol, vous réserve une vue
magnifique sur la ville et la mer et
constitue un cadre exceptionnel pour
déguster de succulents fruits de mer.
Mention spéciale pour le riz onctueux aux
crevettes grillées, les Saint-Jacques
à l'artichaut, aux asperges
et au jambon, et la lotte rôtie. La note
est salée (comptez 48 € pour un déjeuner
composé de plusieurs plats) mais
se justifie par le panorama.

Can Ros Fruits de mer €€

(Plan p. 116 ; 📞 93 221 45 79 ; Carrer del Almirall
Aixada 7 ; plats 16-28 € ; 🕐 mar-dim ; 🚌 45, 57, 59,
64 ou 157, Ⓜ Barceloneta). C'est la cinquième
génération qui dirige cette véritable
institution, ouverte en 1911 et spécialisée
dans les poissons et les fruits de mer,
où le décor est celui d'un autre temps et
où un seul principe vaut toujours : servir
un succulent poisson archifrais cuisiné
avec légèreté. Le Can Ros prépare aussi
un savoureux *arròs a la marinera* (riz aux
fruits de mer) ou une *fideuá* (paella à base
de vermicelles) aux crevettes et palourdes.

Restaurant 7 Portes Fruits de mer €€

(Plan p. 116 ; 📞 93 319 30 33 ; www.7portes.com ;
Passeig d'Isabel II, 14 ; plats 14-28 € ; 🕐 13h-
1h ; Ⓜ Barceloneta). Inauguré en 1836, ce
café devenu restaurant en 1929 est une
institution. Son atmosphère rétro est
renforcée par les boiseries, le carrelage,
les miroirs et les plaques rendant
hommage aux personnalités (dont Orson
Welles) qui ont fréquenté les lieux. La

Ci-contre : Xiringuito D'Escribà (p. 120) ; **Ci-dessous :** Torre Agbar (p. 114) ; architecte : Jean Nouvel

(CI-CONTRE) DIEGO LEZAMA / GETTY IMAGES ©; (CI-DESSOUS) GIOVANNI GUARINO TRAVEL / ALAMY ©

paella est la spécialité maison, mais vous pourrez tenter à deux le *gran plat de marisc* (grand plateau de fruits de mer).

Vaso de Oro Tapas €
(Plan p. 116 ; Carrer de Balboa 6 ; tapas 5-9 € ; ◷10h-0h ; Ⓜ Barceloneta). Une foule joviale fréquente ce bar étroit, toujours bondé. Les serveurs en veste blanche vous serviront quelques blagues avec vos tapas, vos gambas grillées, votre *foie a la plancha* ou vos grillades de *solomillo* (steak d'aloyau). Essayez la *flauta cincuenta* – moitié bière blonde, moitié bière brune.

Can Maño Espagnol €
(Plan p. 116 ; Carrer del Baluard 12 ; plats 8-12 € ; ◷lun-sam ; Ⓜ Barceloneta). Malgré la modestie des lieux, vous devrez patienter avant de vous retrouver à une table bondée devant des *raciones* (version plus copieuse des tapas ; la liste figure sur une ardoise au fond) et une bouteille de *turbio*, un vin blanc trouble. Les fruits

de mer, calamars, crevettes et poissons sont de premier ordre et les prix défient toute concurrence.

Bitácora Tapas €
(Plan p. 116 ; Carrer de Balboa 1 ; tapas 4-8 € ; ◷10h-23h lun-ven, 10h-17h sam ; Ⓜ Barceloneta). Cette sympathique gargote de quartier est appréciée pour son ambiance sans prétention et ses tapas copieuses et à petit prix. Mention spéciale pour les *calamares,* les *boquerones* (anchois), les *gambas* et le *vedella amb rulo de cabra* (veau au fromage de chèvre).

Port Olímpic, El Poblenou et El Fòrum

Els Pescadors Fruits de mer €€
(Plan p. 120 ; 📞 93 225 20 18 ; www. elspescadors.com ; Plaça de Prim 1 ; plats 16-28 € ; ◷tlj ; Ⓜ Poblenou). Sis sur une place bordée de maisons basses et d'arbres

Port Olímpic, El Poblenou et El Fòrum

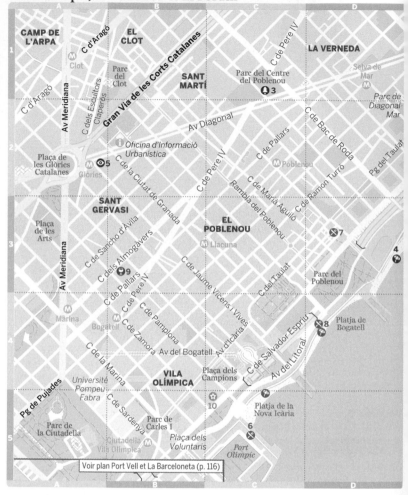

bella ombre importés d'Amérique latine, ce restaurant familial sert des plats de riz aux fruits de mer parmi les meilleurs de la ville.

El Cangrejo Loco
Fruits de mer **€€**
(Plan p. 120 ; ☎93 221 05 33 ; www.
elcangrejoloco.com ; Moll de Gregal 29-30 ; plats
13-25 € , menu du jour 25 € ; ☺tlj ; Ⓜ Ciutadella
Vila Olímpica). Le "Crabe fou" est le meilleur
des restaurants de poisson du Port
Olímpic. Le *bacallà* (morue) et le *rap*
(lotte) se déclinent en recettes variées

et fondent dans la bouche. La riche *paella
de llamàntol* (paella au homard)
est succulente.

Xiringuito D'Escribà
Fruits de mer **€€**
(Plan p. 120 ; ☎93 221 07 29 ; www.escriba.es ;
Ronda Litoral 42 ; plats 18-22 € ; ☺déj tlj toute
l'année, diner jeu-sam avr-sept ; Ⓜ Llacuna).
Les propriétaires des célèbres pâtisseries
Escribà possèdent aussi l'un des
restaurants de poisson les plus prisés
du front de mer.

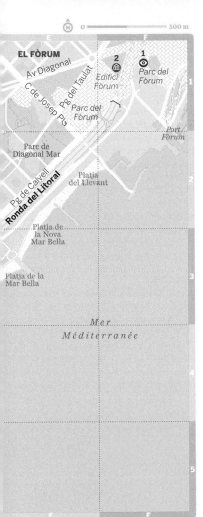

Port Olímpic, El Poblenou et El Fòrum

Xampanyeria
Can Paixano   Bar à vins

(Plan p. 116 ; ☏ 93 310 08 39 ; Carrer de la Reina
Cristina 7 ; tapas 3-6 € ; ⊙ 9h-22h30 lun-
sam, 9h-13h dim ; Ⓜ Barceloneta). Ce vaste
bar à *cava* est réputé pour ses rosés,
servis dans d'élégants petits verres
accompagnés de *bocadillos* (mini-
sandwichs). Il vous faudra jouer des
coudes pour atteindre le bar et passer
commande.

Absenta   Bar

(Plan p. 116 ; Carrer de Sant Carles 36 ;
Ⓜ Barceloneta). Le décor a beau être
excentrique (vieilles peintures, lampes
rétros, étranges sculptures, comme celle
d'une femme ailée accrochée au plafond,
et écrans de TV décorés de visages
peints), ici, on ne plaisante pas avec les
alcools : goûtez le vermouth fait maison
ou l'une des nombreuses absinthes.

Opium Mar   Club

(Plan p. 116 ; ☏ 902 267486 ; www.opiummar.com ;
Passeig Marítim de la Barceloneta 34 ; ⊙ 20h-6h ;
Ⓜ Ciutadella Vila Olímpica). Cette discothèque
de bord de mer abrite une vaste piste
de danse qui attire surtout les visiteurs
étrangers. À partir de 3h, l'établissement
se remplit de jeunes gens ; c'est en été,
lorsque la terrasse donnant sur la plage
est ouverte, que l'ambiance est la plus
agréable. Un restaurant-café à l'ambiance

⊖ Où prendre un verre et faire la fête

À la belle saison, l'extrémité nord-est de
la plage de La Barceloneta, près du Port
Olímpic, est particulièrement agréable
en soirée. Tout un choix de restaurants-
lounges et de bars-clubs branchés s'y
disputent l'attention des touristes.
D'autres adresses tout aussi séduisantes
sont installées un peu à l'écart.

121

détendue est également installé sur la plage, la journée.

CDLC   Bar
(Plan p. 116 ; www.cdlcbarcelona.com ; Passeig Marítim de la Barceloneta 32 ; ⊙12h-3h ; ⓂCiutadella Vila Olímpica). La nuit vous appartient au Carpe Diem Lounge Club, au décor d'inspiration asiatique. Idéal pour démarrer la soirée avant d'aller danser dans les clubs voisins. Vous pouvez y dîner ou attendre minuit, lorsque les DJ arrivent.

KÉ?   Bar
(Plan p. 116 ; Carrer del Baluard 54 ; ⊙11h-2h ; ⓂBarceloneta). Une clientèle éclectique et enjouée fréquente ce petit bar à l'ambiance hippie proche du marché de La Barceloneta. Asseyez-vous sur l'un des fûts rembourrés ou dans l'un des fauteuils usés, à l'arrière, et joignez-vous aux conversations animées débordant dans la rue.

Santa Marta   Bar
(Plan p. 116 ; Carrer de Guitert 60 ; ⊙10h30-19h dim, lun, mer et jeu, 10h30-22h ven et sam ; 🚌45, 57, 59 et 157, ⓂBarceloneta). Barcelonais et expatriés fréquentent ce bar convivial en retrait de la plage pour bavarder, prendre un repas léger ou savourer une bière en regardant passer la foule depuis les tables en terrasse.

Shôko   Bar
(Plan p. 116 ; www.shoko.biz ; Passeig Marítim de la Barceloneta 36 ; ⊙12h-3h mar-dim ; ⓂCiutadella Vila Olímpica). Entre les bambous, l'électro japonaise et la cuisine asiatico-méditerranéenne, ce restaurant, club et bar de plage branché est résolument tourné vers l'Extrême-Orient. Après le dîner, il s'anime et les danseurs se déhanchent sous la houlette de DJ internationaux, comme Groove Armada et Felix da Housecat. Le bar de plage est très prisé à l'heure de l'apéritif.

Catwalk   Club
(Plan p. 116 ; ☎93 224 07 40 ; www.clubcatwalk.net ; Carrer de Ramon Trias Fargas 2-4 ; 15-18 € ; ⊙0h-6h jeu-dim ; ⓂCiutadella Vila Olímpica). Une clientèle bien mise se presse ici pour écouter de la house, parfois adoucie de sonorités électro, R&B, hip-hop et funk. Vous pourrez vous affaler dans un canapé moelleux pour discuter autour d'un verre.

Le Transbordador Aeri (p. 113)

Les marchés du front de mer

Le week-end, Port Vell s'anime, accueillant plusieurs marchés d'antiquités, d'art contemporain et d'artisanat qui s'installent dans divers lieux stratégiques du front de mer.

Au pied de La Rambla, le petit marché de **Port Antic** (plan p. 116 ; Plaça del Portal de la Pau ; ⏲10h-20h sam et dim ; Ⓜ Drassanes) est une halte obligée des flâneurs et des amateurs d'antiquités. Près du palais de la Mer, la **Feria de Artesanía del Palau de Mar** (plan p. 116 ; Moll del Dipòsit ; ⏲10h-20h sam et dim ; Ⓜ Barceloneta) rassemble des artisans exposant bijoux, T-shirts imprimés, chapeaux faits main, bougies et savons parfumés, foulards et objets décoratifs.

Le week-end, promenez-vous sur la Rambla de Mar, réservée aux piétons, jusqu'au marché d'art du **Mercado de Pintores** (plan p. 116 ; Passeig d'Ítaca ; ⏲10h-20h sam et dim ; Ⓜ Drassanes) où les toiles peuvent être intéressantes ou médiocres.

Razzmatazz   Club

(Plan p. 120 ; ☎93 320 82 00 ; www.salarazzmatazz.com ; Carrer de Pamplona 88 ; 15-30 € ; ⏲0h-3h30 jeu, 0h-5h30 ven et sam ; Ⓜ Marina ou Bogatell). Des groupes venus des quatre coins de la planète viennent mettre l'ambiance dans cette gigantesque discothèque-salle de concerts. Le week-end, la musique live cède la place aux DJ. Le Razzmatazz, qui attire les fêtards de tous âges et de tous horizons musicaux, regroupe cinq boîtes de nuit dans un espace postindustriel.

Où sortir

Monasterio   Musique live

(Plan p. 116 ; ☎616 28 71 97 ; Passeig d'Isabel II, 4 ; ⏲21h-2h30 ; Ⓜ Barceloneta). Engouffrez-vous dans cette cave au plafond voûté. La programmation éclectique va du jazz le dimanche soir, au blues le jeudi, en passant par le rock le mardi. L'endroit accueille aussi de jeunes chanteurs-compositeurs le lundi.

Yelmo Cines Icària   Cinéma

(Plan p. 120 ; ☎93 221 75 85 ; www.yelmocines.es ; Carrer de Salvador Espriu 61 ; Ⓜ Ciutadella Vila Olímpica). Un vaste complexe avec un très grand choix de films, tous en VO, projetés dans 15 salles.

 Shopping

Maremàgnum   Centre commercial

(Plan p. 116 ; www.maremagnum.es ; Moll d'Espanya 5 ; ⏲10h-22h ; Ⓜ Drassanes). Bâti sur des docks à l'abandon, ce centre commercial animé, avec ses bars, ses restaurants et ses cinémas, est l'occasion d'une promenade agréable du côté de l'ancien port. Les marques habituelles sont représentées, notamment la chaîne espagnole Mango, H&M, géant du prêt-à-porter, et Desigual, marque barcelonaise aux coupes exubérantes.

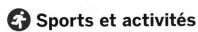 Sports et activités

Orsom   Excursions en catamaran

(Plan p. 116 ; ☎93 441 05 37 ; www.barcelona-orsom.com ; Moll de les Drassanes ; adulte/enfant 14/11 € ; ⏲avr-oct ; Ⓜ Drassanes). Embarquez sur un grand catamaran pour une croisière de 90 minutes qui vous mènera du Port Olímpic aux plages et à El Fòrum. Trois départs sont proposés par jour (quatre le week-end en juillet et août), la dernière croisière, prévue au coucher du soleil, se faisant au son du jazz. Le même prestataire assure aussi 5 circuits de 50 minutes par jour en hors-bord (adulte/enfant 12/8 €).

La Sagrada Família et L'Eixample

L'Eixample, le quartier le plus étendu de Barcelone, englobe des zones aux identités marquées. C'est ici que furent édifiés la quasi-totalité des bâtiments modernistes de la ville. Les plus célèbres se trouvent Passeig de Gràcia, mais d'autres constellent le quartier, comme La Sagrada Família, toujours inachevée.

Les remparts médiévaux entourant Barcelone furent rasés en 1856 en raison d'un essor de la population. En 1869, les travaux de L'Eixample (l'Extension) furent lancés, afin d'exploiter les espaces vierges séparant Gràcia de Barcelone. Les travaux se poursuivirent jusqu'au XXe siècle. Les familles aisées s'emparèrent des meilleurs terrains, sur lesquels elles firent construire d'élégants bâtiments modernistes. Les amateurs de shopping convergent sur le Passeig de Gràcia et La Rambla de Catalunya. Le soir venu, surtout du jeudi au samedi, la Carrer d'Aribau et les rues alentour s'animent. Le "Gaixample", autour de Carrer del Consell de Cent et Carrer de Muntaner, est le centre névralgique des nuits gays.

La Casa Batlló (p. 139)

La Sagrada Família et L'Eixample
À ne pas manquer

La Sagrada Família (p. 130)

La plus grande attraction touristique d'Espagne est unique et extraordinaire. Édifiée comme temple expiatoire des vices dont souffrait Barcelone, elle devint mission sacrée pour Gaudí. Plus de 100 ans après le lancement des travaux, sa construction se poursuit à un rythme digne du Moyen Âge. Truffée d'iconographie religieuse et de symbolisme, la Sagrada Família est à la fois ancienne et résolument moderne, et ne laisse personne indifférent.

La fondation Antoni Tàpies (p. 135)

Prenez un bâtiment moderniste d'avant garde de Domènech i Montaner et remplissez-le des toiles de l'un des plus grands peintres espagnols : voici la fondation Antoni Tàpies qui rassemble des centaines d'œuvres du peintre, sculpteur et théoricien catalan, de ses travaux surréalistes des années 1940 à ses pièces à l'expressionnisme abstrait des années 1970.

La Pedrera (p. 142)

L'un des bâtiments modernistes les plus fascinants du Passeig de Gràcia est également l'une des plus grandes réussites de Gaudí. Surnommé La Pedrera (la carrière) par les passants médusés par les travaux de construction menés par Gaudí entre 1905 et 1910, l'édifice s'appelle en réalité Casa Milà, du nom de ses propriétaires. Cet immeuble d'habitation porte toutes les marques distinctives de Gaudí : escaliers en colimaçon et courbes hallucinogènes.

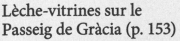

Lèche-vitrines sur le Passeig de Gràcia (p. 153)

Avant de devenir l'artère la plus chic de la ville, l'élégant Passeig de Gràcia bordé d'arbres reliait jadis le village de Gràcia à Barcelone. Les hôtels chics y sont légion, et il est jalonné d'édifices représentatifs du modernisme. Les amateurs de shopping arpentent ses trottoirs où cohabitent enseignes de luxe et boutiques indépendantes.

La Manzana de la Discordia (p. 128)

Trois bâtiments emblématiques du modernisme partagent un même pâté de maisons sur le Passeig de Gràcia. La Casa Amatller (p. 134) de Puig i Cadafalch, d'inspiration néerlandaise avec sa façade à pignons, la Casa Lleó Morera (p. 134) de Domènech i Montaner, fantasque et majestueuse, et la Casa Batlló (p. 139) de Gaudí, franchement fantasmagorique.

Promenade dans L'Eixample

L'Eixample est truffé de trésors modernistes. Commencez par le trio singulier composant la Manzana de la Discordia pour finir par la Sagrada Família.

ITINÉRAIRE

- **Départ** Passeig de Gràcia
- **Arrivée** La Sagrada Família
- **Distance** 3 km
- **Durée** 1,5 heure

1 Casa Lleó Morera

Sur le Passeig de Gràcia à hauteur de Carrer del Consell de Cent, admirez la façade richement ornée de la **Casa Lleó Morera** (p. 134) imaginée par Domènech i Montaner. Prêtez attention aux délicates sculptures de jeunes femmes portant le nec plus ultra de la technologie du début du XXe siècle : le téléphone, le phonographe, le télégraphe et l'appareil photo.

2 Casa Amatller

Quelques numéros plus haut, la **Casa Amatller** (p. 134) de Puig i Cadafalch arbore un toit en escalier de style Renaissance flamande et une façade d'inspiration médiévale. Saint Georges y empale un dragon près du portail d'entrée, et un singe martèle une forge au 2e étage.

3 Casa Batlló

La **Casa Batlló** (p. 139) est une manifestation de l'extravagance gaudienne. Sa symbolique est sujette à interprétation, mais elle est liée à l'identité catalane : référence au carnaval (balcons en forme de masques, façade scintillant comme des confettis), au poisson (écailles et colonnes en forme d'arête) et à saint Georges (cheminée en forme d'épée) pourfendant le dragon (écailles du toit).

④ Fondation Antoni Tàpies

À l'angle de la rue vous attend un chef-d'œuvre de Domènech i Montaner abritant la **fondation Antoni Tàpies** (p. 135). La symétrie de la façade de brique trahit des influences maures, tandis que la sculpture perchée sur le toit est une œuvre de Tàpies.

⑤ La Pedrera

En remontant l'avenue, vous trouverez la Casa Milà, plus connue sous le nom de **La Pedrera** (p. 142). Ses murs ondulants et ses balcons de fer forgé dénotent des influences organiques. Sur le toit se dressent les célèbres cheminées à la silhouette guerrière.

⑥ Casa Thomas

La **Casa Thomas** est l'une des premières œuvres de Domènech i Montaner. Les détails en céramique sont caractéristiques de son style, et, au rez-de-chaussée, l'énorme décoration en fer forgé est magnifique. Entrez dans le magasin de design Cubiña pour admirer l'intérieur.

⑦ Casa Llopis i Bofill

La **Casa Llopis i Bofill** est un immeuble que l'on doit à Antoni Gallissà (1861-1903). La façade couverte de sgraffites attire le regard. Les arcs paraboliques sophistiqués du rez-de-chaussée et les balcons en fer forgé sont des éléments très modernistes.

⑧ La Sagrada Família

En faisant le tour de **la Sagrada Família** (p. 130), vous remarquez une divergence de style entre la façade de la Nativité, achevée du vivant de Gaudí, et celle de la Passion, imaginée par Josep Maria Subirachs dans les années 1980. Ne manquez pas le Christ ressuscité suspendu à mi-hauteur de la façade de la Passion (où se trouve une représentation de Gaudí), et les huit apôtres assis chacun au sommet de l'un des clochers.

 Les meilleurs…

RESTAURANTS

Tapaç 24 L'audacieux chef Carles Abellàn invente des tapas parmi les meilleures de Barcelone. (p. 143)

Can Kenji Une carte alléchante alliant traditions japonaises et verve méditerranéenne. (p. 143)

Alkímia Succulente cuisine catalane par le chef étoilé Jordi Vila. (p. 143)

Cata 1.81 Tapas gastronomiques et vin au verre dans un cadre charmant. (p. 147)

BARS

Monvínic Superbe décor pour l'un des meilleurs bars à vins d'Espagne. (p. 149)

La Fira Une ambiance survoltée et une interminable carte des boissons. (p. 149)

Les Gens Que J'Aime Adresse chic mais sans prétention de L'Eixample. (p. 151)

Dry Martini Bar élégant proposant les meilleurs gin tonics de Barcelone. (p. 150)

PLANS SHOPPING

Vinçon Superbes meubles et articles de décoration dans un bâtiment moderniste. (p. 153)

Els Encants Vells Gigantesque marché aux puces regorgeant de trésors (et de camelote !) (p. 153)

El Bulevard dels Antiquaris Des dizaines d'antiquaires dans une même galerie (p. 153)

La Casa Amatller (p. 134)
BETHUNE CARMICHAEL / GETTY IMAGES ©

Les incontournables
La Sagrada Família

Si vous ne deviez visiter qu'un seul site touristique à Barcelone, ce serait celui-là. La Sagrada Família force l'admiration par sa hauteur vertigineuse et sa prolifération de détails, tant à l'extérieur qu'à l'intérieur. Bien qu'inachevée, elle attire près de 2,8 millions de personnes chaque année, ce qui en fait le monument le plus visité d'Espagne. Vous pourriez passer des heures à explorer ses façades truffées de symboles, son intérieur mystique et le musée Gaudí qu'elle abrite, avec ses expositions consacrées à sa vie et à son œuvre.

Plan p. 136

☎ 93 207 30 31

www.sagrada
familia.org

Carrer de Mallorca
401

tarif plein/moins
de 10 ans/senior
et étudiant 13 €/
gratuit/11 €

🕓 9h-20h avr-sept,
jusqu'à 18h oct-mars

Ⓜ Sagrada Família

Les plans

L'église conçue par Gaudí peut contenir 13 000 personnes. Elle fait 95 m de long sur 60 m de large. Les plans prévoient une tour centrale de 170 m de haut au-dessus du transept (représentant le Christ) ainsi que 17 autres tours de 100 m de haut. Les 12 tours le long des trois façades représentent les apôtres, les cinq restantes la Vierge Marie et les quatre évangélistes. Ennemi des lignes droites, Gaudí donna aux tours des contours galbés inspirés des cimes en dents de scie de la montagne sacrée de Montserrat (dans les environs de Barcelone).

Pour la fin des travaux, les pronostics oscillent entre les décennies 2020 et 2040. Certaines des parties de l'église les plus anciennes ont déjà dû être restaurées, notamment l'abside.

L'intérieur

À l'intérieur, la couverture de la nef est soutenue par une forêt de piliers qui s'élancent vers le toit et supportent de multiples ramifications donnant l'illusion d'un feuillage. L'image de l'arbre n'est en rien fortuite : tout dans les plans de Gaudí était pensé dans le moindre détail, y compris la forme et le placement des fenêtres pour recréer l'éclairage moucheté que l'on pourrait observer dans une forêt, lorsque le soleil darde ses rayons à travers les branches.

Visiter la Sagrada Família

Bien que l'église soit encore en chantier, les parties achevées et le musée peuvent être visités. Des visites guidées (50 min, 4 €) sont proposées ; vous pouvez opter pour un guide audio (4 €). L'entrée se fait par la Carrer de Sardenya et la Carrer de la Marina. Une fois à l'intérieur, il vous en coûtera 2,50 € pour monter au sommet des tours des façades de la Nativité et de la Passion en ascenseur. Ces deux façades, coiffées chacune de quatre hautes tours, sont les façades latérales de l'église. La façade principale, celle de la Gloire, est encore en travaux et barre l'extrémité sud-est de la Carrer de Mallorca.

La Sagrada Família

PAR JORDI FAULÍ, ARCHITECTE EN CHEF DE LA SAGRADA FAMÍLIA

1 LA FAÇADE DE LA PASSION

Parmi les éléments remarquables de la *Fachada de la Pasión*, signalons ses colonnes angulaires, ses représentations poignantes des dernières heures de la vie de Jésus, l'extraordinaire tableau de la Cène et sa porte de bronze que l'on peut lire comme un livre sculpté. Mais c'est depuis la porte, tout à fait à droite, que l'on en obtient la vue la plus surprenante (surtout l'après-midi, lorsque le soleil est à l'ouest).

2 LA NEF PRINCIPALE

Dans la majestueuse *Nave Principal*, on retrouve l'utilisation du motif des arbres cher à Gaudí pour les colonnes supportant les dômes. Mais c'est à la lucarne située à 75 m au-dessus du sol que l'on doit le véritable flot de lumière éclaboussant l'abside et l'autel principal.

3 LA NEF LATÉRALE ET LE TRANSEPT DE LA NATIVITÉ

La nef latérale est l'endroit parfait pour admirer les colonnes en forme de tronc d'arbre et bénéficier d'une vue d'ensemble sur la nef principale. Tournez-vous pour observer l'intérieur de la façade de la Nativité, une perspective à côté de laquelle passent la plupart des visiteurs. Les vitraux sont superbes.

4 LA FAÇADE DE LA NATIVITÉ

La *Fachada del Nacimiento* est le grand hymne à la Création de Gaudí. Abordez-la d'abord de face, puis rapprochez-vous pour observer le détail des sculptures. Les quatre tours paraboliques sont coiffées de verre vénitien.

5 LA MAQUETTE DE LA COLÒNIA GÜELL

La maquette la plus intéressante du musée Gaudí est celle de l'église de la Colònia Güell. Elle est inversée car c'est ainsi que travaillait Gaudí pour étudier la forme et l'équilibre structurel du bâtiment.

131

La Sagrada Família

Chronologie

1882 Francesc del Villar est mandaté pour construire une église néogothique.

1883 Antoni Gaudí devient l'architecte en chef et prévoit une église pouvant accueillir 13 000 fidèles.

1926 Mort de Gaudí ; Domènec Sugrañes dirige la suite des travaux. **L'abside** ❶ et la **façade de la Nativité** ❷ sont en grande partie achevées.

1930 Les tours ❸ de la façade de la Nativité sont terminées.

1936 La construction est interrompue par la guerre civile ; les plans de Gaudí sont détruits par des anarchistes.

1939-1940 L'architecte Francesc de Paula Quintana i Vidal restaure la crypte et réassemble des maquettes perdues de Gaudí, dont certaines sont présentées dans le **musée** ❹ .

1976 La **façade de la Passion** ❺ est terminée.

1986-2006 Le sculpteur Josep Subirachs ajoute des détails à la façade de la Passion dans un style éloigné de celui de Gaudí s'attirant de nombreuses critiques.

2000 La **voûte de la nef centrale** ❻ est achevée.

2010 L'église est totalement couverte. Elle est consacrée par Benoît XVI ; début des travaux du tunnel du train à grande vitesse qui passera sous la **façade de la Gloire** ❼ .

2026-2028 Fin prévue des travaux.

LES BONS PLANS

Éclairage C'est en fin d'après-midi que la lumière qui pénètre au cœur de l'église à travers les vitraux de la façade de la Passion est la plus étonnante.

Horaire Pour éviter la foule, venez en semaine et achetez vos tickets en ligne.

Vue Préférez les tours de la façade de la Nativité, il y a généralement foule pour la façade de la Passion.

KRZYSZTOF DYDYNSKI/LPI ©

Escalier en colimaçon

Façade de la Nativité
Gaudí utilisa des moules en plâtre des habitants et même de quelques corps de la morgue locale pour réaliser les portraits de la scène de la Nativité.

Voûte de la nef centrale

Abside
Construite après la crypte dans un style essentiellement néogothique, elle est couverte de pinacles qui laissent entrevoir le génie dont Gaudí fit preuve plus tard pour le reste de l'église.

MICHELLE CHAPLOW/ALAMY ©

Tours
Les tours (huit sont achevées) des trois façades représentent les douze apôtres. Des ascenseurs conduisent au sommet de l'un des clochers des façades de la Nativité et de la Passion (où l'attente est plus longue) pour une vue magnifique.

Façade de la Passion

Depuis la Cène jusqu'à son inhumation, les derniers jours du Christ sont racontés dans une séquence suivant la forme d'un "S", de bas en haut. Remarquez le cryptogramme dans lequel la somme des nombres est toujours 33, l'âge du Christ à sa mort.

STEPHEN SAKS/LPI ©

Église terminée

Outre la façade de la Gloire et ses quatre tours, six autres clochers doivent être construits. Ils représenteront les quatre évangélistes, la Vierge Marie et, surplombant tous les autres au-dessus du transept, un colosse de 170 m de haut symbolisera le Christ.

Crypte

Première partie terminée de l'église, la crypte, située sous le transept, possède un style largement néogothique. Depuis le musée Gaudí, on peut voir la tombe de l'artiste.

Escoles de Gaudí

Musée Gaudí

Anciennes photos, esquisses et maquettes en plâtre restaurées redonnent vie aux ambitions de Gaudí. Le musée abrite aussi un fil à plomb incroyablement complexe dont il se servait pour les calculs de ses constructions.

DIANA BIER / ALAMY ©

Façade de la Gloire

Elle sera la plus extravagante de toutes, le porche s'enorgueillira de 16 lanternes hyperboloïdes surmontées de cônes qui ressembleront à un orgue aux airs de glace fondue.

Découvrir La Sagrada Família et L'Eixample

⟷ Depuis/vers L'Eixample

○ **Métro** Quatre lignes de métro traversent L'Eixample. Trois d'entre elles s'arrêtent Passeig de Gràcia, ce qui est pratique pour visiter la Manzana de la Discordia. La ligne 3 dessert la station Diagonal, pour La Pedrera. Les lignes 2 et 5 ont des arrêts proches de la Sagrada Família.

○ **Train** Les lignes FGC au départ de la Plaça de Catalunya vous déposent à un arrêt de Provença, au cœur de L'Eixample.

◉ À voir

L'Esquerra de L'Eixample

GRATUIT **Casa Amatller** *Architecture* (Plan p. 144 ; ☏ 93 487 72 17 ; www.amatller. org ; Passeig de Gràcia 41 ; ⏰10h-20h lun-sam, jusqu'à 15h dim, visite guidée en anglais 12h ven, en catalan et espagnol 12h mer ; Ⓜ Passeig de Gràcia). L'une des fantaisies les plus étonnantes de Puig i Cadafalch, la Casa Amatller mêle des fenêtres gothiques à un pignon en escalier emprunté à l'architecture nordique. La façade principale est ornée de bustes et de sculptures de dragons et de chevaliers. Le hall d'entrée à colonnes et l'escalier éclairé par des vitraux évoquent l'intérieur d'un château romantique. Rénovée en 1900 pour le baron du chocolat et philanthrope Antoni Amatller (1851-1910), la Casa Amatller devrait ouvrir au public prochainement. Les travaux, toujours en cours au moment de nos recherches, devraient s'achever en 2012.

On peut pour l'instant déambuler dans le hall, admirer l'escalier et l'ascenseur, et traverser la boutique pour aller voir l'exposition temporaire à l'arrière. Il est possible de suivre une visite guidée de 1 heure 30 du 1er étage, dont la décoration et l'ameublement du début XXe siècle sont intacts, ainsi que du studio photo d'Amatller.

Casa Lleó Morera *Architecture* (Plan p. 144 ; Passeig de Gràcia 35 ; Ⓜ Passeig de Gràcia). Contribution de Domènech i Montaner à la Manzana de la Discordia, ce bâtiment moderniste de 1905 est le moins déroutant des trois qui composent le pâté de maisons.

La Casa Amatller
ROBERT GEORGE YOUNG/ GETTY IMAGES ©

La Sagrada Família et L'Eixample

Sa façade est de style Art nouveau, et le vestibule carrelé est orné de motifs floraux. À l'intérieur (privé, qui ne se visite pas), le 1er étage est orné de sculptures tourbillonnantes et de superbes mosaïques.

Fondation
Antoni Tàpies
Galerie d'art

(Plan p. 144 ; Fundació Antoni Tàpies ; ☏93 487 03 15 ; www.fundaciotapies.org ; Carrer d'Aragó 255 ; adulte/- de 16 ans 7/5,60 € ; ◷10h-20h mar-dim ; Ⓜ Passeig de Gràcia). Cette fondation rassemble dans l'un des premiers bâtiments modernistes (1885) l'œuvre de cet artiste catalan contemporain de premier plan. Connu pour ses œuvres ésotériques, Tàpies est décédé en février 2012, à l'âge de 88 ans ; laissant une vaste collection de peintures et une fondation consacrée à la promotion des artistes contemporains.

Domènech i Montaner dessina le bâtiment pour la maison d'édition Editorial Montaner i Simón, propriété d'un de ses cousins. La structure métallique recouverte de briques dont la décoration est d'inspiration mauresque est couronnée d'une œuvre de Tàpies, *Núvol i Cadira* (Nuage et chaise).

Bien qu'il soit difficile de saisir l'art d'Antoni Tàpies, le documentaire de 1 heure, diffusé au dernier étage, permet de comprendre ses influences, sa méthode et sa vie. Dans son œuvre, Tàpies exprimait divers thèmes, ses idées de gauche et humanitaires ; la pratique de la méditation zen et son rapport à la nature et l'intuition ; l'incarnation telle qu'elle est perçue dans la foi chrétienne ; et l'art en tant qu'alchimie ou magie.

La collection comprend plus de 800 œuvres de Tàpies, ainsi que des contributions d'autres artistes contemporains.

Fondation
Francisco Godia
Galerie d'art

(Plan p. 144; Fundación Francisco Godia ; ☏93 272 31 80 ; www.fundacionfgodia.org ; Carrer de la Diputació 250 ; tarif plein/- de 5 ans/étudiant 6,50 €/gratuit/3,50 € ; ◷10h-20h lun et mer-dim ; Ⓜ Passeig de Gràcia). Membre de l'une des grandes familles de Barcelone, Francisco Godia (1921-1990) aimait les voitures de course (il arriva 6e de la saison des grands prix en 1956 au volant d'une Maserati) et l'art. Sa collection, un

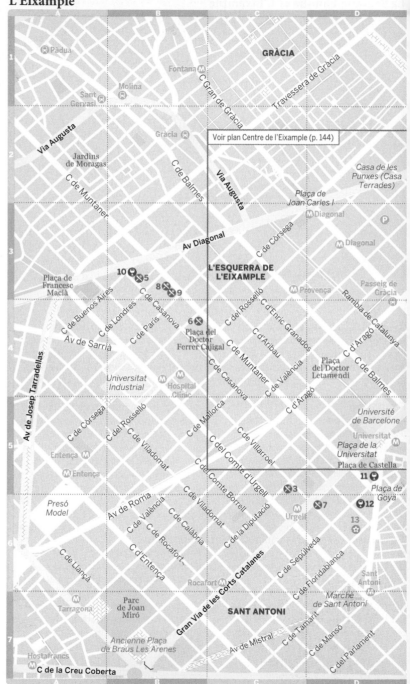

Voir plan Centre de l'Eixample (p. 144)

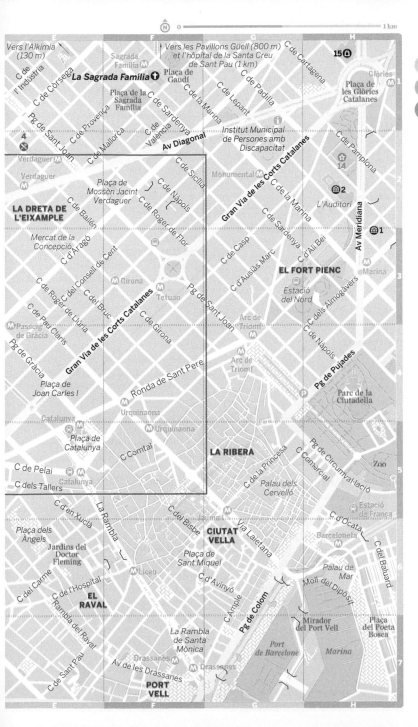

Vers l'Alkimia
(130 m)

C de l'Indústria

C de Còrsega

Sagrada Família Ⓜ

La Sagrada Família ⊕

Plaça de la Sagrada Família

Pg de Sant Joan

C de Provença

C de Mallorca

C de València

Av Diagonal

Verdaguer Ⓜ

Verdaguer Ⓜ

LA DRETA DE L'EIXAMPLE

Plaça de Mossèn Jacint Verdaguer

C de Bailèn

C de Nàpols

C de Roger de Flor

Mercat de la Concepció

C d'Aragó

C del Consell de Cent

C de Roger de Llúria

C del Bruc

C de Girona

Ⓜ Girona

Tetuan Ⓜ

Ⓜ Passeig de Gràcia

C de Pau Claris

Pg de Gràcia

Plaça de Joan Carles I

Ronda de Sant Pere

Pg de Sant Joan

Urquinaona Ⓜ

Ⓜ Urquinaona

Catalunya

Plaça de Catalunya

C de Pelai

Catalunya

C dels Tallers

C d'en Xuclà

Plaça dels Àngels

Jardins del Doctor Fleming

La Rambla

C del Carme

C de l'Hospital

EL RAVAL

Rambla del Raval

C de Sant Pau

Av de les Drassanes

PORT VELL

Drassanes Ⓜ

Ⓜ Drassanes

La Rambla de Santa Mònica

C del Bisbe

CIUTAT VELLA

Plaça de Sant Miquel

Liceu Ⓜ

C d'Avinyó

Jaume I Ⓜ

Via Laietana

C Ample

Pg de Colom

Port de Barcelone

Vers les Pavillons Güell (800 m) et l'hôpital de la Santa Creu de Sant Pau (1 km)

Plaça de Gaudí

C de Sardenya

C de la Marina

C de Lepant

C de Padilla

C de Cartagena

15 🔒

Glòries

Plaça de les Glòries Catalanes

Institut Municipal de Persones amb Discapacitat ℹ️

C de Pamplona

Monumental Ⓜ

Gran Via de les Corts Catalanes

C de la Marina

C de Sardenya

C de Casp

C d'Ausiàs Marc

C d'Alí Bei

EL FORT PIENC

14 ✪

🎭 2

L'Auditori

🎭 1

Av Meridiana

Ⓜ Marina

Estació del Nord

C dels Almogàvers

C de Nàpols

Arc de Triomf

Ⓜ Arc de Triomf

Pg de Pujades

Parc de la Ciutadella

LA RIBERA

C de la Princesa

C Comercial

Pg de Circumval·lació

Zoo

Palau dels Cervelló

Estació de França

Barceloneta Ⓜ

C d'Ocata

C del Baluard

Palau de Mar

Moll del Dipòsit

Mirador del Port Vell

Plaça del Poeta Bosca

Marina

Ⓝ 0 ——————— 1 km

L'Eixample

surprenant mélange d'art médiéval, de mosaïques et de peinture moderne, est installée dans la Casa Garriga Nogués. Cette étonnante maison moderniste fut construite de 1902 à 1905 par Enric Sagnier pour une famille de banquiers.

Musée du Parfum   Musée

(Plan p. 144 ; Museu del Perfum ; ☎93 216 01 21 ; www.museudelperfum.com ; Passeig de Gràcia 39 ; tarif plein/étudiant et senior 5/3 € ; ☉10h30-13h30 et 16h30-20h lun-ven, 11h-14h sam ; Ⓜ Passeig de Gràcia). Ce musée, situé à l'arrière de la parfumerie Regia (p. 153), expose quelque 5 000 flacons de tailles, de formes et d'histoires différentes : des anciens flacons égyptiens et de l'époque romaine (surtout du Ier au IIIe siècle) aux bouteilles d'eau de Cologne.

Musée du Modernisme catalan   Musée

(Museu del Modernisme Català ; ☎93 272 28 96 ; www.mmcat.cat ; Carrer de Balmes 48 ; tarif plein/– de 5 ans/5-16 ans/étudiant 10 €/

gratuit/5 €/7 € ; ☉10h-20h lun-sam, jusqu'à 15h dim ; Ⓜ Passeig de Gràcia). Ce musée, aménagé dans un bâtiment moderniste, expose de nombreux objets réalisés par Gaudí (chaises de la Casa Batlló, miroir de la Casa Calvet), ainsi que d'autres conçus par des contemporains, tels ces faux objets médiévaux saugrenus imaginés par Josep Puig i Cadafalch.

Le sous-sol moderniste (piliers recouverts de mosaïques, voûtes en brique et colonnes de métal) abrite des tableaux de Ramon Casas et de Santiago Rusiñol, et des statues de Josep Llimona et d'Eusebi Arnau.

Université de Barcelone   Architecture

(Plan p. 144 ; Universitat de Barcelona ; ☎93 402 11 00 ; www.ub.edu ; Gran Via de les Corts Catalanes 585 ; ☉9h-21h lun-ven ; Ⓜ Universitat). Une première université avait été fondée sur l'actuelle Rambla au XVIe siècle, mais cet édifice, mélange d'architecture (néo)romane, gothique, islamique et mudéjar, a été construit entre 1863 et 1882. Au 1er étage, la salle Paranimfo, de style mudéjar, est réservée aux grandes occasions.

La Dreta de L'Eixample

La Sagrada Família   Église

Voir p. 130.

Hôpital de la Santa Creu i de Sant Pau   Architecture

(Plan p. 136 ; Hospital de la Santa Creu i de Sant Pau ; ☎93 317 76 52 ; www.rutadelmodernisme. com, en français ; Carrer de Cartagena 167 ; visite guidée tarif plein/senior et étudiant 10/5 € ; ☉visites 10h, 11h, 12h et 13h en anglais, d'autres en catalan, français et espagnol ; Ⓜ Hospital de Sant Pau). Longtemps considéré comme l'un des plus grands centres hospitaliers de la ville, cet hôpital est aussi l'une des créations modernistes les plus abouties de Domènech i Montaner. Le complexe, comprenant 16 pavillons, ainsi que le palais de la Musique catalane, qui fait partie du même site classé au patrimoine mondial de l'Unesco, est somptueusement décoré.

KARSTEN BIDSTRUP / GETTY IMAGES ©

 Les incontournables
La Casa Batlló

Imaginé par un Gaudí à la créativité délirante, cet immeuble résidentiel est l'un des plus étranges d'Europe. Constellée de fragments de carrelage bleu, mauve et vert, sa façade ondule au rythme des châssis des fenêtres et des balcons. Surmontée par les carreaux bleus d'une toiture tourmentée, elle est couronnée par une petite tour solitaire.

Les Barcelonais l'appellent la Casa dels ossos (maison des os) ou la Casa del drac (maison du dragon). On comprend mieux pourquoi en observant les balcons qui évoquent les mâchoires décharnées d'une créature étrange, ainsi que le toit qui suggère Sant Jordi (saint Georges) terrassant le dragon. Avec ses tuiles brillantes, ce dernier figure le dos d'un animal ; la "colonne vertébrale" change de couleur selon votre point de vue. Avant d'entrer dans le bâtiment, jetez-un œil aux dalles du trottoir. Chaque pavé est orné de motifs stylisés de pieuvre ou d'étoile de mer, conçus par Gaudí.

Chargé de remanier le bâtiment, Gaudí n'a pas fait les choses à moitié. Des carreaux d'un bleu profond scintillent dans les lumineux patios internes. L'artiste a dessiné un escalier qui ondoie jusqu'au 1er étage, dont la pièce principale domine le Passeig de Gràcia. Tout semble tournoyer, depuis le plafond qui s'enroule autour d'une lampe jusqu'aux portes, aux fenêtres et aux lucarnes qui forment d'étonnantes ondulations de bois et de verre coloré. Le grenier est caractérisé par les arcs hyperboloïdes chers à Gaudí. Les cheminées carrelées et torsadées ajoutent une note surréaliste au toit.

INFOS PRATIQUES

Plan p. 144 ; 📞93 216 03 06 ; www.casabattlo.es ; Passeig de Gràcia 43 ; tarif plein/– de 7 ans/étudiant, 7-18 ans et senior 18,15 €/gratuit/14,55 € ; 🕐9h-20h ; Ⓜ Passeig de Gràcia

Domènech i Montaner désirait créer un environnement réconfortant pour les patients. Eusebi Arnau a contribué aux sculptures, aux céramiques, aux mosaïques et aux vitraux. Les équipements de l'hôpital ont été transférés dans un nouveau bâtiment, situé au même endroit. Les lieux sont aujourd'hui en travaux et deviendront un Centre international sur la Méditerranée.

Seules les visites guidées permettent pour l'instant de pénétrer dans ce lieu unique.

Musée de la Musique   Musée

(Plan p. 136 ; Museu de la Música ; ☎ 93 256 36 50 ; www.museumusica.bcn.cat ; Carrer de Lepant 150 ; tarif plein/senior et étudiant 5/4 €, 15h-20h dim gratuit ; ☉ 10h-18h lun et mer-sam, jusqu'à 20h dim ; Ⓜ Monumental). Pas moins de 500 instruments de musique (moins d'un tiers de la collection totale) sont présentés au 2ᵉ étage du bâtiment administratif de l'Auditori, principale salle de concerts classiques de la ville.

Fondation Suñol   Galerie d'art

(Plan p. 144 ; Fundació Suñol ; ☎ 93 496 10 32 ; www.fundaciosunol.org ; Passeig de Gràcia 98 ; tarif plein/réduit 5/3 € ; ☉ 16h-20h lun-sam ; Ⓜ Diagonal). Cette collection privée comporte 1 200 pièces, en majorité du XXᵉ siècle, qui sont présentées au cours d'expositions tournantes. Vous verrez peut-être des photographies de Man Ray ou des sculptures d'Alberto Giacometti.

Musée égyptien   Musée

(Plan p. 144 ; Museu Egipci ; ☎ 93 488 01 88 ; www.museuegipci.com ; Carrer de València 284 ; tarif plein/senior et étudiant 11/8 € ; ☉ 10h-20h lun-sam, jusqu'à 14h dim ; Ⓜ Passeig de Gràcia). Le magnat de l'hôtellerie Jordi Clos a passé une grande partie de sa vie à collectionner les antiquités égyptiennes exposées dans ce musée privé. Divisé en sections thématiques (pharaon, religion, pratiques funéraires, momification, métiers, etc.), il possède une belle variété de statues, d'objets funéraires, de bijoux (notamment un anneau en or du VIIᵉ siècle av. J.-C.), de céramiques

et même un lit fait de bois
et de cuir.

GRATUIT Palais du baron de Quadras
Architecture

(Plan p. 144 ; Palau del Baró Quadras ; Casa Asia ; ☏93 368 08 36 ; www.casaasia.es ; Avinguda Diagonal 373 ; ⏱10h-20h mar-sam, jusqu'à 14h dim ; Ⓜ Diagonal). Ce palais fut réalisé par Puig i Cadafalch entre 1902 et 1906 dans un style exubérant d'inspiration gothique. La façade principale est étonnante, avec sa grande galerie vitrée, ses gargouilles et ses bas-reliefs, parmi lesquels une paire de poissons dentés et un chevalier tenant une épée : c'est la même signature que celle de l'architecte de la Casa Amatller.

Església de la Puríssima Concepció I Assumpció de Nostra Senyora
Église

(Plan p. 144 ; Carrer de Roger de Llúria 70 ; ⏱8h-13h et 17h-21h ; Ⓜ Passeig de Gràcia). On ne s'attend pas à tomber sur une église médiévale dans ce quartier, extension de la ville créée à la fin du XIXe siècle. Déplacée pierre par pierre depuis la vieille ville entre 1871 et 1888, cette église du XIVe siècle est agrémentée d'un joli cloître du XVIe siècle et d'un jardin paisible.

Palais Montaner
Architecture

(Plan p. 144 ; Palau Montaner ; ☏93 317 76 52 ; www.rutadelmodernisme.com, en français ; Carrer de Mallorca 278 ; tarif plein/enfant et senior 6/3 € ; ⏱visite guidée en anglais 10h30 et en espagnol 12h30 sam, en catalan 10h30 et 12h30, en espagnol 11h30 dim ; Ⓜ Passeig de Gràcia). Intéressante de l'extérieur et rendue plus attirante encore par son jardin, cette création de Domènech i Montaner est tout aussi spectaculaire à l'intérieur. Achevée en 1896, elle s'enorgueillit d'un magistral escalier couvert par une vaste verrière ornementale. L'intérieur est rempli de sculptures (dont plusieurs d'Eusebi Arnau), de mosaïques et de belles œuvres sur bois.

VINCENZO LOMBARDO / GETTY IMAGES ©

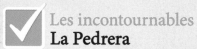

Les incontournables
La Pedrera

Telle une bête ondulante, cet autre chef-d'œuvre fou de Gaudí fut construit entre 1905 et 1910 pour abriter bureaux et appartements. Originellement appelé Casa Milà du nom de son commanditaire, il est plus connu sous le nom de La Pedrera (la carrière) en raison de sa façade de pierre grise, qui ondoie à l'angle de la Carrer de Provença. Pere Milà avait épousé la veuve de Josep Guardiola, une femme plus âgée et beaucoup plus riche que lui, et il savait visiblement comment dépenser son argent. Il fut l'un des premiers à posséder une voiture à Barcelone et Gaudí construisit donc un garage dans le bâtiment, une grande première. Quand Pere Milà demanda à Gaudí de concevoir cet immeuble, ce dernier voulut surpasser tout ce qui avait été fait dans L'Eixample.

La Fundació Caixa Catalunya a transformé l'appartement du dernier étage, le grenier et le toit du bâtiment en un espace Gaudí (Espai Gaudí) ouvert aux visiteurs. Le toit et ses cheminées géantes évoquant des chevaliers multicolores en sont l'élément le plus remarquable. Gaudí souhaitait y installer une grande statue de la Vierge, mais la famille Milà s'y opposa, craignant d'en faire une cible tentante pour les anarchistes. Ce refus entraîna la démission de Gaudí.

L'avant-dernier étage accueille un appartement (El Pis de La Pedrera), également ouvert aux visiteurs. Cette balade dans une habitation bourgeoise du XXᵉ siècle est fascinante. Les courbes sensuelles et tous les petits détails – éclairages, montants de lits, poignées de portes, balcons – donnent vraiment envie d'y emménager !

INFOS PRATIQUES

Casa Milà ; plan p. 144 ; ☎ 902 400973 ; www.fundaciocaixacatalunya.es ; Carrer de Provença 261-265 ; tarif plein/étudiant/enfant 15/13,50/7,50 € ; ⏱ 9h-20h mars-oct, jusqu'à 18h30 nov-fév ; Ⓜ Diagonal

GRATUIT Fondation Joan Brossa
Galerie

(Plan p. 144 ; Fundació Joan Brossa ; 📞 93 467 69 52 ; www.fundaciojoanbrossa.cat ; Carrer de Provença 318 ; 🕙 10h-14h et 15h-19h lun-ven ; Ⓜ Diagonal). Entrez dans cette galerie en sous-sol pour découvrir l'univers de Joan Brossa, artiste, poète, homme de théâtre, nationaliste catalan et grand visionnaire.

GRATUIT Musée des Corbillards
Musée

(Plan p. 136 ; Museu de Carrosses Fúnebres ; 📞 902 076902 ; Carrer de Sancho d'Àvila 2 ; 🕙 10h-13h et 16h-18h lun-ven, 10h-13h sam, dim et jours fériés ; Ⓜ Marina). Ce musée vous permettra d'admirer l'élégance des enterrements en grande pompe de la fin du XVIIIe au début du XXe siècle.

Où se restaurer

La plupart des restaurants de ce vaste quartier sont réunis dans le Quadrat d'Or, formé par la Carrer de Pau Claris et la Carrer de Muntaner, l'Avinguda Diagonal et la Gran Via de les Corts Catalanes.

La Dreta de L'Eixample

Tapaç 24
Tapas €€

(Plan p. 144. ; www.carlesabellan.com ; Carrer de la Diputació 269 ; plats 10-20 € ; 🕙 9h-0h lun-sam ; Ⓜ Passeig de Gràcia). Carles Abellán, patron du Comerç 24 dans La Ribera, tient ce paradis des tapas connu pour ses versions gastronomiques de grands classiques. Parmi les spécialités figurent le *bikini* (croque-monsieur avec jambon fumé et truffe) et un épais *arròs negre de sípia* (riz noir à l'encre de seiche).

L'inventif McFoie-Burguer est succulent et, en dessert, choisissez les *xocolata amb pa, sal i oli* (boules de chocolat dans l'huile d'olive avec une touche de sel et une gaufrette). Réservation non acceptée mais l'attente est méritée.

Can Kenji
Japonais €

(Plan p. 136 ; 📞 93 476 18 23 ; www.cankenji.com ; Carrer del Rosselló 325 ; plats 6-12 € ; 🕙 13h-15h30 et 20h30-23h30 lun-sam ;

Ⓜ Verdaguer). C'est l'endroit idéa... manger japonais à Barcelone. Le c... de ce petit *izakaya* (pub-restaurant japonais) raffiné se fournit en produits frais aux marchés de la ville. Il ajoute une touche méditerranéenne à sa cuisine japonaise : tempura de sardines avec purée d'aubergine, de miso et d'anchois, ou *tataki* (poisson légèrement grillé) de *bonito* (thon) avec *salmorejo* (soupe cordouane froide de tomate et de pain).

Alkímia
Catalan €€€

(📞 93 207 61 15 ; www.alkimia.cat ; Carrer de l'Indústria 79 ; formule 38-84 € ; 🕙 déj et dîner lun-ven sept-juil ; Ⓜ Verdaguer). Jordi Vila, alchimiste culinaire, sert des plats catalans raffinés et revisités dans une élégante salle aux murs blancs. Les plats tels que l'*arròs de nyore i safrà amb escamarlans de la costa* (riz au safran et au piment doux avec écrevisses) ont valu à Vila sa 1ère étoile Michelin.

Noti
Méditerranéen €€

(Plan p. 144 ; 📞 93 342 66 73 ; http://noti-universal.com ; Carrer de Roger de Llúria 35 ; plats 10-15 €, formules déj 14-24 €, dîner 36 € ; 🕙 déj et dîner lun-ven, dîner sam ; Ⓜ Passeig de Gràcia). Ancien siège du journal *Noticiero Universal*, Noti possède une vaste salle couverte de miroirs qui semblent multiplier les tables design en métal. Au menu : poisson frais du marché de la Boqueria avec ratatouille de courgettes au citron, ou plat de viande, du steak tartare au poulet au curry. Au bar, démarrez la soirée par le cocktail du jour.

Patagonia
Sud-américain €€€

(Plan p. 144 ; 📞 93 304 37 35 ; Gran Via de les Corts Catalanes 660 ; repas 40-45 € ; 🕙 déj et dîner ; Ⓜ Passeig de Gràcia). Élégant restaurant proposant un festin de bœuf argentin. Après les *empanadas* (petits chaussons à la viande) et les *achuras* (abats), passez à un copieux plat de viande, comme le juteux *medallón con salsa de colmenillas* (médaillon de bœuf, sauce morilles) ou des classiques tels que le *bife de chorizo* (faux-filet) ou la *picanha* brésilienne (rumsteck).

C de Goya

C de Mozart

C de Francisco Giner

C del Torrent de l'Olla

C del Perill

C de Antúnez

C de la Riera de Sant Miquel

C de Bonavista

C de Santa Tecla

C de Còrsega

Via Augusta

C de Sèneca

Plaça de Joan Carles I

10

Diagonal Ⓜ

6

5

Av Diagonal

Palais Robert
Office du tourisme
Régional

51

C de Provença

Ⓟ

Barcelona
Convention
Bureau

La Pedrera

C de Pau Claris

11

C de París

Diagonal Ⓜ

C de Còrsega

39

24

Pg de Gràcia

36

23

Rambla de Catalunya

9

34

22

37

L'ESQUERRA DE
L'EIXAMPLE

Ⓜ Provença

Passatge
de Domingo

Passeig de
Gràcia Ⓜ

41

48

C del Rosselló

C d'Enric Granados

40

C de Balmes

C de València

4

*Casa
Batlló*

1

50

35

13

29

C d'Aribau

C d'Aragó

46 42

C de Muntaner

19

16

Plaça del
Doctor
Letamendi

8

21

7

27

17

30 38

52

C de Casanova

C de Villarroel

44

32

Université
de Barcelone

12

C de Roma

Av de Roma

C d'Aragó

45

49

Gran Via de les Corts Catalanes

Ⓜ
Universitat

C del Comte d'Urgell

Plaça de la
Universitat

Plaça de
Castella

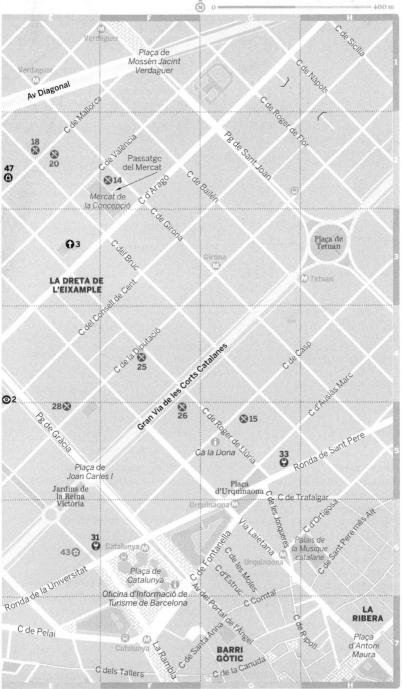

C de Sicília

C de Nápols

C de Roger de Flor

Verdaguer

Plaça de
Mossèn Jacint
Verdaguer

Verdaguer

Av Diagonal

C de Mallorca

Pg de Sant Joan

18

20

C de València

47

Passatge
del Mercat

14

C de Bailèn

C d'Aragó

Mercat de
la Concepció

C de Girona

Plaça de
Tetuan

3

Girona

C del Bruc

Tetuan

LA DRETA DE
L'EIXAMPLE

C del Consell de Cent

C de la Diputació

Gran Vía de les Corts Catalanes

C de Casp

25

2

28

26

C de Roger de Llúria

15

C d'Ausiàs Marc

Pg de Gràcia

Ca la Dona

33

Ronda de Sant Pere

Plaça de
Joan Carles I

Plaça
d'Urquinaona

Jardins de
la Reina
Victòria

Urquinaona

C de Trafalgar

C d'Ortigosa

Via Laietana

C de les Jonqueres

C de Sant Pere més Alt

31

Catalunya

Urquinaona

Palais de
la Musique
catalane

43

C de Fontanella

C de les Moles

Plaça de
Catalunya

C d'Estruc

LA
RIBERA

Ronda de la Universitat

Oficina d'Informació de
Turisme de Barcelona

Av del Portal de l'Àngel

C Comtal

C de Ripoll

Plaça
d'Antoni
Maura

C de Pelai

Catalunya

La Rambla

C de Santa Anna

BARRI
GÒTIC

C dels Tallers

C de la Canuda

Centre de L'Eixample

Casa Calvet
Catalan €€
(Plan p. 144 ; ☎ 93 412 40 12 ; www.casacalvet.
es ; Carrer de Casp 48 ; plats 15-30 €, menus
dégustation jusqu'à 70 € ; ◔ déj et dîner lun-sam ;
Ⓜ Urquinaona). L'un des premiers chefs-
d'œuvre de Gaudí abrite désormais un
restaurant luxueux (à droite de l'entrée
principale). La clientèle élégante dîne
dans l'intimité d'une *taula cabina* (cabine
en bois). Au menu : sole et homard sur
purée de poireaux, avec sauce au vinaigre
balsamique et pedro ximénez (vin blanc),
et chips d'artichauts.

De Tapa Madre
Catalan €€
(Plan p. 144 ; ☎ 93 459 31 34 ; www.detapamadre.
cat ; Carrer de Mallorca 301 ; plats 8-15 € ; ◔ 8h-
1h lun-sam ; Ⓜ Verdaguer). L'atmosphère

conviviale se fait sentir dès que l'on ouvre
la porte. On mange sur les quelques
petites tables le long de la devanture, sur
la mezzanine, plus vaste, donnant sur les
tapas du bar en contrebas, ou au fond,
après les pâtes de jambon. L'*arròs caldós
amb llagostins* (copieux plat de riz aux
crevettes) est délicieux.

Embat
Méditerranéen €€
(Plan p. 144 ; ☎ 93 458 08 55 ; www.
restaurantembat.es ; Carrer de Mallorca 304 ;
plats 10-20 € ; ◔ déj mar et mer, déj et dîner
jeu-sam ; Ⓜ Girona). De jeunes chefs
enthousiastes préparent des plats
joliment présentés dans ce restaurant
en sous-sol, dont le cadre marron et
crème n'est pas au goût de tous. Le

midi, comptez environ 20 € à 25 € pour trois plats de poisson ou de viande.

Prenez des *raviolis de pollo amb bacon i calabassó* (raviolis au poulet sauce aux lardons, courgettes et autres légumes) suivis du fondant *lluç amb pa amb tomàquet, carxofes i maionesa de peres* (épaisse tranche de colin sur du pain gorgé de tomate, avec artichauts et mayonnaise à la poire).

Casa Amalia   Catalan €

(Plan p. 144 ; 📞93 458 94 58 ; Passatge del Mercat 4-6 ; plats 8-16 € ; ⏰déj et dîner mar-sam, déj dim sept-juil ; Ⓜ Girona). Cuisine catalane roborative à base de produits frais, provenant du marché voisin. Le jeudi en hiver, on y sert l'*escudella,* classique des montagnes catalanes. Quelques plats locaux, comme le *bacallà al allioli de poma* (cabillaud sauce aïoli à la pomme). Le midi, la formule de quatre plats (12 €) est d'un excellent rapport qualité/prix.

L'Esquerra de L'Eixample

Cata 1.81   Tapas €€

(Plan p. 144 ; 📞93 323 68 18 ; www.cata181. com ; Carrer de València 181 ; formule déj 16 €, tapas 7-12 €, menus dégustation 28-45 € ; ⏰dîner lun-sam ; Ⓜ Passeig de Gràcia). Une jolie salle (aux multiples petites lumières, parfois enfermées dans des cages à oiseaux) idéale pour savourer du bon vin et des plats délicats tels que les *raviolis amb bacallà* (raviolis de cabillaud) ou la *truita de patates i tòfona negre* (épaisse omelette de pommes de terre saveur truffe).

Taktika Berri   Basque, tapas €€

(Plan p. 144 ; Carrer de València 169 ; plats 15 € ; ⏰déj et dîner lun-ven, déj sam ; Ⓜ Hospital Clínic). Mieux vaut arriver tôt car les meilleures tapas basques de la ville attirent les foules. Restez à l'affût, à peine sorties de la cuisine, ces petites bouchées sont aussitôt englouties. La salle du fond où l'on peut s'asseoir est également agréable. Le soir, tout prend fin vers 22h30.

Speakeasy   International €€

(Plan p. 144 ; 📞93 217 50 80 ; www.drymartinibcn. com ; Carrer d'Aribau 162-166 ; plats 10-15 € ; ⏰déj et dîner lun-ven, dîner sam sept-juil ; Ⓜ Diagonal). Ce restaurant est dissimulé derrière le bar Dry Martini (p. 150). Une porte dans la cuisine conduit à la "réserve", tapissée de centaines de bons crus. Couleurs sombres, quelques œuvres d'art, éclairage tamisé, jazz en fond sonore et service agréable forment le décor. Plats appétissants comme l'énorme morceau de *burrata* aux asperges blanches et lamelles de délicieux *jamón* (jambon fumé).

🅟 Fastvínic   Café €

(Plan p. 144 ; 📞93 487 32 41 ; www.fastvinic. com ; Carrer de la Diputació 251 ; sandwichs 6-10 € ; ⏰12h-0h lun-sam ; Ⓜ Passeig de Gràcia). Ici, la "slow food" est préparée rapidement, avec ingrédients, vin et matériaux catalans. Le menu ne propose que des sandwichs : rosbif, moutarde et miel, ou, plus audacieux, cochon de lait croustillant, sauce banane et coriandre. Distributeur de bons vins espagnols en self-service.

Cinc Sentits   International €€

(Plan p. 144 ; 📞93 323 94 90 ; www.cincsentits. com ; Carrer d'Aribau 58 ; plats 10-20 €, formule déj 30 € ; ⏰déj et dîner mar-sam ; Ⓜ Passeig de Gràcia). Ce royaume, un peu trop éclairé, des "Cinq sens" propose un menu dégustation (49 €-69 €), comprenant une série de plats expérimentaux. L'établissement n'utilise que des produits locaux frais (poisson de la Costa Brava et succulent cochon de lait d'Estrémadure).

Melton   Italien €€

(Plan p. 136 ; 📞93 363 27 76 ; Carrer de Muntaner 189 ; plats 12-20 €, menu dégustation 55 € ; ⏰mar-sam ; Ⓜ Hospital Clínic). Cet élégant restaurant, recommandé par des Italiens, propose des pâtes bien préparées et des risottos (au foie gras, par exemple), ainsi que d'appétissants plats de viande ou de poisson. Pour des pâtes peu ordinaires, essayez la *lasagnetta de tòfona negra i múrgules* (petite lasagnes à la truffe noire et aux morilles).

Alba Granados

Espagnol, méditerranéen €€

(Plan p. 144 ; 📞 93 454 61 16 ; Carrer d'Enric Granados 34 ; plats 12 € ; ⏱déj et dîner lun-sam, déj dim ; 🚉FGC Provença). En été, demandez une table pour deux sur le balcon du 1er étage. Surplombant les arbres, l'endroit est exceptionnel, avec peu de circulation. Le menu est éclectique, mais les meilleurs plats sont composés de viande, comme le *solomillo a la mantequilla de trufa con tarrina de patata y beicon* (faux-filet au beurre de truffe, terrine de pommes de terre et bacon).

Terrabacus

Tapas €€

(Plan p. 136 ; 📞 93 410 86 33 ; www.terrabacus. com ; Carrer de Muntaner 185 ; plats 12-15 €, menú del día 18 € ; ⏱déj et dîner mar-ven, dîner lun et sam ; 🚇Hospital Clínic). Ici, c'est la nourriture qui accompagne le vin. Sur cette "Terre de Bacchus", on choisit d'abord parmi la vaste carte des vins puis on sélectionne de quoi grignoter : une assiette de fromages ou de jambon fumé Joselito. Il y a aussi des plats plus conséquents comme le risotto ou le steak tartare.

Cerveseria Brasseria Gallega

Tapas €€

(Plan p. 136 ; 📞 93 439 41 28 ; Carrer de Casanova 238 ; plats 10-20 € ; ⏱déj et dîner lun-sam ; 🚇Hospital Clínic). Ce modeste établissement passe facilement inaperçu. Pourtant, un coup d'œil suffit pour voir qu'il est bondé de locaux en pleine conversation au-dessus de spécialités galiciennes. En entrée, le *pulpo a la gallega* frais (poulpe épicé aux pommes de terre) confirme la qualité de l'endroit.

La Bodegueta Provença

Tapas €

(Plan p. 144 ; 📞 93 215 17 25 ; Carrer de Provença 233 ; plats 7-10 € ; ⏱déj et dîner ; 🚇Diagonal). La "petite cave à vins" propose des tapas classiques présentées avec classe, des *calamares a la andaluza* (calamars à la romaine) à la *cecina* (viande de veau séchée). L'*ous estrellats* (littéralement "œufs brisés") est la spécialité de la maison : mélange de blanc d'œuf brouillé, de jaune d'œuf, de pommes de terre et d'ingrédients allant du foie gras au *morcilla* (boudin noir). Accompagnez le tout d'un bon Ribera del Duero ou d'une *caña* (petit verre de bière).

Koyuki

Japonais €€

(Plan p. 144 ; Carrer de Còrsega 242 ; plats 14 € ; ⏱déj et dîner mar-sam, dîner dim ; 🚇Diagonal). Ce restaurant japonais sans prétention, installé en sous-sol, est une adresse que l'on revisite avec plaisir. Installez-vous à une grande table et choisissez votre plat dans le menu kitsch agrémenté de photos – vous ne serez pas déçu. *Sashimis*

Des tapas

moriawase variés, généreux et toujours frais. Le *tempura udon* est un plat de nouilles particulièrement copieux.

El Rincón Maya · Mexicain €

(Plan p. 144 ; ☏ 93 451 39 46 ; Carrer de València 183 ; plats 5-10 € ; ⏰ déj et dîner mar-sam, dîner lun ; Ⓜ Passeig de Gràcia). Un restaurant mexicain au cadre simple et chaleureux où l'on déguste les petites portions de *nachos*, guacamole et *fajitas* riches en saveurs et des spécialités moins connues comme les *tacos de pibil* (tacos de porc) et la *tinga* (plat au poulet). Plats plus conséquents pour 9,50 €. Le chef et propriétaire a longtemps travaillé à Mexico.

Amaltea · Végétarien €

(Plan p. 136 ; www.amalteaygovinda.com, en français ; Carrer de la Diputació 164 ; plats 5 € ; ⏰ déj et dîner lun-sam, 🍴 ; Ⓜ Urgell). La fresque du ciel au plafond donne le ton dans ce restaurant végétarien populaire. En semaine, la formule du midi (10,50 €) offre des plats qui changent au fil des saisons. Le soir, le menu de deux plats (15 €) est d'un bon rapport qualité/prix. Propose aussi des cours de yoga, de taï chi et de danse orientale.

Escribà · Desserts €

(Plan p. 136 ; ☏ 93 454 75 35 ; www.escriba.es, en français ; Gran Via de les Corts Catalanes 546 ; pâtisseries à partir de 2 € ; ⏰ 8h-15h et 17h-21h lun-ven, 8h-21h sam, dim et jours fériés ; Ⓜ Urgell). Antoni Escribà poursuit une tradition familiale (datant de 1906) avec ses remarquables pâtisseries et créations chocolatées. Une autre boutique est installée dans un décor moderniste à La Rambla de Sant Josep 83.

Mauri · Pâtisserie €

(Plan p. 144 ; ☏ 93 215 10 20 ; Rambla de Catalunya 102 ; pâtisseries à partir de 1,50 € ; ⏰ 8h-21h lun-sam, jusqu'à 15h dim ; Ⓜ Diagonal). Depuis son ouverture en 1929, de nombreux clients salivent devant l'interminable palette de bonbons, de croissants au chocolat et d'autres gourmandises de cette vénérable pâtisserie.

Cremeria Toscana

(Plan p. 136 ; ☏ 93 539 38 25 ; Carrer de Muntaner 161 ; glaces à partir de 1,50 € ; ⏰ 13h-21h mar-dim oct-Pâques, 13h-0h Pâques-sept ; Ⓜ Hospital Clínic). En fermant les yeux, on se croirait de l'autre côté de la Méditerranée, chez les spécialistes de la crème glacée. *Stracciatella crémeuse*, *nocciola ondulante*, et quantité d'autres parfums, en cornet ou en pot, vous attendent chez ce glacier authentique.

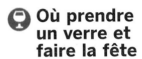

🍷 Où prendre un verre et faire la fête

Les nuits de L'Eixample sont calmes, à l'exception de certaines rues. La Carrer de Balmes est bordée d'adresses fréquentées par des adolescents chahuteurs. Les bars à cocktails et les bars rétros des années 1960 de la Carrer d'Aribau, entre l'Avinguda Diagonal et la Carrer de Mallorca sont plus intéressantes Plus bas, la Carrer del Consell de Cent, la Carrer de la Diputació et leurs alentours abritent le cœur du Gaixample, avec ses bars et clubs homosexuels.

L'Esquerra de L'Eixample

Monvínic · Bar à vins

(Plan p. 144 ; ☏ 932 72 61 87 ; www.monvinic. com ; Carrer de la Diputació 249 ; ⏰ bar à vins 13h30-23h30, restaurant 13h30-15h30 et 20h30-22h30 ; Ⓜ Passeig de Gracia). Le *Wall Street Journal* l'a proclamé "meilleur bar à vins du monde" et c'est un incontournable pour le sommelier d'El Bulli : Monvínic est une ode au vin. Sur le bar, une tablette numérique présente la carte interactive des vins comprenant plus de 3 000 variétés. Le restaurant spécialisé dans la cuisine méditerranéenne se fournit auprès des agriculteurs catalans.

La Fira · Bar

(Plan p. 144 ; Carrer de Provença 171 ; 8-12 € ; ⏰ 22h30-3h mer-sam ; Ⓡ FGC Provença). Bar design équipé de miroirs déformants et d'anciennes attractions de fête foraine

...ande. La musique va de la house ...ux tubes des années 1990 en passant par la variété espagnole.

Dry Martini
Bar

(Plan p. 144 ; ☏ 93 217 50 72 ; www. drymartinibcn.com ; Carrer d'Aribau 162-166 ; ☉17h-3h ; Ⓜ Diagonal). Les serveurs souriants préparent les cocktails dont vous rêvez. Celui de la maison, à prendre au bar ou installé dans un sompteux fauteuil de cuir vert, est une valeur sûre. Attention, le gin tonic est servi dans un énorme verre ! Le restaurant Speakeasy (p. 147) se trouve à l'arrière.

Cosmo
Café

(Plan p. 144 ; www.galeriacosmo.com ; Carrer d'Enric Granados 3 ; ☉10h-22h lun-jeu, 12h-2h ven et sam, 12h-22h dim ; ☎ ; Ⓜ Universitat). Établissement sympathique : ses tables et tabourets sont couverts de couleurs psychédéliques. Grandes salles blanches à l'arrière pour accueillir des expositions et événements. Bon choix de thés, pâtisseries et en-cas. Installé dans une agréable rue piétonne derrière l'université, l'endroit est parfait pour pianoter sur son ordinateur le matin ou boire un verre en soirée dans un cadre arty.

Café San Telmo
Bar

(Plan p. 136 ; ☏ 934 39 17 09 ; www.cafesantelmo. com ; Carrer de Buenos Aires 60 ; ☉9h-14h30 lun-ven, 9h-15h30 sam et dim ; Ⓜ Diagonal). Petit bar attrayant dont les grandes fenêtres sur la Carrer de Casanova donnent sur la foule et la circulation de l'Avinguda Diagonal voisine. De grands bars et clubs sont situés juste de l'autre côté de l'Avinguda Diagonal.

Mediterráneo
Bar

(Plan p. 144 ; ☏ 678 211253 ; Carrer de Balmes 129 ; ☉23h-3h ; Ⓜ Diagonal). Bar enfumé, fréquenté par une clientèle étudiante. Vous serez parfois surpris par le talent des jeunes musiciens.

Museum
Bar gay

(Plan p. 136 ; Carrer de Sepúlveda 178 ; ☉18h30-3h ; Ⓜ Universitat). "Le kitsch en folie" est le thème artistique du lieu, avec lustres, fausses sculptures Renaissance et pop légère. Jeunes Adonis et gros bras se mêlent joyeusement dans ce bar parfaitement situé pour continuer la soirée au Metro.

Premier
Bar

(Plan p. 144 ; Carrer de Provença 236 ; ☉18h-2h30 lun-jeu, jusqu'à 3h ven et sam ; Ⓡ FGC Provença). L'ambiance est à l'échange dans ce sympathique petit bar à vins tenu par des Français. Installez-vous au bar, enfoncez-vous dans un canapé ou isolez-vous sur la mezzanine. Tard le soir, un DJ est aux platines.

Quilombo
Bar

(Plan p. 144 ; ☏ 93 439 54 06 ; Carrer d'Aribau 149 ; ☉19h-2h30 tlj juin-sept, mer-dim oct-mai ; Ⓡ FGC Provença). La formule de ce bar fonctionne depuis les années 1970 : quelques guitares dans le fond, des tables, des chaises, des mojitos bon marché, des cacahuètes, et les clients, nombreux, font le reste.

Aire
Club lesbien

(Plan p. 144 ; ☏ 93 487 83 42 ; www.arenadisco. com ; Carrer de València 236 ; ☉23h-3h jeu-sam ; Ⓜ Passeig de Gràcia). Dans cette boîte appréciée des homosexuelles, la piste de danse est vaste et un DJ s'occupe généralement du son, qui va des tubes des années 1980 et 1990 à la techno.

Arena Madre
Club gay

(Plan p. 144 ; ☏ 93 487 83 42 ; www.arenadisco. com ; Carrer de Balmes 32 ; 6-12 € ; ☉0h30-5h30 ; Ⓜ Passeig de Gràcia). Fréquenté par un public jeune, Arena Madre est l'un des clubs barcelonais préférés des garçons qui aiment les garçons.

City Hall
Club

(Plan p. 144 ; ☏ 93 238 07 22 ; www.grupo-ottozutz.com ; Rambla de Catalunya 2-4 ; 12 € ; ☉0h-5h lun-jeu, jusqu'à 6h ven et sam ; Ⓜ Catalunya). Un couloir mène à la piste de danse de ce club installé dans un ancien théâtre. La house et d'autres sonorités électroniques dominent, notamment le mardi, avec la session funk "Get Funkd!".

Metro
Club gay

(Plan p. 136 ; 📞93 323 52 27 ; www.
metrodiscobcn.com ; Carrer de Sepúlveda 185 ;
🕐1h-5h lun, 0h-5h dim et mar-jeu, 0h-6h ven
et sam ; MUniversitat). Avec deux pistes
de danse, trois bars et une salle très
sombre, Metro attire une clientèle gay
décontractée.

Opium Cinema
Club

(Plan p. 144 ; 📞93 414 63 62 ; Carrer de París 193-
197 ; 🕐21h-2h30 mar-jeu, jusqu'à 3h ven et sam ;
MDiagonal). Rouge, rose
et jaune dominent dans cet ancien et
magnifique cinéma. Le beau monde
de Barcelone, jeune et moins jeune, se
retrouve pour prendre un verre autour
du bar central rectangulaire, danser et
s'observer.

Roxy Blue
Club

(Plan p. 144 ; 📞93 272 66 97 ; www.roxyblue.es ;
Carrer del Consell de Cent 294 ; 🕐0h-5h mer et
jeu, jusqu'à 6h ven et sam ; MPasseig de Gràcia).
Le bleu domine effectivement dans ce
petit club sur deux niveaux. La musique
oscille entre rythmes new-yorkais et
soirées brésiliennes le dimanche.

Dry Martini

La Dreta de L'Eixample

Les Gens Que J'Aime
Bar

(Plan p. 144 ; Carrer de València 286 ; 🕐18h-2h30
dim-jeu, jusqu'à 3h ven et sam ; MPasseig de
Gràcia). Installé en sous-sol, ce bar intimiste
des années 1960 suit une formule en
apparence simple : jazz en fond sonore,
éclairage tamisé provenant de diverses
lampes achetées aux Puces, et fauteuils
confortables en velours rouge répartis
autour de minuscules tables sombres.

Dboy
Club gay

(Plan p. 144 ; 📞93 453 05 10 ; Ronda de Sant
Pere 19-21 ; 🕐0h-6h sam ; MUrquinaona).
Avec ses rayons lasers roses et une foule
compacte de jeunes hommes, c'est l'une
des bonnes adresses pour danser le
samedi soir.

Où sortir

Bel-Luna Jazz Club
Jazz

(Plan p. 144 ; 📞93 302 22 21 ; www.bel-luna.
com ; Rambla de Catalunya 5 ; 5-15 € ; 🕐21h-2h
dim-jeu, jusqu'à 3h ven et sam ; MCatalunya).
Ce bar-restaurant-club en sous-sol n'est

pas le plus joli qui soit, mais il propose une programmation intégralement jazz, sept jours sur sept, avec aussi bien des concerts d'artistes locaux que d'invités.

Dietrich Gay Teatro Café   Cabaret
(Plan p. 144 ; ☎ 93 451 77 07 ; Carrer del Consell de Cent 255 ; ☺ 22h30-3h ; Ⓜ Universitat). Dédié à Marlene Dietrich, cet établissement aux allures de cabaret propose au moins un cabaret de drag-queens par nuit, à 1h. La programmation musicale privilégie la house assez douce. Il y a un jardin intérieur.

L'Auditori   Musique classique
(Plan p. 136 ; ☎ 93 247 93 00 ; www.auditori.org ; Carrer de Lepant 150 ; 10-60 € ; ☺ billetterie 15h-21h lun-sam ; Ⓜ Monumental). L'Auditori (dessiné par Rafael Moneo) est une salle moderne qui séduit les mélomanes avertis grâce à ses innombrables spectacles de musique de chambre, symphonique, religieuse ou autre.

Théâtre national de Catalogne   Arts du spectacle
(Plan p. 136 ; Teatre Nacional De Catalunya ; ☎ 93 306 57 00 ; www.tnc.cat ; Plaça de les Arts 1 ; 12-32 € ; ☺ billetterie 15h-19h mer-ven, 15h-20h30 sam, 15h-17h dim et 1 heure avant le spectacle ; Ⓜ Glòries ou Monumental). Le bâtiment a été conçu par l'architecte barcelonais Ricardo Bofill dans un style néoclassique. La programmation est constituée de pièces de théâtre plutôt classique (*Le Roi Lear* en catalan ou une pièce montée par la troupe catalane La Fura dels Baus par exemple), ainsi que de spectacles de danse ou d'autres événements.

Méliès Cinemes   Cinéma
(Plan p. 144 ; ☎ 93 451 00 51 ; www.cinesmelies.net ; Carrer de Villarroel 102 ; 3-5 € ; Ⓜ Urgell). Dans les deux salles intimistes de ce cinéma, on peut voir de vieux classiques du cinéma hollywoodien et des films européens.

Renoir Floridablanca   Cinéma
(Plan p. 136 ; ☎ 93 426 33 37 ; www.cinesrenoir.com ; Carrer de Floridablanca 135 ; Ⓜ Sant Antoni). Ce cinéma de sept écrans fait partie d'une petite chaîne espagnole d'art et d'essai qui programme des films de qualité.

Cacao Sampaka

⦿ Shopping

Le quartier de L'Eixample abrite la plupart des boutiques les plus chics de Barcelone, en particulier le Passeig de Gràcia, la Rambla de Catalunya, ainsi que les rues adjacentes. Vous y trouverez une étonnante variété de magasins spécialisés vendant de tout.

Vinçon — Articles de maison

(Plan p. 144 ; ☏ 93 215 60 50 ; www.vincon.com ; Passeig de Gràcia 96 ; ◷ 10h-20h30 lun-sam ; Ⓜ Diagonal). Ce haut lieu du design présente ce qui se fait de plus raffiné en matière de meubles et d'objets pour la maison (en particulier les luminaires), tant espagnols qu'étrangers. Le bâtiment appartenait jadis au peintre moderniste Ramon Casas. Depuis les fenêtres et la terrasse de l'espace meubles, à l'étage, vous verrez de près La Pedrera.

Els Encants Vells — Marché aux puces

(Plan p. 136 ; Fira de Bellcaire ; ☏ 93 246 30 30 ; www.encantsbcn.com ; Plaça de les Glòries Catalanes ; ◷ 7h-18h lun, mer, ven et sam ; Ⓜ Glòries). Aussi appelé Fira de Bellcaire ("foire de Bellcaire"), ce marché aux puces est le plus important du genre à Barcelone. On y trouve de tout, aussi bien du mobilier ancien que des fripes.

El Bulevard dels Antiquaris — Antiquités

(Plan p. 144 ; ☏ 93 215 44 99 ; www.bulevarddelsantiquaris.com ; Passeig de Gràcia 55-57 ; ◷ 10h30-20h30 lun-sam ; Ⓜ Passeig de Gràcia). Installées au-dessus de la galerie marchande du Bulevard Rosa, plus de 70 boutiques (ouvertes pour la plupart de 11h à 14h et de 17h à 20h30) proposent des antiquités très diverses, de la poupée en porcelaine aux objets en cristal, du meuble asiatique aux bibelots français, mais aussi de l'art africain et des bijoux.

Xampany — Vins

(Plan p. 144 ; ☏ 610 845011 ; Carrer de València 200 ; ◷ 16h30-22h lun-ven, 10h-14h sam ; Ⓜ Passeig de Gràcia). Depuis 1981, cette "cathédrale du *cava*" (le champagne catalan), véritable caverne d'Ali Baba, vend du vin pétillant aux gens du coin. Des bouteilles sont entreposées jusqu'au plafond et dans tous les recoins de ce local sombre et vraiment désordonné.

Cacao Sampaka — Chocolat

(Plan p. 144 ; ☏ 93 272 08 33 ; www.cacaosampaka.com ; Carrer del Consell de Cent 292 ; ◷ 9h-21h lun-sam ; Ⓜ Passeig de Gràcia). Le paradis des accros du chocolat. Avant de faire vos emplettes dans la boutique, direction le bar à l'arrière pour déguster l'emblématique *xocolata calenta* (chocolat chaud) et/ou grignoter de délicieux gâteaux au chocolat, des tartes, des bonbons, des glaces et des sandwichs.

Cubiña — Articles de maison

(Plan p. 144 ; ☏ 93 476 57 21 ; www.cubinya.es ; Carrer de Mallorca 291 ; Ⓜ Verdaguer). À ceux pour qui la décoration intérieure n'est pas une passion, venez simplement admirer l'édifice de Domènech i Montaner.

Nosotraos — Gay et lesbien

(Plan p. 144 ; ☏ 93 451 51 34 ; Carrer de Casanova 56 ; Ⓜ Urgell). En plein cœur du "Gaixample", cette boutique hétéroclite propose toutes sortes d'articles gays et lesbiens, des calendriers lesbiens aux T-shirts ours et aux livres.

Regia — Parfums

(Plan p. 144 ; ☏ 93 216 01 21 ; www.regia.es ; Passeig de Gràcia 39 ; ◷ 9h30-20h30 lun-ven, 10h30-20h30 sam ; Ⓜ Passeig de Gràcia). Ouverte depuis 1928, Regia est réputée pour être l'une des meilleures parfumeries de la ville. Elle propose toutes les grandes marques et possède même son propre musée (p. 138) à l'arrière de la boutique.

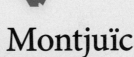

Montjuïc

La colline de Montjuïc accueille certains des plus beaux musées d'art de la ville. S'y trouvent aussi plusieurs musées de moindre importance, et des sites étonnants comme le Poble Espanyol, un village artificiel regroupant les différents styles architecturaux du pays, le sinistre château de Montjuïc et la belle reconstitution du pavillon allemand de Mies van der Rohe datant des années 1920. L'essentiel des installations des Jeux olympiques de 1992 se tient également à cet endroit. Le soir venu, vous pouvez assister au spectacle de la Font Màgica, vous rendre dans l'un des nombreux théâtres ou en boîte de nuit. Ajoutez à cela plusieurs beaux parcs et jardins et vous aurez largement de quoi remplir deux journées de visite.

La colline est accessible à pied depuis la Plaça d'Espanya grâce à des escaliers mécaniques grimpant jusqu'à l'Avinguda de l'Estadi. Un autre moyen plus spectaculaire consiste à prendre le téléphérique à Barceloneta pour profiter de la superbe vue aérienne sur la colline verdoyante.

Le musée national d'Art de Catalogne (p. 160)

Montjuïc
À ne pas manquer

Le musée national d'Art de Catalogne (p. 160)

Un imposant palais néobaroque, le Palais national (Palau Nacional) est perché sur la colline de Montjuïc. Il fut construit à l'occasion de l'Exposition internationale de 1929 avant d'être transformé en musée en 1995. Vous y découvrirez avec émerveillement l'une des plus belles collections de peinture romane d'Europe.

La fondation Joan Miró (p. 170)

Anticonformiste, surréaliste, expérimentaliste et par-dessus tout Catalan et Barcelonais, Miró devint mondialement célèbre grâce à son style avant-gardiste, provocateur et stimulant. La fondation Joan Miró est la plus grande collection au monde entièrement consacrée à son œuvre.

Fondation Joan Miró ; architecte : Josep Lluis Sert

Le Poble Espanyol (p. 166)

Née de l'imagination de l'architecte moderniste Josep Puig i Cadafalch, cette reconstitution d'un "village" espagnol a des allures de Disneyland. Chaque région d'Espagne y est architecturalement représentée, de l'Andalousie au Pays basque. Ses rues et ses places sont constellées de répliques à taille réelle de bâtiments célèbres, de stands d'artisanat, de quelques restaurants et d'une boîte de nuit populaire.

③

④

⑤

La Font Màgica (p. 163)

Édifiée à l'occasion de l'Exposition internationale de 1929, cette formidable attraction aquatique consiste en une grande fontaine sise au centre d'une série de bassins en terrasses et de cascades descendant du Palais national. Pour une expérience psychédélique, venez assister au spectacle de sons et lumières proposé en soirée.

Jardins de Montjuïc (p. 162)

Montjuïc abrite de grands espaces verts, odorants jardins botaniques plantés d'espèces exotiques ou parcs impeccablement entretenus ornés de sculptures, de pelouses et de fontaines. La vue y est splendide. Un conseil : emportez un pique-nique (l'idéal étant de faire étape au marché de la Boqueria avant de grimper à Montjuïc) pour profiter pleinement du cadre. *Les jardins de Mossèn Cinto de Verdaguer*

Promenade dans Montjuïc

Les jolis jardins de Montjuïc semblent à mille lieues de l'effervescence du centre-ville barcelonais. Cette promenade vous conduira du château de Montjuïc à la Font Màgica en serpentant (généralement en descente) à travers d'agréables jardins fleuris. Pensez à emporter un pique-nique.

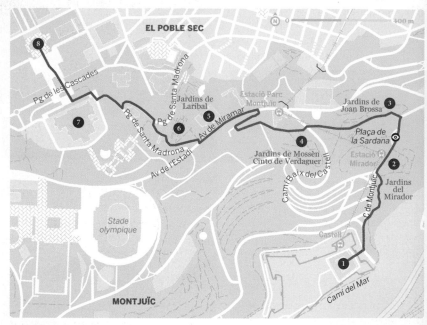

ITINÉRAIRE

- **Départ** Château de Montjuïc
- **Arrivée** Font Màgica
- **Distance** 2,5 km
- **Durée** 90 min

❶ Château de Montjuïc

Bien que longtemps synonyme de répression, le **château de Montjuïc** (p. 162) parvient à nous faire oublier sa sombre histoire grâce au splendide panorama qu'il offre sur la ville et la mer. Le téléphérique est un excellent moyen de s'y rendre. Vous n'aurez plus ensuite qu'à redescendre la colline, en profitant de ses paysages verdoyants.

❷ Jardins del Mirador

Une courte descente par la route ou par le sentier piéton Camí del Mar, qui la longe, mène aux **jardins del Mirador** (p. 163), autre point de vue sur la ville et la mer. Faites une pause sur ses bancs ou improvisez un pique-nique.

❸ Jardins de Joan Brossa

Les **jardins de Joan Brossa** (p. 163) s'étagent plus bas sur la colline (l'entrée se fait sur la gauche juste derrière la Plaça de la Sardana, au niveau de la sculpture représentant des danseurs folkloriques catalans). Admirez la vue sur la ville, ainsi que les innombrables plantes et arbres méditerranéens.

④ Jardins de Mossèn Cinto de Verdaguer

En sortant des jardins de Joan Brossa du côté ouest, traversez le Camí Baix del Castell et entrez dans les **jardins de Mossèn Cinto de Verdaguer** (p. 163), cadre ravissant pour flâner parmi les parterres de tulipes et les nénuphars.

⑤ Fondation Joan Miró

Joan Miró a légué une vaste collection de ses travaux à la ville dans cette **fondation** (p. 170) édifiée sur les pentes de Montjuïc. Vous y trouverez ses toutes premières tentatives artistiques, ainsi que les immenses toiles au style caractéristique qui ont fait son succès. Admirez ses sculptures de près dans le jardin adjacent.

⑥ Jardins de Laribal

En pente derrière la Fondation Joan Miró, les **jardins de Laribal** se composent de terrasses reliées par des sentiers et des escaliers. Les rigoles joliment sculptées qui flanquent certains escaliers sont inspirées de l'Alhambra, le célèbre palais de Grenade, chef-d'œuvre de l'architecture islamique. Faites-y halte le temps d'un sandwich pour profiter de ce coin de paradis mauresque.

⑦ Musée national d'Art de Catalogne

D'où que vous veniez, il vaut la peine de visiter le **musée** (p. 160) qu'abrite cet imposant palais ocre. On y trouve l'une des plus belles collections d'art roman d'Europe, rescapée d'une kyrielle d'églises et de chapelles du nord de la Catalogne. Les autres collections s'intéressent aussi bien à l'art gothique qu'au modernisme.

⑧ Font Màgica

En descendant du musée par la Plaça de les Cascades, vous découvrirez la **Font Màgica** (p. 163), aussi magique que le suggère son nom, surtout si vous avez fait durer cette promenade assez longtemps (rien de moins facile) pour arriver après le coucher du soleil, juste à temps pour assister à un spectacle son et lumière de toute beauté.

 Les meilleurs…

RESTAURANTS

Tickets Le nouveau restaurant de Ferran Adrià, l'un des meilleurs chefs au monde. (p. 168)

Quimet i Quimet Un classique servant de superbes tapas. (p. 168)

Xemei Appétissante cuisine vénitienne. (p. 168)

Barramòn Une adresse ultra animée où goûter à la cuisine canarienne. (p. 169)

Taverna Can Margarit Un décor à l'ancienne pour une cuisine catalane traditionnelle. (p. 169)

BARS

La Caseta del Migdia Un coin de paradis à ciel ouvert dans la verdure. (p. 171)

Tinta Roja Ambiance bohème pour ce bar de Poble Sec. (p. 171)

Terrrazza Jolie boîte de nuit estivale dans l'enceinte du Poble Espanyol. (p. 171)

Barcelona Rouge Goûtez à l'atmosphère décadente du Barcelona Rouge. (p. 171)

POINTS DE VUE

Château de Montjuïc Du haut de sa colline, le château jouit d'un panorama unique. (p. 162)

Miramar La vue volerait presque la vedette à une cuisine pourtant exquise. (p. 171)

Les jardins de Mossèn Cinto de Verdaguer (p. 163)
DIEGO LEZAMA / GETTY IMAGES ©

Les incontournables
Le musée national d'Art de Catalogne (MNAC)

Visible depuis l'autre bout de la ville, la silhouette imposante du Palais national (Palau Nacional) trône sur un versant de la colline de Montjuïc. Construit pour l'Exposition universelle de 1929 et restauré en 2005, il abrite le musée national d'Art de Catalogne, une exceptionnelle collection d'art principalement catalan, allant du Haut Moyen Âge au début du XXᵉ siècle. Elle comprend en particulier de splendides fresques romanes.

MNAC

Plan p. 164

☎ 93 622 03 76

www.mnac.es

Mirador del Palau Nacional

Tarif plein/senior et enfant de moins de 15 ans/étudiant 10 €/gratuit/7 €, gratuit 1ᵉʳ dim du mois

🕐 10h-19h mar-sam, 10h-14h30 dim et jours fériés, bibliothèque 10h-18h lun-ven, jusqu'à 14h30 sam

Ⓜ Espanya

Les chefs-d'œuvre romans

Constituée au début du XXᵉ siècle à partir d'œuvres provenant de petites églises rurales abandonnées de la Catalogne du Nord, la collection comporte 21 fresques murales, sculptures sur bois et devants d'autels peints (bas-relief en bois, précurseurs des retables). L'intérieur de certaines églises a été recréé et les fresques – certaines fragmentées, d'autres dans un état de conservation incroyable – ont été replacées tel qu'elles étaient *in situ*.

La collection gothique

En face de la collection d'art roman se tiennent les sections consacrées à l'art gothique. Dans ces salles, l'art catalan côtoie celui d'autres régions espagnoles et méditerranéennes. Ne manquez pas les œuvres de Bernat Martorell (les représentations des martyres de saint Vincent et de saint Lucien, Llúcia en catalan) et de Jaume Huguet (*La consécration de saint Augustin*).

Le legs de Francesc Cambó et la collection Thyssen-Bornemisza

En approchant de la fin de la collection d'art gothique, vous traverserez deux expositions éclectiques couvrant l'histoire de la peinture européenne du XIVᵉ siècle au début du XIXᵉ siècle.

L'art moderne catalan

À l'étage supérieur, après une série de salles consacrées à des toiles peu connues de maîtres espagnols du XVIIᵉ siècle, la collection s'intéresse à l'art moderne catalan. On peut y admirer les œuvres modernistes de Ramon Casas, Santiago Rusiñol et Antoni Tàpies, décédé récemment. Sont aussi exposés des meubles et objets décoratifs modernistes, dont une peinture murale de Ramon Casas, *Ramon Casas et Pere Romeu sur un tandem*. La collection de mobilier provient de demeures modernistes originales et comprend un bel éventail d'objets de décoration.

Le Montjuïc de Núria Rocamora

GESTIONNAIRE DE LA CULTURE ET GUIDE AU MNAC

1 LE PALAIS NATIONAL

Ce palais fut édifié pour servir de pavillon principal lors de l'Exposition internationale de Barcelone en 1929. Son style maniériste est partiellement inspiré de la Renaissance espagnole.

2 L'ABSIDE CENTRALE DE L'ÉGLISE SANT CLIMENT DE TAÜLL

La formidable collection d'œuvres romanes constitue le point d'orgue de toute visite au MNAC. On y trouve une fresque rescapée de l'abside centrale d'une église catalane du XIIᵉ siècle, l'église Sant Climent de Taüll, figurant un Christ en gloire dans une mandorle, assis sur l'arc du Paradis et entouré des quatre évangélistes, de plusieurs saints et de la Vierge Marie.

3 SAINT FRANÇOIS DEBOUT EN EXTASE D'APRÈS LA VISION DU PAPE NICOLAS V

L'un des grands maîtres du XVIIᵉ siècle fut l'Espagnol Francisco Zurbarán, dont les somptueux portraits lui valent parfois d'être comparé au Caravage. Sur ce portrait évocateur de saint François, Zurbarán représente le saint dans un état quasi extatique, rendant ainsi un profond sentiment religieux tout en évitant les clichés stylistiques.

4 RAMON CASAS ET PERE ROMEU SUR UN TANDEM

Cette toile simple et amusante est tout à fait représentative du style moderniste catalan. Le sujet : l'un des artistes les plus influents de son temps et un ami sur un tandem. Deux ans plus tard, Ramon Casas en peignit une seconde version, représentant cette fois-ci les deux amis dans une voiture !

5 LE CABINET NUMISMATIQUE

Souvent négligé, le cabinet numismatique est une fantastique collection de pièces de monnaie rares, dont certaines remontent au VIᵉ siècle av. J.-C. Ses éléments phares en sont les premières pièces d'argent frappées par les Grecs d'Emporion sur la péninsule Ibérique, des pièces datant de la guerre des faucheurs au XVIIᵉ siècle et des billets locaux émis lors de la guerre civile espagnole.

Découvrir
Montjuïc

⬌ Depuis/vers Montjuïc

○ **Métro** La ligne 3 traverse El Poble Sec. Les stations les plus proches de Montjuïc sont Espanya, Poble Sec et Paral.lel.

○ **Bus** Le bus n°50 dessert Montjuïc en suivant la Gran Via de les Corts Catalanes via la Plaça de l'Universitat et la Plaça d'Espanya. Le bus n°61 circule en semaine le long de l'Avinguda del Paral.lel jusqu'à Montjuïc via la Plaça d'Espanya. Le bus n°55 passe par la Plaça de Catalunya et la Carrer de Lleida, et s'arrête à la station de funiculaire Estació Parc Montjuïc. Le bus n°193 dessine une boucle entre la Plaça d'Espanya et le château de Montjuïc.

○ **Funiculaire** Prenez la ligne 2 ou 3 du métro jusqu'à Paral.lel, puis le funiculaire jusqu'à Estació Parc Montjuïc. De là, un téléphérique mène encore plus haut.

Le Poble Espanyol

◉ À voir

Musée national d'Art de Catalogne (MNAC)   Musé

(Museu Nacional d'Art de Catalunya. Voir p. 160

CaixaForum   Galerie d'a

(www.fundacio.lacaixa.es ; Avinguda de Frances Ferrer i Guàrdia 6-8 ; tarif plein/réduit 3/2 €, gratuit 1er dim du mois ; ☺10h-20h mar-ven et dim, 10h-22h sam ; Ⓜ Espanya). La banque Caixa s'enorgueillit du soutien qu'elle apporte au monde de l'art, notamment contemporain. Le CaixaForum est installé dans une ancienne usine entièrement rénovée, la Fàbrica Casaramona, un remarquable bâtimen moderniste en brique conçu par Puig i Cadafalch.

Désormais, cet espace est consacré à des expositions majeures, l'occasion de voir une partie des 800 pièces de la collection d'art moderne et contemporain de la Caixa. Le plus souvent, toutefois, de grandes expositions internationales sont à l'affiche.

GRATUIT Château de Montjuï

Forteresse et jardin (☺9h-21h mar-dim avr-sept, jusqu'à 19h mar-dim oct-mars ; 🚌193, téléphérique de Montjuïc, château de Montjuïc). Montjuïc est dominé dans sa partie sud-est par un fort (*castell* en catalan), d'où l'on a une superbe vue sur la Méditerranée. Ce que l'on voit aujourd'hui du château date des XVIIe et XVIIIe siècles. Le fort servit de tour de guet sur la ville, de prison politique et de lieu d'exécution.

Les anarchistes y étaient fusillés à la [fi]n du XIXᵉ siècle, les fascistes durant la [gu]erre civile, et les républicains ensuite, [d]ont le célèbre Lluís Companys, en 1940. [L']ouvrage est ceint par un réseau de [fo]ssés et de murailles, et stratégiquement [pl]acé au-dessus du port et de la ville.

Il est prévu dans les prochaines années [d']y créer un centre international pour la [p]aix et d'y installer une exposition dédiée [à] son histoire. Un centre d'interprétation [c]onsacré à la colline de Montjuïc doit [a]ussi y voir le jour.

Le panorama depuis le château et la [z]one environnante, qui embrasse la mer, [le] port et la ville, est le principal attrait de [la] visite. Les voyageurs parlant espagnol [e]t catalan peuvent participer à des visites [g]uidées gratuites du château le samedi [e]t le dimanche (11h30 en catalan, 13h [e]n espagnol). Des visites en groupes [p]euvent aussi être réservées (également [e]n anglais et en français).

Un chemin exposé au vent, le **Camí [d]el Mar**, contourne la base du château, [c]ôté mer, offrant un panorama splendide [s]ur la ville et la mer. Installé au pied [d]e cette partie de Montjuïc, mais en [l]éger surplomb de la grande route très [p]assante menant à Tarragone, les **jardins [d]e Mossèn Costa i Llobera** (entrée [li]bre ; ☺10h-coucher du soleil ; téléphérique [Tr]ansbordador Aeri (Miramar) débordent [d]e plantes tropicales et abritent une [v]éritable forêt de cactus. À côté de [la] station Estació Parc Montjuïc du [f]uniculaire/téléphérique s'étendent les [b]eaux **jardins de Mossèn Cinto de [V]erdaguer** (entrée libre ; ☺10h-coucher du [so]leil ; funiculaire Parc de Monjuïc). Cet espace [v]ert en pente est égayé de multiples [fl]eurs à bulbes et plantes aquatiques. [L]a plupart des bulbes (quelque 80 000) [d]oivent être replantés chaque année. [V]ous reconnaîtrez entre autres des [t]ulipes, des narcisses, des crocus, [e]t diverses variétés de dahlias. Parmi [le]s plantes aquatiques, on remarque [d]es lotus et des nénuphars.

Des **jardins del Mirador** (téléphérique [d]e Montjuïc, Mirador), en face de la station [M]irador du téléphérique Transbordador [A]eri, on a une belle vue sur le port de Barcelone. Un peu plus bas sur la colline, les **jardins de Joan Brossa** (entrée libre ; ☺10h-coucher du soleil ; téléphérique de Montjuïc, Mirador), joliment paysagés, sont situés à l'emplacement d'un ancien parc d'attractions, à côté de la **Plaça de la Sardana**. Ces jardins sont plantés d'espèces méditerranéennes, notamment des cyprès, des pins et quelques palmiers. Ils comprennent en outre des balançoires, des sentiers thématiques et un beau panorama sur la ville.

Stade olympique   Stade
(Estadi Olímpic ; Avinguda de l'Estadi ; ☺10h-20h ; 🚌50, 61 ou 193). Inauguré en 1929 puis restauré en 1992, le stade olympique Estadi Olímpic fut le site principal des Jeux olympiques de Barcelone.

Musée olympique et du Sport   Musée
(Museu Olímpic i de l'Esport ; www. museuolimpicbcn.com ; Avinguda de l'Estadi 60 ; tarif plein/réduit 4/2,50 € ; ☺10h-20h ; 🚌50, 61 ou 193). Ce musée interactif, très instructif, est consacré à l'histoire du sport et des Jeux olympiques. Après la billetterie, on descend le long d'une rampe qui serpente jusqu'au sous-sol, tout en profitant des pièces présentées ayant trait aux différentes disciplines sportives depuis l'Antiquité.

Font Màgica   Fontaine
(Avinguda de la Reina Maria Cristina ; ☺toutes les 30 minutes 19h-21h ven et sam oct-fin juin, 21h-23h30 jeu-dim fin juin-sept ; Ⓜ Espanya). La Font Màgica, la plus grande des fontaines qui se succèdent sur la colline depuis l'Avinguda de la Reina Maria Cristina jusqu'à l'imposante façade du Palais national, offre un spectacle exceptionnel durant lequel l'eau jaillit en gerbes de couleur.

Les soirs d'été, un spectacle son et lumière de 15 minutes (répété plusieurs fois dans la soirée) fait jaillir l'eau en gouttelettes colorées sur fond musical. Le dernier soir des Festes de la Mercè, en septembre, le spectacle, particulièrement saisissant, est accompagné de feux d'artifice.

Montjuïc

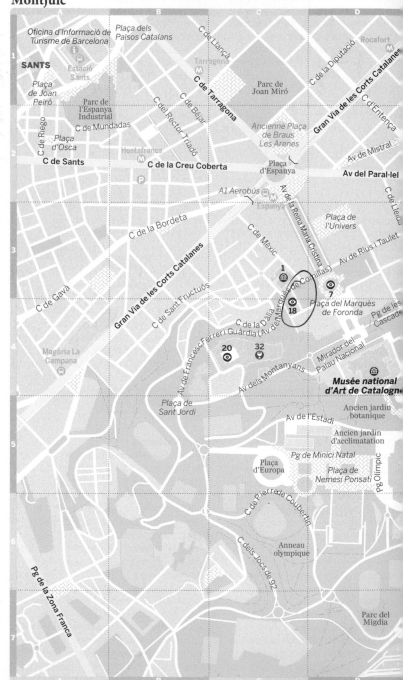

Oficina d'Informació de Turisme de Barcelona

Plaça dels Països Catalans

SANTS

Estació Sants

C de Llançà

Tarragona

C de la Diputació

Rocafort

Parc de Joan Miró

C de la Diputació

Gran Via de les Corts Catalanes

C d'Entença

Plaça de Joan Peiró

Parc de l'Espanya Industrial

C de Mundadas

C de Tarragona

C del Rector Triadó

C de Béjar

Ancienne Plaça de Braus Les Arenes

Av de Mistral

C de Riego

Plaça d'Osca

Hostafrancs

C de la Creu Coberta

Plaça d'Espanya

Av del Paral·lel

C de Sants

A1 Aerobús

Espanya

Av de la Reina Maria Cristina

C de Llei

C de la Bordeta

C de Mèxic

Plaça de l'Univers

Av de Rius I Taulet

Av del Marquès de Comillas

◉ 7

1

Gran Via de les Corts Catalanes

C de Sant Fructuós

◉ 18

Plaça del Marquès de Foronda

Pg de les Cascade

C de Gavà

C de la Dàlia (Av del Marquès de Comillas)

C de Francesc Ferrer i Guàrdia

Magòria La Campana

20 ◉

32 ☺

Av dels Montanyans

Mirador del Palau Nacional

Musée national d'Art de Catalogne

Plaça de Sant Jordi

Av de l'Estadi

Ancien jardin botanique

Ancien jardin d'acclimatation

Pg de Minici Natal

Plaça d'Europa

Plaça de Nemesi Ponsati

Pg Olímpic

C de Pierre de Coubertin

Anneau olympique

C dels Jocs de 92

Pg de la Zona Franca

Parc del Migdia

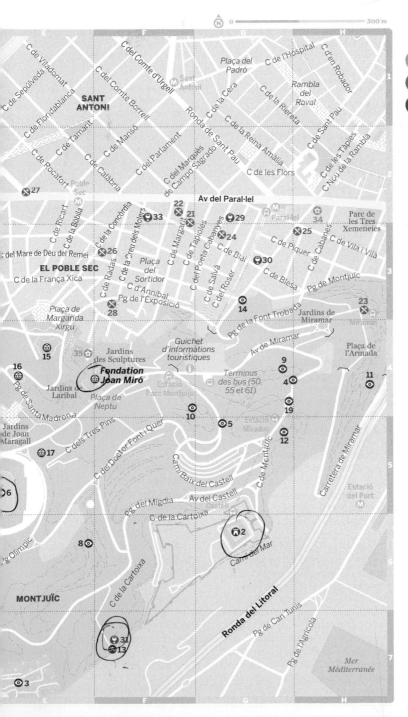

C de Viladomat

C del Comte d'Urgell

Plaça del Padró

C de l'Hospital

C d'en Robador

C del Comte Borrell

🅜 Sant Antoni

Rambla del Raval

C de la Cera

C de la Riereta

C de Sepúlveda

C de Floridablanca

SANT ANTONI

Ronda de Sant Pau

C de la Reina Amàlia

C de Sant Pau

C de Tamarit

C de Mansó

C del Parlament

C de les Tàpies

C Nou de la Rambla

C de les Flors

C de Catàbria

C del Marquès de Campo Sagrado

C de Rocafort

Poble Sec

⊗27

Av del Paral·lel

🅜 Paral·lel

Parc de les Tres Xemeneies

C de la Bòbila

C de Ricart

22 🄌

21 🄌

🄌33

🄌29

34 ✪

C de la Concòrdia

C de la Creu dels Molers

C de Margarit

C de Tapioles

🄌24

🄌25

C de Cabanes

C de Vila i Vilà

⊗26

Plaça del Sortidor

C del Poeta Cabanes

C de Blai

C de Piquer

C de Cabanes

del Mare de Déu del Remei

EL POBLE SEC

C de Radas

🄌30

C de la França Xica

C d'Annibal

C de Salvà

C del Roser

C de Blesa

Pg de Montjuïc

Pg de l'Exposició

28 ⊗

23 ⊗

Plaça de Margarida Xirgu

14 ◉

Pg de la Font Trobada

Jardins de Miramar

16 🏛

15 🏛

35 ✪

Jardins des Sculptures

Guichet d'informations touristiques

Av de Miramar

Plaça de l'Armada

Pg de Santa Madrona

Fondation 🏛 Joan Miró

Estació Parc Montjuïc

Terminus des bus (50, 55 et 61)

9 ◉

11 ◉

Jardins de Laribal

Plaça de Neptú

4 ◉

Jardins de Joan Maragall

10 ◉

🄌5

Estació Mirador

19 ◉

17 🏛

C dels Tres Pins

12 ◉

C de Montjuïc

Carretera de Miramar

Pg Olímpic

C del Doctor Font i Quer

Camí Baix del Castell

Av del Castell

Estació del Port 🅜

⊙6

8 ◉

Castell

Pg del Migdia

C de la Cartoixa

🄌2

MONTJUÏC

Camí del Mar

C de la Cartoixa

Ronda del Litoral

🄌31

13 ◉

Pg de Can Tunis

Pg de l'Agrícola

Mer Méditerranée

◉3

Montjuïc

Poble espanyol   Parc à thème
(Village espagnol ; www.poble-espanyol.com ;
Avinguda de Francesc Ferrer i Guàrdia ; adulte/
enfant 9,50/5,60 € ; ☺9h-20h lun, 9h-2h mar-
jeu, 9h-4h ven, 9h-5h sam, 9h-0h dim ; 🚌50, 61
ou 193, Ⓜ Espanya). Bienvenue en Espagne !
Ce Village espagnol, qui fut construit pour
représenter l'"artisanat espagnol" lors de
l'Exposition universelle de 1929, est à la
fois un parc à thème et une merveilleuse
et intéressante reconstitution
des bâtiments et paysages urbains
les plus caractéristiques des différentes
régions d'Espagne.

L'entrée se fait par la porte d'une
tour médiévale de la ville d'Ávila. À
l'intérieur, sur la droite, un centre
d'informations propose des plans
gratuits. Poursuivez tout droit jusqu'à
la Plaza Mayor, la grand-place entourée
d'édifices principalement castillans
et aragonais. L'été, des concerts y
ont parfois lieu. Plus loin, un quartier
andalou côtoie une rue basque, des
quartiers galiciens et catalans, et même
un couvent dominicain à l'extrémité
est. Les bâtiments abritent quantité
de restaurants, cafés, bars, boutiques,
ateliers d'artisanat (de verrerie
notamment), et magasins de souvenirs.

La nuit, les restaurants, les bars et
surtout les discothèques font du Poble
un quartier très vivant de la Barcelone
noctambule.

Pavillon Mies
van der Rohe   Architectur
(Pavelló Mies van der Rohe ; ☎93 423 40 16 ;
www.miesbcn.com ; Avinguda de Francesc Ferrer
i Guàrdia ; tarif plein/réduit/enfant 4,75/2,60 €/
gratuit ; ☺10h-20h ; Ⓜ Espanya). En plus
d'être une œuvre d'une beauté et d'une
simplicité époustouflantes, le pavillon
Mies van der Rohe est un bâtiment
majeur et emblématique de l'architectur
moderne. Sa structure a fait l'objet de
nombreuses études et interprétations,
et a inspiré plusieurs générations
d'architectes.

Conçu en 1929 par Ludwig Mies van
der Rohe (1886-1969), le Pavelló Aleman
(pavillon allemand) de l'Exposition
universelle fut démonté après l'expositio
puis reconstruit seulement en 1980.

Musée archéologique de Catalogne (MAC)
Musée

Museu d'Arqueologia de Catalunya ; www.mac.
cat ; Passeig de Santa Madrona 39-41 ; tarif
plein/réduit 3/2,10 € ; ◎9h30-19h mar-sam,
9h-14h30 dim ; 🚌55 ou 193). Installé dans
l'ancien palais des Arts graphiques de
l'Exposition universelle de 1929,
ce musée archéologique est consacré
à la Catalogne et aux autres régions
d'Espagne. Ses collections abritent
tant des reconstitutions de crânes
néandertaliens que de jolis colliers
de Carthage et des croix wisigothes
incrustées de pierreries.

Musée d'Ethnologie
Musée

Museu Etnològic ; www.museuetnologic.bcn.
cat ; Passeig de Santa Madrona 16-22 ; tarif plein/
réduit 3,50/1,75 € ; ◎12h-20h mar-sam, 11h-15h
dim ; 🚌55). Ce musée abrite une collection
permanente qui explore les mœurs de
diverses sociétés au fil des siècles, au
moyen d'un vaste assortiment d'objets
traditionnels. Lors de notre passage,
il était fermé pour rénovation.

Jardin botanique
Jardin

Jardí Botànic ; www.jardibotanic.bcn.es ; Carrer
del Doctor Font i Quer 2 ; tarif plein/réduit
50/1,70 € ; ◎10h-20h ; 🚌50, 61 ou 193). Ce
jardin botanique a pour thème la flore
méditerranéenne et regroupe environ
1500 espèces (40 000 plantes) poussant
sous des climats de type méditerranéen :
Méditerranée orientale, Espagne (y
compris les îles Baléares et Canaries),
Afrique du Nord, Australie, Chili, Californie
et Afrique du Sud.

Cimetière du Sud-Ouest
Cimetière

Cementiri del Sud-Oest ; ◎8h-18h ; 🚌193). Le
flanc méridional de la colline, au sud de
l'Anneau olympique (ensemble
des installations olympiques de 1992),
est occupé par un vaste cimetière.
Parmi ses hôtes célèbres, citons
Joan Miró, Carmen Amaya (la star du
flamenco de La Barceloneta), Jacint
Verdaguer (prêtre et poète du XIXe siècle
à qui l'on attribue le renouveau de la
littérature catalane), Francesc Macià et
Lluís Companys (tous deux présidents

nationalistes de la Catalogne, le dernier
ayant été exécuté au château de
Montjuïc par les hommes du général
Franco en 1940), Ildefons Cerdà
(concepteur de L'Eixample) et Joan
Gamper (alias Hans Gamper, fondateur
du FC Barcelone). De nombreuses
victimes de l'"épuration" franquiste
d'après-guerre reposent dans des
tombes sans inscription, la dernière
datant de 1974. Le cimetière se trouve à
800 m environ au sud-ouest de l'arrêt du
bus n°193. Sinon, le bus n°38 qui part de
la Plaça de Catalunya s'arrête, lui, tout
près de l'entrée du cimetière.

MUHBA Refugi 307
Site historique

(☎93 256 21 22 ; www.museuhistoria.bcn.
cat ; Carrer Nou de la Rambla 169 ; 3 € visite
guidée incluse ; ◎visites 11h-14h sam et dim ;
Ⓜ Paral.lel). Cet abri antiaérien, qui fait
partie du musée d'Histoire de Barcelone
(Museu d'Història de Barcelona,
MUHBA), date de l'époque de la guerre
civile. Barcelone était alors la ville la
plus touchée par les bombardements
aériens, et elle se dota de plus de
1 300 abris en prévention des attaques
aériennes. Les habitants du quartier
commencèrent à creuser celui-ci à
Montjuïc en mars 1937.
En deux ans, le réseau de galeries
atteignit progressivement 200 m,
avec, en théorie, une capacité d'accueil
de 2 000 personnes. Les visites de
30 minutes (en catalan ou en espagnol
– il faut réserver pour une visite en
français ou en anglais) relatent
ces anecdotes et bien d'autres.

🍴 Où se restaurer

Composé principalement de parcs
et de jardins, Montjuïc ne compte
pas de restaurants notables. En
revanche, dans le vieux quartier
d'El Poble Sec, on trouve d'excellentes
tables, allant des tavernes historiques
proposant des spécialités catalanes
à quelques établissements chics
et modernes.

El Poble Sec

Tickets
Catalan €€

(www.ticketsbar.es ; Avinguda del Paral.lel 164 ; tapas à partir de 4-12 € ; ☉déj et dîner ; Ⓜ Paral. lel). Établissement remarquable, le Tickets est le nouveau bar à tapas des frères Adrià : Ferran, du légendaire El Bulli, et Albert. Et contrairement à El Bulli, les tarifs sont ici abordables. Il faut toutefois pouvoir réserver une table (par Internet uniquement, et deux mois à l'avance). Le cadre extravagant et moderne joue sur le thème du cirque et des lumières de théâtre, tandis qu'au menu, on retrouve certaines merveilles d'El Bulli telles que l'"air baguette" – une baguette creuse recouverte de jambon ibérique, ou le délirant "cotton candy tree" (arbre de barbe à papa), composé de nuages de barbe à papa parsemés de fruits. Huîtres, ventrèche de thon et délicates peaux de poisson servies dans des cônes en papier sont proposées au bar de fruits de mer. À l'arrière, derrière le rideau, pénétrez dans le bar 41° pour des cocktails classiques un peu particuliers : on a retiré l'oxygène des glaçons, ce qui les fait briller comme des diamants.

Quimet i Quimet
Tapas €

(Carrer del Poeta Cabanyes 25 ; tapas 3-11 € ; ☉déj et dîner lun-ven, 12h-18h sam ; Ⓜ Paral. lel). Les générations se succèdent à la tête de Quimet i Quimet. L'espace, tapissé de bouteilles, est très réduit et l'on ne tient que debout, mais c'est un véritable paradis pour le palais. De nombreuses tapas gourmandes vous attendent ! Laissez-vous conseiller par les serveurs.

Xemei
Italien €

(☎ 93 553 51 40 ; Passeig de l'Exposició 85 ; plats 10-20 € ; ☉mer-lun ; Ⓜ Paral.lel). Xemei ("jumeaux", car l'endroit est tenu par deux frères vénitiens) est une porte ouverte sur Venise en plein Barcelone. Bercé par la douce musique jazz, vous pourrez déguster une entrée composée de *cichet* (tapas marines vénitiennes) variés, suivie d'un *bigoi in salsa veneziana* (spaghettis épais, sauce anchois et oignons).

Barramòn

Cuisine canarienne   €

📞 934 42 30 80 ; www.barramon.es ; Carrer de Blai 28 ; plats 6-14 € ; Ⓜ Paral.lel). Excellent petit bar rock'n'roll servant une cuisine canarienne dans la Carrer de Blai animée. Essayez la *Ropa Vieja* (beaucoup plus savoureuse que le plat éponyme cubain), délicieux bouillon de pois chiches et de porc effilé ; les *papas arrugadas* (pommes de terre nouvelles sauce épicée cuites au four) ; et l'*almogrote* (fromage fumé recouvert d'huile d'olive, d'ail et de poivron rouge).

Taverna Can Margarit   Catalan   €€

Carrer de la Concòrdia 21 ; plats 8-10 € ; 🕒 dîner lun-sam ; Ⓜ Poble Sec). Depuis des décennies, cette ancienne cave à vins reconvertie en taverne accueille des groupes dans une atmosphère souvent bruyante mais conviviale. La cuisine traditionnelle catalane est à l'honneur. Entouré de vieux tonneaux de vin, installez-vous sur un banc à une table et commandez un *conejo a la jumillana* (sauté de lapin servi avec de l'ail, de l'oignon, du laurier, du romarin, de la menthe, du thym et de l'origan).

La Bella Napoli   Pizzeria   €

(📞 93 442 50 56 ; www.bellanapoli.net ; Carrer de Margarit 14 ; pizzas 7-21 € ; 🕒 déj et dîner tlj ; Ⓜ Paral.lel). Les pizzerias ne manquent pas à Barcelone, mais celle-ci prépare la pizza comme à Naples. Les serveurs sont presque tous italiens et le font savoir !

Elche   Espagnol   €€

(📞 93 441 30 89 ; http://elcherestaurant. es/ ; Carrer de Vila i Vilà 71 ; plats 10-12 € ; 🕒 déj et dîner ; Ⓜ Paral.lel). Ici, les tables sont réparties sur deux niveaux dans un cadre à l'ancienne. Depuis les années 1960, on y sert l'une des meilleures paellas de Barcelone (il en existe de différentes sortes, dont la *fideuá*, une paella où les vermicelles remplacent le riz).

GRAFICART.NET / ALAMY © ARCHITECT: JOSEP LLUIS SERT

 Les incontournables
La fondation Joan Miró

Joan Miró, l'un des plus grands artistes espagnols du XXᵉ siècle, légua cette fondation à sa ville natale en 1971. Postée au milieu de la verdure, elle possède la plus importante collection au monde des œuvres de l'artiste : quelque 220 tableaux, plus de 180 sculptures, des œuvres textiles et plus de 8 000 dessins couvrant toutes les périodes. Seule une petite partie est exposée.

Les deux premières salles (11 et 12) contiennent des œuvres variées, dont une tapisserie géante déclinant ses couleurs primaires caractéristiques. La salle 13 vous mène au sous-sol à une petite pièce abritant des expositions temporaires.

Ensuite vient la salle 16, la Sala Joan Prats, qui abrite les œuvres des premières années de l'artiste jusqu'en 1931. On y voit comment le jeune Miró, influencé par le surréalisme, s'éloigna de son réalisme relatif (par exemple dans son tableau de 1917, *Ermita de Sant Joan d'Horta*) pour créer son propre style, composé des couleurs primaires et de formes symbolisant la lune, la femme et les oiseaux.

Ce thème se poursuit à l'étage dans la salle 17, la Sala Pilar Juncosa (du nom de sa femme), qui couvre les années 1932-1955, ses années surréalistes. Les salles 18 et 19 contiennent des chefs-d'œuvre des années 1956-1983, et la salle 20 une série de peintures sur papier. La salle 21 conserve une partie de la collection privée Katsuka des œuvres de Miró de 1914 aux années 1970. En chemin, vous découvrirez la *Fontaine de Mercure* d'Alexander Calder, une reconstitution d'une œuvre initialement conçue pour représenter l'Espagne au pavillon de la République espagnole à l'occasion de l'Exposition universelle de 1937 à Paris.

INFOS PRATIQUES

www.bcn.fjmiro.es ; Plaça de Neptu ; tarif plein/senior et enfant 10/7 € ; ⊙10h-20h mar, mer, ven et sam, jusqu'à 21h30 jeu, jusqu'à 14h30 dim et jours fériés ; 🚌 50, 55, 193, Paral·lel

Montjuïc

Miramar Méditerranéen, asiatique €€
📞93 443 66 27 ; www.club-miramar.es ;
Carretera de Miramar 40 ; plats 10-15 €, formule
plats le midi 19,50 € ; 🕐déj et dîner mar-sam,
déj dim ; 🚇50 et 193). La vue sur le front de
mer de Barcelone est le principal attrait de
ce restaurant doté de plusieurs terrasses
et d'une salle à manger design. Installé
au-dessus de la station du téléphérique
Transbordador Aeri, vous pourrez prendre
un café ou un repas élaboré agrémenté
d'une touche de créativité catalane
et méditerranéenne, ou choisir parmi
les nombreux plats asiatiques.

ⓦ Où prendre un verre et faire la fête

Quelques bars étonnants d'El Poble Sec
(qui signifie "village sec" !) constituent une
bonne entrée en matière avant de rejoindre
les clubs du fantaisiste Poble Espanyol.

La Caseta Del Migdia Bar
📞617 956 572, 93 301 91 77 ; www.lacaseta.
org ; Mirador del Migdia ; 🕐18h-2h30 jeu-sam,
11h-1h dim juin-sept, 12h-19h sam et dim oct-mai ;
🚇Paral.lel). Vos efforts pour parvenir à
ce simple *chiringuito* (café-bar de plage)
seront récompensés. La journée, on
peut y savourer une bière ou un café
en contemplant la mer. Au coucher
du soleil, l'atmosphère change, et une
musique d'ambiance (de la samba au
funk) flotte au-dessus des hamacs. Pour
vous y rendre, suivez le chemin de terre
longeant les murs du château de Montjuïc
ou empruntez le Passeig del Migdia –
repérez les panneaux pour le **Mirador del Migdia.**

Tinta Roja Bar
Carrer de la Creu dels Molers 17 ; 🕐20h30-
2h jeu, 20h30-3h ven et sam ; 🚇Poble Sec).
La succession de coins et de recoins,
aménagés avec un mobilier que l'on croirait
chiné aux Puces, et l'éclairage tamisé violet,
rouge et jaune, font de l'"'Encre rouge" un
endroit intimiste pour prendre un verre et
assister, à l'occasion, à un spectacle donné
dans l'arrière-salle – tout est possible,
du théâtre aux acrobaties.

Barcelona Rouge Bar
(📞93 442 49 85 ; Carrer del Poeta Cabanyes 21 ;
🕐23h-2h mar-jeu, 23h-3h ven et sam ; 📶 ;
🚇Poble Sec). Atmosphère décadente dans
ce bar à cocktails tout de rouge, où flottent
des airs d'acid jazz, de drum'n'bass et
d'autres rythmes apaisants.

Gran Bodega Saltó Bar
(http://bodegasalto.net ; Carrer de Blesa 36 ;
🕐19h-3h mer-sam, 12h-2h dim ; 🚇Paral.lel).
Comme en témoignent les rangées de
tonneaux, ce bar appartenait autrefois à
un marchand de vins. Après un relooking
psychédélique, avec d'étranges lampes,
des figurines et de vieilles publicités
pour de la bière chinoise, l'endroit attire
une clientèle plutôt éclectique.

Terrrazza Club
(www.laterrrazza.com ; Avinguda de Francesc
Ferrer i Guàrdia ; 10-20 € ; 🕐0h-5h jeu, 0h-6h
ven et sam ; 🚇Espanya). Une des meilleures
adresses de la ville pour danser en
été, la Terrrazza attire en masse les
beautiful people, aussi bien barcelonais
qu'étrangers, pour des nuits de musique
et de cocktails (en partie) sous les étoiles,
dans le complexe du Poble Espanyol.

✪ Où sortir

Sala Apolo Concerts
(📞93 441 40 01 ; www.sala-apolo.com ; Carrer
Nou de la Rambla 113 ; 6-12 € ; 🕐0h30-6h ven et
sam, 0h-5h dim-jeu ; 🚇Paral.lel). Dans ce beau
théâtre ancien revêtu de velours rouge, on
se croirait revenu aux Années folles. Plus
tôt dans la soirée, il y a généralement des
concerts très éclectiques, des groupes
locaux aux grands noms de la scène
internationale.

Parc Güell, Camp Nou et La Zona Alta

Les terrains vallonnés au nord de L'Eixample sont dominés par les paysages féeriques du parc Güell, l'une des plus formidables créations de Gaudí. Du haut de sa colline, il jouit d'une vue inégalée sur Barcelone.

Au sud se trouve l'ancien village de Gràcia, qui ne fut intégré à la ville qu'en 1897. De nos jours, ce quartier à l'atmosphère unique attire essentiellement des artistes, des expatriés, une faune branchée et de jeunes familles. Ses jolies places sont bordées de cafés, et ses ruelles étroites sont constellées de restaurants, de friperies et de bars.

À l'ouest de Gràcia s'étend La Zona Alta, la vaste et opulente "zone haute". On y trouve quelques sites d'intérêt, notamment le paisible monastère de Pedralbes et le charmant quartier de Sarrià. Plus au nord se dresse le Tibidabo, point culminant de la ville avec ses hectares de forêt, son joli panorama et son parc d'attractions. Vers le sud, non loin du quartier de Sants, voici le Camp Nou : le stade tant vénéré du FC Barcelona.

Le parc Güell (p. 178)

Parc Güell, Camp Nou et La Zona Alt
À ne pas manquer

Le parc Güell (p. 178)

Imaginez un film de Disney réalisé par Fellini et dont le scénario aurait été écrit par Tolkien c'est à cela que ressemble le parc Güell. Sa construction démarra en 1900, lorsque le com Eusebi Güell acheta une colline et confia à Gaudí la mission d'y aménager une ville miniat composée d'élégantes demeures et de jardins paysagers. Le projet fut un échec commerc mais le site, sauvé de l'abandon par la ville dans les années 1920, attira bientôt les foules.

Le Camp Nou (p. 183)

Deux équipes, le Real Madrid et le FC Barcelona, se disputent l'hégémonie du football espagnol. Cette dernière est actuellement considérée comm l'une des meilleures du monde, grâ au talent de véritables légendes vivantes comme Lionel Messi et Xa Hernández. Le stade du FC Barcelo le plus grand d'Europe, abrite un mu où sont palpables l'engouement pou le football et la profonde fierté catala

Le Cosmocaixa (p. 180)

③

Cet immense musée de la science, l'un des plus grands d'Europe, abrite une multitude d'expositions fascinantes explorant les secrets du monde de la nature. Vous pourrez vous promener dans la moiteur d'une forêt amazonienne, remonter le temps au beau milieu de formations géologiques et voyager jusqu'aux tréfonds du système solaire. Ses expositions interactives font le bonheur des enfants, à tel point qu'on y passe facilement une demi-journée (voire plus).

④

Le musée-monastère de Pedralbes (p. 181)

En périphérie de Barcelone se cachent de rares oasis de paix, notamment cet impressionnant monastère gothique catalan, admirablement préservé, du XIVe siècle. Ne manquez pas son cloître sur 3 étages, et sa chapelle aux murs peints. Les dortoirs ont été transformés en un musée d'art religieux dont certaines pièces remontent au XVIe siècle.

⑤

Le parc de Collserola (p. 187)

Allez prendre l'air du côté des collines ondulantes et des sentiers poussiéreux du parc de Collserola. Avec ses 8 000 ha (soit 8 fois la taille du bois de Vincennes, à Paris), Collserola est le plus grand parc municipal du monde, où il fait bon s'adonner à la course ou au cyclisme en profitant du panorama. Ses forêts abritent toutes sortes d'animaux, de l'aigle au sanglier sauvage.

Promenade dans La Zona Alta

Remontez quelques siècles en arrière à l'époque où La Zona Alta abritait de belles résidences secondaires, de somptueux jardins et des villages assoupis.

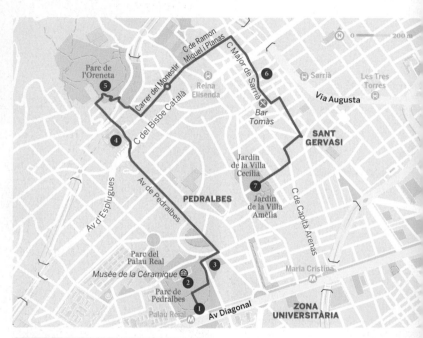

ITINÉRAIRE

- **Départ** Jardins du palais de Pedralbes
- **Arrivée** Jardins Vil·la Amèlia et Vil·la Cecilia
- **Distance** 5 km
- **Durée** 2 heures

❶ Jardins du palais de Pedralbes

Malgré son emplacement sur la bruyante Avinguda Diagonal, cet élégant petit **parc** est un havre de paix. Ses sentiers serpentent au milieu de massifs d'arbustes, de cèdres et de cyprès en passant devant une pergola recouverte de vigne imaginée par Gaudí. On y croise quelques sculptures, dont une urne du XVIIᵉ siècle et un nu signé Casanovas, l'un des sculpteurs emblématiques du mouvement noucentisti du début du XXᵉ siècle.

❷ Palais royal de Pedralbes

À l'extrémité nord du parc se dresse le **palais royal de Pedralbes** (p. 181), un bâtiment néoclassique construit entre 1926 et 1929. Ce dernier appartenait à la famille d'Eusebi Güe (le mécène de Gaudí), avant d'être cédé à la municipalité en 1926 et converti en résidence royale. C'est ici que résidait le roi Alphonse X lorsqu'il était de passage à Barcelone, et en 1936 le *palau* devint la résidence officielle de Manuel Azaña, le dernier président de la République espagnole. Il abrite aujourd'hui le musée de la Céramique.

3 Pavillons Güell

Les écuries et la maison du gardien dessinées par Gaudí pour la Finca Güell, le vaste domaine de la famille Güell, se dressent près de l'Avinguda de Pedralbes. Également connues sous le nom de **Pavillons Güell**, elles datent du milieu des années 1880 et témoignent du grand intérêt de Gaudí pour l'art mauresque. Un splendide dragon en fer forgé garde l'entrée.

4 Musée-monastère de Pedralbes

En remontant l'Avinguda de Pedralbes bordée d'arbres, vous atteignez le paisible **musée-monastère de Pedralbes** (p. 181). Ce couvent gothique et son ravissant cloître offrent un séduisant aperçu du quotidien des nonnes il y a plusieurs siècles.

5 Parc de l'Oreneta

Juste derrière le musée-monastère s'élèvent les pentes de ce **parc boisé** planté d'eucalyptus, de pins et de chênes. Peu fréquenté en semaine, il est plébiscité par les familles le week-end pour ses poneys et son petit train.

6 Sarrià

En suivant la paisible Carrer del Monestir vers l'est, découvrez quelques-unes des élégantes demeures que compte le quartier. Tournez à droite dans la Carrer Major de Sarrià, qui vous conduira au cœur de ce que fut jadis le village médiéval de **Sarrià**. Flânez dans les agréables rues et sur les places environnantes, puis goûtez aux meilleures *patates braves* (pommes de terre nappées d'une sauce tomate légèrement épicée) de la ville au **Bar Tomàs** (p. 189).

7 Jardins de la Villa Amèlia et de la Villa Cecilia

Plus loin en direction du sud-ouest, ces deux **jardins** appartenaient autrefois à une somptueuse résidence secondaire. Leurs allées ombragées serpentent entre les cyprès, les palmiers et les magnolias sont élégamment ornées de statues et de bassins. La Villa Amèlia du XIXe siècle abrite aujourd'hui le centre civique de Sarrià.

 Les meilleurs…

RESTAURANTS
La Balsa Cuisine catalane de premier choix servie sous de ravissantes vérandas avec vue. (p. 188)

Botafumeiro Grand classique de la gastronomie galicienne. (p. 183)

El Aasador de Aranda D'excellentes grillades de viande dans une salle moderniste. (p. 188)

BARS
Mirablau Clientèle sympathique et vue panoramique depuis le Tibidabo. (p. 190)

Raïm Un parfum de Havane flotte sur ses mojitos. (p. 189)

La Nena L'un des cafés de quartier les plus appréciés de Gràcia. (p. 186)

POINTS DE VUE
Parc de Collserola Un parc de 8 000 ha dans les collines. (p. 187)

Temple del Sagrat Cor Coiffé d'une immense statue de Jésus, avec ascenseur jusqu'au sommet. (p. 187)

Torre de Collserola Tour de 288 m avec ascenseur de verre et plate-forme d'observation. (p. 187)

Parc Güell Un panorama dégagé sur la ville et la mer. (p. 178)

Observatoire Fabra Vue télescopique de l'espace. (p. 181)

Les incontournables
Le parc Güell

Le parc Güell – un jardin public féerique initialement conçu comme une ville fermée pour riches Barcelonais – s'étend sur les collines au nord du centre-ville. Avec cette création, l'une des plus appréciées du public, Gaudí s'est essayé au paysagisme, et le résultat est une vaste étendue verdoyante parsemée de structures originales dont les mosaïques scintillent au soleil. À l'issue de la visite, l'impression qui subsiste est celle d'un endroit où l'artifice semble presque plus naturel que la nature elle-même.

Plan p. 184

☏ 93 413 24 00

Carrer d'Olot 7

Entrée libre

🕐 10h-21h juin-sept, 10h-20h avr, mai et oct, 10h-19h mars et nov, 10h-18h déc-fév

🚌 24, Ⓜ Lesseps ou Vallcarca

Historique

En 1900, le comte Güell acheta une colline arborée et demanda à Gaudí d'en faire une cité-jardin pour personnes aisées. Échec commercial, le projet fut abandonné en 1914 mais, Gaudí avait déjà créé 3 km de routes, d'allées et d'escaliers, deux pavillons et une place. En 1922, la municipalité racheta le terrain et le transforma en jardin public. En grande partie arboré, le parc est sillonné d'allées. Le secteur qui s'étend au sud-ouest de la croix du Turó del Calvari offre les plus beaux panoramas sur la ville.

La Sala Hipóstila (temple dorique)

Gardé par une salamandre en mosaïque, l'escalier de l'entrée conduit à la Sala Hipóstila (ou temple dorique). Cette forêt de 84 colonnes de pierre devait abriter un marché. Une galerie tout en ondulations part sur la gauche. Ses colonnes nervurées et son toit de pierre évoquent un cloître au milieu des racines d'un arbre, thème que l'on retrouve dans tout le parc.

Le banc de *trencadís*

L'esplanade en surplomb de la Sala Hipóstila est délimitée par un banc de *trencadís* (mosaïque), qui ondule comme un serpent multicolore. Il a été conçu par le bras droit de Gaudí, l'architecte Josep Maria Jujol (1879-1949). Avec Gaudí, rien n'est fait au hasard. Cette plate-forme géante a été conçue pour recueillir les eaux de pluie ruisselant à flanc de colline. L'eau est filtrée à travers une couche de pierres et de sable et s'écoule le long des colonnes jusqu'à un réservoir souterrain.

La maison-musée de Gaudí

La maison au toit hérissé de flèches à la droite de l'entrée est la Casa-Museu Gaudí, dans laquelle l'architecte résida les vingt dernières années de sa vie (1906-1926). Elle renferme des meubles qu'il a conçus (dont certains ont autrefois orné La Pedrera, la Casa Batlló et la Casa Calvet) et d'autres objets personnels.

Le parc Güell
de Gonzalo Salaya Ventura

GUIDE TOURISTIQUE CHEZ ICONO SERVEIS CULTURALS

1 LES PAVILLONS D'ENTRÉE
L'entrée du Parc Güell est flanquée de deux pavillons que l'on voit mieux d'en haut. On y retrouve les caractéristiques propres à Gaudí : les formes hyperboliques, l'utilisation de la brique et de la céramique, les tours coiffées d'une croix, ainsi qu'une incroyable décoration.

2 LA SALAMANDRE
La plus célèbre création du parc est cette impressionnante créature recouverte de mosaïque, qui représenterait une salamandre. Comme c'est le cas pour de nombreuses œuvres de Gaudí, la sculpture allie esthétique et pratique en conduisant l'eau d'un réservoir souterrain aux maisons (qui ne furent pas construites).

3 LA SALA HIPÓSTILA
Située sous la place principale, la salle aux 100 colonnes – ou Sala Hipóstila – possède un incroyable plafond orné de céramique, de verre et même de bouteilles. Gaudí y composa des formes organiques (soleils, vagues et autres formes inspirées de la nature) à l'aide de la technique du *trencadís* (p. 217).

4 LA CARIATIDE
En descendant les escaliers conduisant à la salamandre à droite de la place, on accède à un porche "diagonal" orné de colonnes inclinées. Presque dissimulée au milieu, on aperçoit une cariatide (sculpture de femme servant de support) renvoyant à la Grèce antique, mais à laquelle Gaudí a donné l'apparence, plus contemporaine, d'une blanchisseuse.

5 LE TURÓ DEL CALVARI
L'œuvre de Gaudí est truffée de symbolisme religieux, et le parc Güell ne fait pas exception. Ainsi les trois croix plantées au sommet du Turó del Calvari évoquent la crucifixion du Christ et des deux voleurs sur le Golgotha. Vues d'un certain angle, les trois croix n'en font plus qu'une.

Découvrir le parc Güell, le Camp Nou et La Zona Alta

Comment circuler

- **Métro** Prendre la ligne 3 vers Canyelles pour Gràcia (station Fontana) et le parc Güell (station Vallcarca) ou vers Zona Universitária pour le palais royal de Pedralbes et le Camp Nou (station Palau Reial).
- **Train** Les trains FGC permettent de rejoindre facilement le Tibidabo (station Tibidabo), Sarrià (station Sarrià) et le musée-monastère de Pedralbes (station Reina Elisenda).
- **Tramway** En sortant de la station Avinguda de Tibidabo, le *tramvia blau* remonte jusqu'à la Plaça del Doctor Andreu, où vous pourrez prendre le funiculaire jusqu'au sommet du Tibidabo.

Le palais royal de Pedralbes
POSZTOS (COLORLAB.HU) / SHUTTERSTOCK ©

À voir

Gràcia

Parc Güell Par

(Park Güell) Voir p. 178

GRATUIT **Marché de la Llibertat** March

(Plan p. 182 ; ☎93 217 09 95 ; Plaça de la Llibertat ; 8h-20h30 lun-ven, 8h-15h sam ; FGC Gràcia) Construit dans les années 1870, ce "marché de la Liberté" fut couvert en 1893 dans un style moderniste, avec une abondance de fer forgé.

La Zona Alta

Cosmocaixa Musé

(Museu de la Ciència ; plan p. 184 ; ☎93 212 60 50 ; www.fundacio.lacaixa.es ; Carrer de Isaac Newton 26 ; tarif adulte/enfant 3/2 € ; 10h-20h mar-dim ; 60, FGC Avinguda Tibidabo). L'une des attractions phares de la ville, il ravit les enfants, petits et grands. Point fort du musée, la reconstitution, sur plus de 1 km², d'une mangrove amazonienne *(Bosc Inundat)*. Une centaine d'espèces animales et végétales amazoniennes, dont des anacondas, des dendrobates et quelques caïmans, peuplent ce biotope unique dans lequel vous aurez même l'opportunité de vivre une averse tropicale. Une autre section originale présente le Mur géologique *(Mur Geològic)*, un mur de 90 tonnes formé de sept immenses blocs de pierre.

Ces éléments et d'autres, présentés au 5e sous-sol (le musée est en grande partie souterrain), couvrent toutes sortes

Parc de la Collserola — **TIBIDABO**
Parc de la Creueta del Coll
Parc Esportiu del Guinardó
Voir plan La Zona Alta (p. 184)
VALLCARCA
Parc Güell
EL GUINARDÓ
VALLVIDRERA
EL CARMEL
LA DRETA DE L'EIXAMPLE
SARRIÀ SANT GERVASI
SANT GERVASI DE CASSOLES
SAGRADA FAMÍLIA
SARRIÀ
GRÀCIA
Parc de l'Oreneta
Voir plan Gràcia (p. 182)
SANT GERVASI
LA DRETA DE L'EIXAMPLE
Jardins del Poeta Eduard Marquina
L'EIXAMPLE
EL FORT PIENC
PEDRALBES
L'ESQUERRA DE L'EIXAMPLE
Parc de Pedralbes
Parc de Cervantes
ZONA UNIVERSITÀRIA
LA RIBERA
LES CORTS
SANTS
Parc de l'Espanya Industrial
Parc de Joan Miró
EL RAVAL

d'aspects captivants de la science, des fossiles à la physique, de l'alphabet au cosmos.

Palais royal de Pedralbes Palais
(Plan p. 184 ; ☎ 93 256 34 65 ; Avinguda Diagonal 686 ; tarif plein/étudiant et senior 6/3 €, gratuit 1er dim du mois et 15-18h dim ; ☺ musée 10h-18h mar-dim, 10h-15h jours fériés, parc 10h-18h tlj ; Ⓜ Palau Reial). Précédé par de ravissants jardins, le Palau Reial est une élégante propriété datant des années 1920, accueillant aujourd'hui le **musée de la Céramique** (plan p. 184 ; www. museuceramica.bcn.es). Vous pourrez y admirer une superbe collection de céramiques espagnoles couvrant une période allant du Xe au XIXe siècle, notamment quelques œuvres de Picasso et de Miró.

Observatoire Fabra Observatoire
(Plan p. 184 ; ☎ 93 431 21 39 ; www.fabra. cat ; Carretera del Observatori ; entrée 10 € ; ☐ Avinguda Tibidabo ☐ Tramvia blau). Inauguré en 1904, cet observatoire moderniste accueille toujours un groupe de chercheurs. Certains soirs, il est

ouvert au public, qui peut alors observer les étoiles au moyen d'un immense télescope ancien. Il est indispensable de réserver pour les visites (en catalan ou en espagnol). De mi-juin à mi-septembre, participez au Sopars amb Estrelles (dîner sous les étoiles). Le taxi est le moyen le plus simple de se rendre à l'observatoire.

Museu-Monestir de Pedralbes

Musée-monastère de Pedralbes Monastère
(Plan p. 184 ; ☎ 93 256 34 34 ; www. museuhistoria.bcn.cat ; Baixada del Monestir 9 ; adulte/enfant 7/5 € ; ☺ 10h-17h mar-sam, jusqu'à 20h dim ; ☐ FGC Reina Elisenda, ☐ 22, 63, 64 ou 75). Ouvert au public pour la première fois en 1983, ce paisible monaqtère abrite désormais un musée de la vie monastique. Les quelques religieuses qui l'occupaient encore vivent non loin, dans des bâtiments plus modernes.

Construit au début du XIVe siècle, le cloître à trois niveaux est l'un des joyaux de l'architecture gothique catalane. En suivant la galerie vers la droite, vous

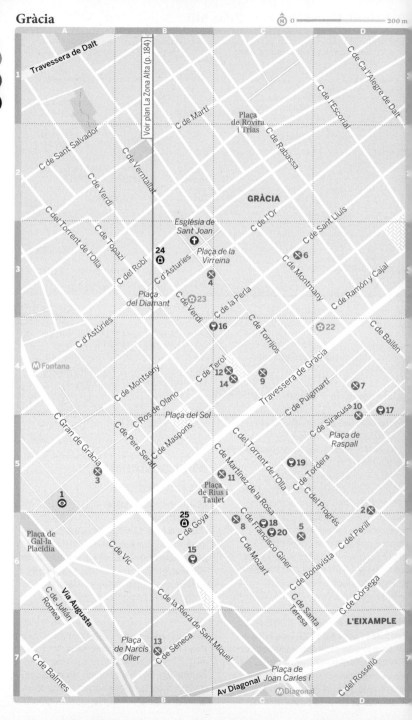

DÉCOUVRIR LE PARC GÜELL, LE CAMP NOU ET LA ZONA ALTA À VOIR

Travessera de Dalt

Voir plan La Zona Alta (p. 184)

C de Ca l'Alegre de Dalt

C de l'Escorial

C de Sant Salvador

C de Martí

Plaça de Rovira i Trias

C de Rabassa

C de Verdi

C de Verntallat

GRÀCIA

C del Torrent de l'Olla

C de Topazi

C de l'Or

C de Sant Lluís

Església de Sant Joan

C del Robí

C d'Astúries

Plaça de la Virreina

C de Sant Joan

6

24

4

C de Montmany

C de Ramón y Cajal

Plaça del Diamant

C de Verdi

23

C de la Perla

C d'Astúries

16

C de Torrijos

22

C de Bailén

Fontana

C de Monsteny

C de Terol

12

14

9

Travessera de Gràcia

C de Puigmartí

7

C de Ros de Olano

Plaça del Sol

C de Siracusa

10

17

C Gran de Gràcia

C de Pere Serafí

C de Maspons

C del Torrent de l'Olla

Plaça de Raspall

C de Tordera

1

C de Martínez de la Rosa

19

C del Progrés

11

Plaça de Rius i Taulet

2

25

C de Goya

8

C de Francisco Giner

18

20

5

C del Perill

Plaça de Gal·la Placídia

C de Vic

15

C de Mozart

C de Bonavista

C de Còrsega

C de la Riera de Sant Miquel

C de Santa Teresa

L'EIXAMPLE

Via Augusta

C de Julián Romea

Plaça de Narcís Oller

13

C de Seneca

Plaça de Joan Carles I

C del Rosselló

C de Balmes

Av Diagonal

Diagonal

Gràcia

découvrirez la chapelle Saint-Michel, dont les peintures murales furent exécutées en 1346 par Ferrer Bassá, l'un des plus anciens peintres catalans connus.

Camp Nou Stade
(Plan p. 184 ; ☎ 93 496 36 00 ; www.fcbarcelona. com ; Carrer d'Aristides Maillol ; adulte/enfant 23/17 € ; ⊙10h-20h lun-sam, jusqu'à 14h30 dim ; Ⓜ Palau Reial). Comptant parmi les lieux les plus visités de Barcelone, l'immense Camp Nou ("nouveau terrain" en catalan) est le stade du légendaire Futbol Club Barça. Les fans de football ne pouvant assister à un match se consoleront en visitant le musée, qui propose un fascinant espace multimédia, et en se joignant à une visite guidée du stade.

 Où se restaurer

Gràcia

Ce quartier animé offre toutes sortes d'établissements, des simples bars à tapas aux restaurants de fruits de mer. Gràcia compte de nombreux restaurants moyen-orientaux aussi sympathiques que bon marché. Vous y trouverez aussi plusieurs tavernes catalanes traditionnelles très appréciées de la population locale. Les abords du parc Güell sont d'un intérêt moindre.

Botafumeiro Poisson et fruits de mer €€
(Plan p. 182 ; ☎ 93 218 42 30 ; www.botafumeiro. es ; Carrer Gran de Gràcia 81 ; repas 15-25 € ; ⊙13h-1h ; Ⓜ Fontana). Il serait difficile de ne pas citer ce haut lieu des spécialités de la mer à la galicienne, qui attire depuis longtemps les VIP de passage. Goûtez les *percebes*, ou pouces-pieds, des crustacés que l'on ramasse sur la côte galicienne et que beaucoup d'Espagnols considèrent comme le summum en matière de fruits de mer.

Sureny Catalan €
(Plan p. 182 ; ☎ 93 213 75 56 ; Plaça de la Revolució de Setembre de 1868 ; repas 8-10 € ; ⊙mar-dim ; Ⓜ Fontana). Ce restaurant sans prétention est passé maître dans l'art des tapas et *raciones* gastronomiques, des délicieuses *vieiras* (Saint-Jacques) au *secreto ibérico*, pièce de porc particulièrement savoureuse (l'équivalent porcin de l'aisselle).

O'Gràcia! Méditerranéen €€
(Plan p. 182 ; Plaça de la Revolució de Setembre de 1868, 15 ; repas 10-12 € ; ⊙mar-sam ; Ⓜ Fontana). Une adresse appréciée à l'heure du déjeuner, avec un *menú del día* d'un excellent rapport qualité/prix à

La Zona Alta

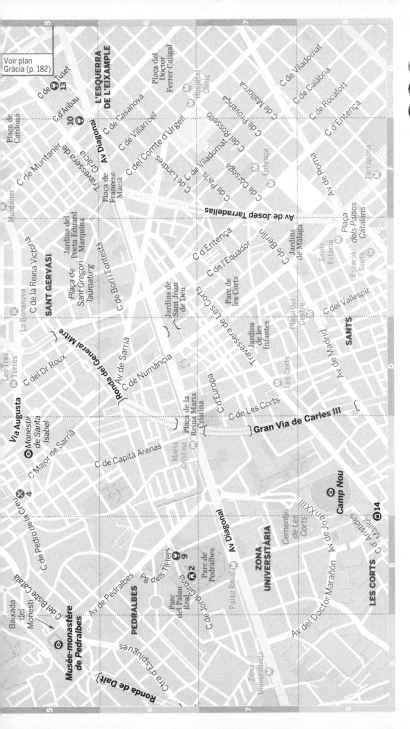

La Zona Alta

10,50 €. L'*arròs negre de sepia* (riz noir à la seiche) constitue une bonne entrée, suivie d'un choix limité de viandes ou de poissons, avec des légumes.

La Nena   Café €

(Plan p. 182 ; ☎ 93 285 14 76 ; Carrer de Ramon i Cajal 36 ; ⏱ 9h-14 et 16-22h lun-sam, 10h-22h dim et jours fériés ; Ⓜ Fontana). C'est à une équipe française que l'on doit cet établissement délicieusement chaotique où l'on déguste de savoureux chocolats chauds (les *suïssos*) accompagnés d'une assiette de crème fouettée maison et de *melindros* (un genre de biscuits à la cuillère), de bons desserts et même quelques plats salés (dont des crêpes).

Roig Robí   Catalan €€

(Plan p. 182 ; ☎ 93 218 92 22 ; www.roigrobi. com ; Carrer de Sèneca 20 ; repas 15-20 € ; ⏱ déj et dîner lun-ven, dîner sam ; Ⓜ Diagonal). Un temple de la cuisine traditionnelle raffinée. Les *textures de carxofes*

amb vieires a la plantxa (artichauts aux Saint-Jacques grillées) sont extraordinaires. Le Roig Robí propose aussi plusieurs plats à base de riz et produits de la mer, et, si l'appétit vous manque, on peut commander une demi-portion.

Con Gracia   Fusion €€€

(Plan p. 182 ; ☎ 93 238 02 01 ; www. congracia.es ; Carrer de Martínez de la Rosa 8 ; formule 59 € ; ⏱ déj et dîner mar-ven, dîner sam ; Ⓜ Diagonal). Ce petit établissement (20 couverts maximum) a l'originalité de proposer une cuisine méditerranéenne teintée d'influences asiatiques. Seuls les groupes sont acceptés le midi. Réservez.

Ipar-Txoko   Basque €€€

(Plan p. 182 ; ☎ 93 218 19 54 ; Carrer de Mozart 22 ; repas 40-50 € ; ⏱ mar-sam sept-juil ; Ⓜ Diagonal). L'atmosphère de ce restaurant basque est traditionnelle et chaleureuse. Natif de Getxo, Mikel est un spécialiste de la cuisine du Nord de l'Espagne et prépare notamment un succulent *chuletón* (côte de bœuf pour deux... voire plus !) ou une délicieuse *tortilla de bacalao* (omelette épaisse à la morue).

Bilbao   Espagnol €€

(Plan p. 182 ; ☎ 93 458 96 24 ; Carrer del Perill 33 ; repas 10-15 € ; ⏱ lun-sam ; Ⓜ Diagonal). Derrière une devanture qui ne paie pas de mine, le Bilbao est en fait une véritable institution, où il est impératif de réserver. La salle située à l'arrière, avec ses murs tapissés de bouteilles, ses solides tables en bois et son éclairage jaune évoquant une taverne de campagne, fera surtout le bonheur des amateurs de viande, quoique quelques poissons figurent également à la carte.

Lac Majùr   Italien €€€

(Plan p. 182 ; ☎ 93 285 15 03 ; Carrer de Tordera 33 ; repas 25 € ; ⏱ lun-sam ; Ⓜ Verdaguer). Dans ce confortable petit coin d'Italie du Nord vous attendent toutes sortes de délices, notamment les spécialités de la maison : les gnocchis et les *trofie*.

l Glop — Catalan **€€€**

Plan p. 182 ; ☏ 93 213 70 58 ; www. vernaelglop.com ; Carrer de Sant Lluís 24 ; repas 25 € ; Ⓜ Joanic). Un restaurant de style catalan rustique, avec ses nappes à carreaux et sa cuisine simple et savoureuse de plats roboratifs, comme le *bistec a la brasa* (steak à la braise), pourquoi pas précédé d'*albergínies farcides* (aubergines farcies) ou de *calçots* (variété d'oignons blancs et tendres que l'on mange grillés et trempés dans une sauce spéciale) en hiver.

limali — Népalais **€€**

Plan p. 182 ; ☏ 93 285 15 68 ; Carrer de Milvà Fontanals 60 ; repas 15-20 € ; ☾ mar-dim ; ♪ ; Ⓜ Joanic). Simple et spacieux, avec un service quelque peu bougon et des sets de table en papier, l'Himali est une excellente adresse pour les amateurs de cuisine népalaise et les végétariens.

Nou Candanchú — Tapas **€**

(Plan p. 182 ; ☏ 93 237 73 62 ; Plaça de la Vila de Gràcia 9 ; repas 5-7 € ; ☾ mer-lun ; Ⓜ Fontana). Adresse la plus animée de la place, le Nou Candanchú connaît un franc succès pour différentes raisons : sa terrasse ensoleillée et tout un choix d'*entrepans* (sandwichs) géants, qui font sa renommée.

Cantina Machito — Mexicain **€**

(Plan p. 182 ; ☏ 932 17 34 14 ; Carrer Torrijos 47 ; repas 8-11 € ; ☾ 13-16h, 19h-1h30 ; Ⓜ Fontana ou Joanic). Le long de la verdoyante Carrer

Le Tibidabo

Encadrant le nord de la ville, la colline boisée du Tibidabo, qui s'élève à 512 m, est le point culminant de la Serra de Collserola. Outre la vue magnifique qui s'offre depuis le sommet, le Tibidabo vaut le détour pour son parc de 8 000 ha, son parc d'attractions à l'ancienne, sa tour de télécommunications équipée d'une plate-forme panoramique et une église visible depuis de nombreux endroits.

Les Barcelonais désireux de s'échapper de la ville sans pour autant aller trop loin se rendent dans les hauteurs, au **parc de Collserola** (☏ 93 280 35 52 ; www. parcnaturalcollserola.cat ; Carretera de l'Església 92 ; ☾ Centre d'Informació 9h30-15h, Can Coll 9h30-15h dim et jours fériés, fermé juil et août ; Ⓡ FGC Peu del Funicular, Baixador de Vallvidrera), aménagé dans les collines. L'endroit se prête idéalement aux promenades à pied ou à vélo et compte de nombreux petits restaurants. Procurez-vous une carte au centre d'information.

Le **Temple del Sagrat Cor** (église du Sacré-Cœur ; ☏ 93 417 56 86 ; Plaça de Tibidabo ; entrée libre, ascenseur 2 € ; ☾ 8h-19h, ascenseur 10h-19h) domine la plus haute station du funiculaire. Érigé entre 1902 et 1961, il mélange les styles et une certaine influence moderniste. Du haut de son perchoir, il est aussi visible que son homonyme parisien, le Sacré-Cœur.

Les Barcelonais se rendent au Tibidabo principalement en raison de son **parc d'attractions** (☏ 93 211 79 42 ; www.tibidabo.cat ; Plaça de Tibidabo 3-4 ; adulte/enfant 25,20/9 € ; ☾ fermé jan-fév), proche de la dernière station du funiculaire.

Haute de 288 m, la **tour de Collserola** (Torre de Collserola ; plan p. 184 ; ☏ 93 406 93 54 ; www.torredecollserola.com ; Carretera de Vallvidrera al Tibidabo ; adulte/enfant 5/3 € ; ☾ 12h-14h et 15h15-20h mer-dim juil et août, 12h-14h et 15h15-18h sam, dim et jours fériés sept-juin, fermée jan et fév ; Funicular de Vallvidrera, 🚌 111) est une tour de télécommunications conçue par Norman Foster et achevée en 1992. La plate-forme panoramique, perchée à 115 m de haut, offre une vue magnifique : on peut voir à 70 km alentour par temps clair.

Torrijos, ce restaurant coloré visiblement dévoué au culte de Frida Kahlo attire une foule de gens du coin. Sa terrasse est plaisante pour manger et boire jusque tard. On y sert tous les grands classiques de la cuisine mexicaine (*quesadillas*, *tacos*, *enchiladas*, etc.) ainsi que de l'eau glacée parfumée au miel et au citron, à la menthe et aux fruits, incroyablement rafraîchissante.

La Zona Alta

La Zona Alta, du Tibidabo à Pedralbes, en passant par Sant Gervasi (jusqu'à l'Avinguda Diagonal, à l'ouest de Gràcia) abrite certaines des meilleures tables de la ville.

La Balsa   Méditerranéen   €€€

(Plan p. 184 ; ☏ 93 211 50 48 ; www.labalsarestaurant.com ; Carrer de la Infanta Isabel 4 ; plats 18-24 € ; ☉ déj mar-dim, dîner lun-sam, dîner 21h-0h en août ; ☒ FGC Avinguda Tibidabo). Avec son imposant plafond et sa terrasse entourée d'un jardin odorant, cette table se classe parmi les meilleures de la ville. La carte change fréquemment et mêle tradition catalane et originalité. Avant de passer à table, prenez le temps de siroter un cocktail au bar.

El Asador de Aranda   Espagnol   €€

(Plan p. 184 ; ☏ 93 417 01 15 ; www.asadordearanda.com ; Av del Tibidabo 31 ; plats 20-22 € ; ☉ fermé dim dîner ; ☒ FGC Avinguda Tibidabo). Adresse idéale où se rassasier après avoir visité le Tibidabo, El Asador de Aranda occupe un saisissant édifice Art nouveau avec vitraux, arches mauresques en brique et plafonds ouvragés. Vous y trouverez un beau choix d'assiettes de tapas à partager, mais la spécialité demeure la viande (rôti d'agneau, côtelettes, bœuf), magnifiquement préparée au four.

Restaurant Molina   Catalan   €

(Plan p. 184 ; ☏ 93 417 11 24 ; www.restaurantemolina.net ; Passeig de Sant Gervasi 65 plats 9-16 € ; ☉ 13h-0h30 lun-ven, 11h-17h sam et dim ; ☒ FGC Avinguda Tibidabo). Avec ses tables en terrasse et son bar sans cachet, rien ne

Ci-contre : Elephant (p. 190) ; **ci-dessous :** Le Temple del Sagrat Cor (p. 187)

...istingue à première vue le ...Molina des autres bars à tapas, ...mais l'arrière-salle dissimule l'un des ...meilleurs restaurants catalans du quartier.

Bar Tomàs — Tapas €
Plan p. 184 ; 📞 93 203 10 77 ; Carrer Major ...e Sarrià 49 ; tapas 3-5 € ; 🕐 12h-22h ...eu-mar ; 🚉 FGC Sarrià). De nombreux ...Barcelonais proclament depuis ...ongtemps que le Bar Tomàs est de ...oin la meilleure adresse de la ville pour ...es *patatas bravas* (pommes de terre ...ccompagnées d'une sauce tomate ...égèrement relevée), préparées ici ...elon une variante particulière de la ...ecette traditionnelle. C'est un bar ...imple et rustique, mais cela n'empêche ...pas les habitants aisés de Sarrià d'y ...ffluer, notamment pour déjeuner ...e week-end.

Foix De Sarrià — Pâtisseries €
Plan p. 184 ; 📞 93 203 04 73 ; www.foixdesarria. ...om ; Plaça de Sarrià 12-13 ; desserts 2-5 € ; 🕐 8h- ...0h ; 🚉 FGC Reina Elisenda). Cette pâtisserie

d'exception vend de succulents desserts, gâteaux et sucreries depuis 1886.

🍷 Où prendre un verre et faire la fête

Gràcia est un quartier insolite, un monde à part entière, peuplé de jeunes buveurs de bière, avec des bars musicaux branchés et quelques-uns des plus grands clubs de la ville.

Gràcia

Raïm — Bar
(**Plan p. 182** ; Carrer del Progrés 48 ; 🕐 20h-2h30 ; Ⓜ Diagonal). Mur tapissé de photos en noir et blanc de Cuba, chaises fatiguées installées autour de tables en marbre, grands miroirs encadrés accrochés aux murs... bref, un lieu comme on n'en fait plus !

Alfa
Bar

(Plan p. 182 ; ☎93 415 18 24 ; Carrer Gran de
Gràcia 36 ; ⏱23h-3h30 jeu-sam ; Ⓜ Diagonal).
Grand classique de Gràcia, ce bar et mini-
discothèque attire les amateurs
de bon vieux rock.

La Baignoire
Bar à vinS

Plan p. 182 (Carrer de Verdi 6 ; ⏱19h-2h30
dim-jeu, 19h-3h ven et sam ; Ⓜ Fontana). Ce
bar minuscule et accueillant est souvent
bondé. Installez-vous autour d'une table
haute et commandez du vin au verre, une
bière ou un cocktail. Parfait pour boire un
verre avant ou après une toile au Verdi,
le cinéma voisin.

La Cigale
Bar

Plan p. 182 (☎93 457 58 23 ; http://
poesialacigale.blogspot.co.uk ; Carrer de
Tordera 50 ; ⏱18h-2h30 dim-jeu, 18h-3h
ven et sam ; Ⓜ Joanic). Une adresse chic
pour boire un cocktail (ou deux pour
8 € avant 22h) et écouter de la poésie.
Accoudez-vous au comptoir en zinc,
enfoncez-vous dans un fauteuil de
récup' autour d'une petite table ou
découvrez l'étage. La musique est
douce, les conversations vont bon train
et des films de Chaplin sont souvent
diffusés sur la télévision.

Le Journal
Bar

Plan p. 182 (☎93 218 04 13 ; Carrer de Francisco
Giner 36 ; ⏱18h-2h30 dim-jeu, 18h-3h ven et
sam ; Ⓜ Fontana). Les étudiants apprécient
ce bar étroit à l'ambiance feutrée où
les murs et le plafond sont tapissés de
journaux. Allongé dans un vieux fauteuil,
vous pourrez lire les gros titres de
l'année dernière !

Sabor A Cuba
Bar

Plan p. 182 (Carrer de Francisco Giner 32 ; ⏱22h-
2h30 lun-jeu, 22h-3h ven et sam ; Ⓜ Diagonal).
Tenu depuis 1992 par Angelito,
charismatique enfant de La Havane,
ce royaume du *ron y son* (rhum et son)
attire une clientèle mêlant Cubains et
amoureux de l'île caribéenne, venus boire
des mojitos et danser. L'endroit est petit,
mais l'ambiance est festive.

La Zona Alta

Le nord de l'Avinguda Diagonal est le
royaume des *pijos*, ces "fils à papa"
exhibant leur bronzage et leurs vêtement
de marque au volant d'une Audi ou d'un
4x4. Vous les verrez partout, des bars
de la Carrer de Marià Cubí (et des rues
environnantes) aux clubs de la Carrer
d'Aribau ou du Tibidabo.

Mirablau
Ba

Plan p. 184 (Plaça del Doctor Andreu ; ⏱11h-4h3
dim-jeu, 11h-5h ven et sam ; ℞ FGC Avinguda
Tibidabo puis 🚋 Tramvia Blau). Ce restaurant
situé sur le chemin du Tibidabo offre une
vue imprenable sur la ville. En bas, la foul
se presse sur la minuscule piste de dans
L'été, il est possible de prendre l'air sur la
terrasse... encore plus petite !

Elephant
Clu

Plan p. 184 (☎93 334 02 58 ; www.elephantbcn.
com ; Passeig dels Til.lers 1 ; ⏱23h30-4h
jeu, 23h30-5h ven et sam ; Ⓜ Palau Reial).
Entrer dans cette discothèque donne
l'impression d'avoir été invité à une fête
privée de Beverly Hills. Les mannequins
et les starlettes se mêlent à des garçons
fort bien habillés. La grande piste, sous
une sorte de chapiteau, est la principale
attraction, quoique, en été, les bars
du jardin ont également du succès.

Otto Zutz
Clu

Plan p. 184 (www.ottozutz.com ; Carrer de
Lincoln 15 ; 15 € ; ⏱0h-6h mar-sam ; ℞ FGC
Gràcia). Les *beautiful people* n'ont qu'à
se présenter pour accéder à cette
discothèque sur trois étages. Au rez-de-
chaussée, on se déchaîne sur de la house
et en haut, c'est plutôt le funk et la soul
qui donnent le ton.

Sutton The Club
Clu

Plan p. 184 (www.thesuttonclub.com ; Carrer
de Tuset 13 ; 15 € ; ⏱0h-5h mer-jeu, 0h-6h
ven et sam, 22h30-4h dim ; Ⓜ Diagonal). Une
discothèque classique : avec les tubes
du moment sur la piste, de la house au
deuxième bar et une foule de créatures
de rêve, on comprend pourquoi les

tards des bars alentour s'y retrouvent toujours.

uz de Gas
Club

lan p. 184 (☎ 93 209 77 11 ; www.luzdegas.com ; arrer de Muntaner 246 ; entrée jusqu'à 20 € ; ⏱23h30-6h ; Ⓜ Diagonal puis 🚌 6, 7, 6, 27, 32, 33, 34, 58 ou 64). Plusieurs soirs ar semaine, ce club installé dans un ncien théâtre accueille des concerts e soul, country, salsa, rock, jazz et pop. partir de 2h, les lieux se muent en ne discothèque qui séduit une lientèle branchée. La musique arie selon les jours.

 ## Où sortir

leliogàbal
Concerts

lan p. 182 (www.heliogabal.com ; Carrer de amón i Cajal 80 ; ⏱21h-2h dim-jeu, 21h-3h en et sam ; Ⓜ Joanic). Ce bar compact est ne véritable ruche, dans laquelle on ne ait jamais à quoi s'attendre. Outre les xpositions d'art et les lectures de poésie, ous serez agréablement surpris par éclectique programmation de concerts.

'erdi
Cinéma

lan p. 182 (☎ 93 238 79 90 ; www.cines-verdi. om ; Carrer de Verdi 32 ; Ⓜ Fontana). L'un es cinémas indépendants les plus opulaires, proche des restaurants et ars de Gràcia, pour précéder u prolonger la séance d'un verre u d'un repas.

 ## Shopping

Gràcia
Jne promenade dans les rues étroites de Gràcia réserve toutes sortes de surprises.

De plus en plus de petites boutiques s'y installent, vendant aussi bien des vêtements que des babioles. La Carrer de Verdi regorge de boutiques de vêtements intéressantes.

A Casa Portuguesa
Portugais

Plan p. 182 (☎ 933 68 35 28 ; www. acasaportuguesa.com, en espagnol ; Carrer de Verdi 58 ; ⏱17-22h mar-ven, 11h-15h et 17h-22h sam et dim ; Ⓜ Fontana). C'est l'endroit où se rendre pour les meilleurs *pastéis de nata* (petits flans typiquement portugais) de la ville. Ce delicatessen propose toutes sortes d'autres produits portugais – fromages, pâtisseries et vins – et un nouveau restaurant est en construction.

Érase una Vez
Mode

Plan p. 182 (☎ 93 217 29 77 ; Carrer de Goya 7 ; Ⓜ Fontana). "Il était une fois", tel est le nom de cette boutique originale qui saura réveiller la princesse qui sommeille en vous. Des couturiers locaux comme Llamazares y de Delgado et Zazo & Brull se cachent derrière ces sublimes créations.

La Zona Alta

FC Botiga
Souvenirs

(Map p. 184 ; ☎ 93 492 31 11 ; http://shop. fcbarcelona.com ; Carrer de Arístides Maillol ; ⏱10h-21h lun-sam ; Ⓜ Collblanc). Si vous êtes un passionné du ballon rond, ne manquez sous aucun prétexte cette boutique située dans le musée du Football, à côté du stade du Camp Nou. Ballons, maillots, écharpes, chaussettes, portefeuilles, sacs, baskets, boîtiers d'iPhone – tout ici arbore les célèbres couleurs bleu et rouge du Barça. Il existe des succursales partout en ville, notamment au centre commercial **Maremàgnum** et à la **Carrer de Jaume I, 18** (Plan p. 58 ; ☎ 93 269 15 32 ; Carrer de Jaume I 18 ; ⏱10h-21h ; Ⓜ Jaume I).

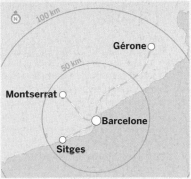

Gérone ○

50 km

Montserrat ○

○ Barcelone

○
Sitges

Excursions

Gérone p. 194

Une splendide cathédrale, un dédale de ruelles pavées et le plus beau quartier juif médiéval de Catalogne : voici quelques-uns des atouts de cette ville sise en bordure de fleuve.

Montserrat p. 196

Haut lieu de pèlerinage en Catalogne, ce monastère à flanc de montagne mérite notamment la visite pour son chœur, le plus vieux d'Europe, et les splendides sentiers de randonnée qui l'entourent.

Sitges p. 198

Des plages, une vie nocturne trépidante et un carnaval hédoniste attendent les visiteurs de la première station balnéaire de la Costa Daurada (côte Dorée).

La basilique de Montserrat (p. 197)
GÜNTER GRÄFENHAIN / HUBER / 4CORNERS ©

Gérone (Girona)

Le principal attrait de Gérone est sa vieille ville, un enchevêtrement de vieilles maisons à arcades, d'églises grandioses et d'étroites rues pavées en pente. Rejoignez son monument phare, la cathédrale, en suivant les berges sinueuses du fleuve Onyar ou en empruntant la route longeant les remparts médiévaux. Poursuivez avec une visite d'El Call (le quartier juif médiéval) et de l'excellent musée d'Histoire des juifs de Gérone, avant de déjeuner dans un restaurant des rues environnantes.

Une fois repu, reprenez votre exploration des curiosités de la vieille ville, comme les bains arabes étonnamment bien conservés ou le monastère de Sant Pere de Galligant, puis installez-vous à un bar du côté de la Plaça Independencia pour y clore la journée.

Depuis/vers Gérone

○ **Voiture** Prendre la route AP-7 qui passe par Granollers.

Gérone

○ **Train** Plus de 20 trains rallient chaque jour Gérone depuis la gare Estaciò Sants de Barcelone (à partir de 9,70 €, 1 heure 30 environ).

Renseignements

○ **Indicatif téléphonique** 972

○ **Situation** À 85 km au nord-est de Barcelone

○ **Office du tourisme** (📞972 22 65 75 ; www. girona.cat/turisme ; Rambla de la Llibertat 1 ; ⏱9h-20h lun-ven, 9h-14h et 16h-20h sam, 9h-14h dim)

◉ À voir

Cathédrale Édifice religieux (www.catedraldegirona.org ; Plaça de la Catedral ; musée adulte/enfant 5/1,20 €, gratuit dim ; ⏱10h-20h). La façade baroque de la cathédrale, surplombant la Plaça de la Catedral du sommet d'un escalier de 86 marches, impressionne par sa grandeur. Bien que le superbe **cloître** roman date du XIIe siècle, l'édifice a été maintes fois remanié au fil des siècles et possède la nef gothique la plus large (23 m) de la chrétienté après celle de Saint-Pierre de Rome. Le musée de la cathédrale abrite de nombreux

trésors ecclésiastiques, notamment une pièce romane exceptionnelle, le *Tapís de la Creació* (tapisserie de la Création) et le *Beatus*, un inestimable manuscrit enluminé mozarabe daté de 975.

Musée d'Histoire des juifs de Gérone
Musée

(Carrer de la Força 8; adulte/enfant 2 €/gratuit ; ☺10h-20h lun-sam, 10h-14h dim juil et août, horaires réduits le reste de l'année) Abrité dans le Centre Bonstruc ća Porta, du nom d'un illustre philosophe cabaliste et mystique géronais du XIIIᵉ siècle, l'excellent musée d'Histoire des juifs de Gérone présente l'héritage juif de la ville avec fierté, sans toutefois en occulter les aspects plus sombres, telles que les persécutions de l'Inquisition ou les conversions forcées.

Bains arabes
Bains

(Banys Àrabs ; www.banysarabs.org ; Carrer de Ferran Catòlic ; adulte/enfant 2/1 € ; ☺10h-19h lun-sam avr-sept, horaires réduits le reste de l'année, 10h-14h dim et jours fériés). Il s'agit des seuls bains publics médiévaux (XIIᵉ siècle) de l'Espagne chrétienne découverts à ce jour.

Monastère de Sant Pere de Galligants
Monastère

(www.mac.cat/cat/Seus/Girona ; Carrer de Santa Llúcia ; tarif plein/senior et enfant 2,30 €/gratuit ; ☺10h30-13h30et 16h-19h mar-sam juin-sept, 10h-14h dim et jours fériés). Ce monastère bénédictin de style roman, des XIᵉ et XIIᵉ siècles, possède un joli cloître dont les chapiteaux sont sculptés de créatures mythologiques. Il abrite le **Musée archéologique** (Museu Arqueològic ; tarif plein/senior et enfant 2,30 €/gratuit), dont les expositions couvrent la période qui s'étend de la préhistoire au Moyen Âge.

Musée d'Histoire de la ville
Musée

(Museu d'Història de la Ciutat ; www.girona.cat ; Carrer de la Força 27 ; tarif plein/réduit/enfant 4/2 €/gratuit ; ☺10h-14h et 17h-19h mar-sam, 10h-14h dim et jours fériés). Agréable et bien conçu, ce musée retrace admirablement l'histoire de Gérone depuis ses origines romaines, et traite aussi bien du siège de la ville par les troupes de Napoléon que de

Où se loger à Gérone

○ **Casa Cúndaro** (☎972 22 35 83 ; www.casacundaro.com ; Pujada de la Catedral 9 ; d 60-80 € ; 🛜). Abrités dans une maison du quartier juif médiéval, cinq superbes chambres et quatre appartements avec cuisine mêlant le charme de murs de pierre nue et le confort le plus moderne (TV sat). Juste au-dessus de la cathédrale.

○ **Bed & Breakfast Bells Oficis** (☎972 22 81 70 ; www.bellsoficis.com ; Carrer dels Germans Busquets 2 ; ch avec petit-déj 40-85 € ; ❄🛜). Six superbes chambres, dont certaines donnent sur la rue, abritées dans un bâtiment du XIXᵉ siècle. Dans certaines, la salle de bain est ornée d'étranges œuvres d'art en galets ; d'autres partagent une même salle de bains et quelques-unes ont vue sur rue.

la sardane (danse traditionnelle catalane) et de l'art contemporain d'avant-garde.

GRATUIT **Església de Sant Feliu** Église
(Plaça de Sant Feliu ; ☺9h30-14h et 16h-19h lun-sam, 10h-12h dim). La façade principale du XVIIᵉ siècle du second grand édifice religieux de Gérone, dominée par un clocher gothique, donne sur la Plaça de Sant Feliu.

🍴 Où se restaurer

L'Alqueria
Catalan €€

(☎972 22 18 82 ; www.restaurantalqueria.com ; Carrer de la Ginesta 8 ; plat 18-22 € ; ☺déj et dîner mer-sam, déj mar et dim). Cette élégante *arrocería* (restaurant spécialisé dans les plats à base de riz) au décor minimaliste sert les meilleurs *arrós negre* (riz à l'encre de seiche) et *arrós a la catalana* (paella catalane, préparée sans safran dans un plat en terre) de la ville, ainsi qu'une vingtaine d'autres plats succulents à base de riz. Réservez pour le dîner.

+Cub   Tapas €

(Plaça Catalunya ; 3 tapas 10,40 € ; ☉déj tlj, dîner lun-sam ; 🖥). Ce café-bar on ne peut plus central se démarque par un service amical, des tapas innovantes (du boudin noir aux pistaches à la salade au sorbet de figue noire) et une carte des boissons complète avec jus de fruits et milk-shakes frais et bières La Moska typiquement géronaises.

Montserrat

Bien que le complexe monastique en lui-même soit assez compact, il est recommandé de consacrer une journée entière à cette excursion si vous souhaitez profiter des superbes randonnées alentour. Prenez le premier train à crémaillère (cremallera) ou le premier téléphérique de la journée pour éviter la foule, et commencez par le monastère et sa Vierge, sans oublier l'excellent musée de Montserrat. Vous trouverez une cafétéria sur place pour le déjeuner. Ne vous éloignez pas trop, vous ne voudriez pas manquer la représentation à 22h du plus ancien chœur de garçons d'Europe (p. 197) dans la basilique.

L'après-midi, rendez-vous en funiculaire ou à pied jusqu'à la Santa Cova, la grotte où fut découverte la statue de la Vierge, ou grimpez au Sant Jeroni, le sommet de la montagne, pour un superbe panorama sur la vallée en contrebas.

Depuis/vers Montserrat

○ **Train, train à crémaillère et téléphérique** Les trains **FGC** (www.fgc.net) de la ligne R5 desservent Montserrat toutes les heures à partir de 8h36 au départ de la gare de la Plaça d'Espanya à Barcelone (de 52 à 56 minutes). Descendez à la station Montserrat Aeri pour prendre ensuite le **téléphérique Aeri de Montserrat** (www.aeridemontserrat.com ; 5/7,90 € aller simple/aller-retour, 17 minutes, de 9h40 à 19h mars-oct, de 10h10 à 17h45 lun-sam, de 10h10 à 18h45 dim et jours fériés nov-fév) ou à la station suivante, Monistrol de Montserrat pour une correspondance avec le **train à crémaillère** (Cremallera ; www.cremalleradedmontserrat.com ; aller simple/aller-retour 6/9 €, 5 minutes).

Renseignements

○ **Indicatif téléphonique** 938

○ **Situation** 50 km au nord-ouest de Barcelone

○ **Office du tourisme** (📞938 77 77 01 ; www.montserratvisita.com ; ☉9h-17h45 lun-ven, 9h-18h45 sam et dim)

◉ À voir

Monastère
de Montserrat   Monastère

(Monestir de Montserrat ; www.abadiamontserrat.net ; ☉9h-18h). Fondé en 1025 pour commémorer une apparition de la Vierge à des bergers dans la montagne, le monastère de Montserrat est le deuxième plus grand centre de pèlerinage d'Espagne après Saint-Jacques-de-Compostelle. La Vierge noire, qui aurait été sculptée par saint Luc et cachée dans la montagne par saint Pierre pour la protéger des Maures, ne fut découverte que plus tard. Dévasté par les troupes napoléoniennes en 1811, le monastère fut reconstruit à partir de 1858. De nos jours, une communauté de 80 moines environ y vit. Les pèlerins viennent de loin pour vénérer la Vierge de Montserrat, affectueusement

---

Où se loger
à Montserrat

○ **Hotel Abat Cisneros** (📞93 877 77 01 ; s/d 60/104 € ; P❄). L'unique hôtel du complexe monastique propose des chambres modernes et confortables, dont certaines donnent sur la Plaça de Santa Maria. Son restaurant sert une cuisine catalane pleine d'imagination (repas 36 €).

EXCURSIONS MONTSERRAT

surnommée **La Moreneta** ("la petite noire" ou la "Vierge noire"), une statue romane en bois du XII\ :^e siècle représentant une Vierge à l'allure régalienne, portant l'enfant Jésus. Des siècles de fumée expliquent sa couleur. Patronne de la Catalogne depuis 1881, c'est à elle que les jeunes mariés viennent demander bénédiction, et le FC Barcelone lui dédie ses victoires. Durant la guerre civile, Franco caressait l'idée de se l'approprier.

Musée de Montserrat

Musée

(Plaça de Santa Maria ; tarif plein/étudiant 6,50/5,50 € ; ⊙10h-18h). Le Museu de Montserrat renferme une excellente collection hétéroclite de momies égyptiennes, de retables gothiques, de toiles d'El Greco, Monet, Degas et Picasso, de l'art moderne et de superbes icônes russes du XIV\ :^e siècle.

Basilique

Église

(entrée 5 € ; ⊙7h30-20h) De la Plaça de Santa Maria, vous accédez à la cour de la basilique Renaissance du XVI\ :^e siècle. Suivez les escaliers menant au **Cambril de la Mare de Déu** (⊙7h-10h30 et 12h-18h30) où se trouve La Moreneta.

Sant Jeroni

Montagne

Explorez les hauteurs qui surplombent le monastère en empruntant le réseau de sentiers qui mènent à certains pics et à 13 petites chapelles aujourd'hui abandonnées. Le **funiculaire de Sant Joan** (aller simple/aller-retour 5,05/8 € ; ⊙toutes les 20 minutes 10h-18h50, fermé jan et fév) vous déposera à 250 m au-dessus du monastère. Si vous préférez marcher, comptez environ une heure (3 km) pour rejoindre la station d'en haut du funiculaire en suivant la route qui passe devant sa station d'en bas.

De la station haute du funiculaire, il faut compter 20 minutes à pied (le chemin est balisé) pour rejoindre la **chapelle Sant Joan**, d'où l'on a une belle vue. Plus intéressante, une marche d'une heure en direction du nord-ouest conduit au plus haut sommet du Montserrat, le Sant Jeroni, d'où une impressionnante falaise tombe à pic du côté nord.

Santa Cova

Chapelle

Pour visiter la grotte où fut découverte la statue de la Vierge (abritant aujourd'hui une réplique de La Moreneta), empruntez le **funiculaire de Santa Cova** (aller

simple/aller-retour 2/3,20 € ; toutes les
20 minutes 10h-17h30) ou suivez le sentier
de montagne escarpé offrant un superbe
panorama sur la vallée en contrebas.

Où se restaurer

Cafétéria   Restauration rapide **€**
(repas 15-20 € ; ⏱déj 12h-16h). Cafétéria
centrale en self-service, où vous pourrez
avaler un sandwich ou opter pour des
plats plus consistants : *calamares a la
romana* (anneaux de calamars frits),
boulettes de viande, hamburgers, etc.

Sitges

Aux beaux jours, les adeptes du soleil
et des promenades en bord de mer
investissent en masse les plages
centrales de Sitges. Heureusement, la
ville en compte de nombreuses autres
(dont une plage nudiste pour les moins
pudiques) où passer la matinée avant
de déjeuner dans un restaurant de fruits
de mer à proximité.

Si l'art contemporain et le modernisme
vous intéressent, le musée Cau Ferrat
(p. 199) mérite que vous lui consacriez
une partie de l'après-midi. Prenez un
dernier verre dans un bar à tapas du
centre avant de rentrer ou, si le cœur
vous en dit, restez faire la fête jusqu'à
l'aube dans l'un des nombreux clubs
situés en lisière de Sitges.

Depuis/vers Sitges

○ **Voiture** La meilleure route au départ de
Barcelone est l'autoroute à péage C-32. Plus
pittoresque mais souvent lente et embouteillée,
la C-31 rejoint la C-32 après Castelldefels.

○ **Train** Quatre trains *rodalies* R2 circulent
toutes les heures entre Barcelone (Estació
Sants et Passeig de Grácia) et Sitges (3,60 €,
27 à 46 minutes, selon le nombre d'arrêts
intermédiaires), de 6h à 22h environ.

Renseignements

○ **Indicatif téléphonique** 938

○ **Situation** 32 km au sud-ouest
de Barcelone

    ○ **Office de tourisme** (📞938 11 06 11 ;
Passeig de la Ribera ; ⏱10h-14h
et 16h-20h)

◉ À voir

Platjes   Plages
Sitges ne compte pas
moins de 12 plages.
Flanquée d'un agréable
Passeig marítim
(promenade de front de
mer) et de nombreux
chiringuitos (bars
de plages), la plage
principale est divisée
en neuf sections par
des jetées. À l'est du

Sitges

promontoire rocheux, bordé de musées et dominé par l'imposante **Església de Sant Bartomeu i Santa Tecla**, s'étendent les plages de Sant Sebastiá, Balmins et Aiguadolç. Si Bassa Rodona était autrefois la "plage gay" de Sitges, aujourd'hui les baigneurs gays ne s'y cantonnent plus. La plage de Balmins est une baie abritée prisée des nudistes.

Musée Cau Ferrat Musée
(Museu Cau Ferrat ; Carrer de Fonollar). Édifiée dans les années 1890 comme maison-atelier du peintre Santiago Rusiñol (pionnier du mouvement Art nouveau dont la statue orne la plage principale), cette grande villa chaulée abrite les œuvres de son ancien propriétaire et de certains de ses contemporains, notamment son ami Picasso. Fermé pour travaux lors de notre visite, le musée devrait avoir rouvert ses portes à l'heure où vous lirez ces lignes.

 # Où se restaurer et prendre un verre

eF & Gi International €€
(www.efgirestaurant.com ; Carrer Major 33 ; repas 35-50 € ; ⊙ dîner mar-sam mi-jan à mi-déc). Fabio et Greg (eF & Gi) n'ont pas peur d'expérimenter, et le résultat est succulent. Essentiellement méditerranéenne, la carte apporte une touche asiatique pour offrir des délices tels que le bœuf grillé parfumé à la citronnelle et au combava ou la longe de thon incrustée de cacahuètes et d'olives de Kalamata avec son chutney de mangue.

El Pou Tapas €€
(www.elpoudesitges.com ; Carrer de Sant Pau 5 ; repas 30 € ; ⊙ déj et dîner mer-lun). Les mini-hamburgers au bœuf de Kobé de cet accueillant bar à tapas gastronomique sont un vrai régal, à l'image du reste de la

Où se loger à Sitges

● **Hotel Romàntic** (📞93 894 83 75 ; www.hotelromantic.com ; Carrer de Sant Isidre 33 ; s/d à partir de 70/100 € en haute saison ; ❄). Style moderniste pour cet établissement composé de trois villas attenantes du XIXᵉ siècle, avec une jolie cour verdoyante en guise de salle à manger. Le service est sympathique, mais les chambres sont plutôt exiguës et gagneraient à être rafraîchies. Au coin de la rue, l'**Hotel de la Renaixença** (📞93 894 06 43 ; www.hotelromantic.com ; Carrer d'Illa de Cuba 45 ; s/d à partir de 70/100 €), des mêmes propriétaires, offre un meilleur rapport qualité/prix.

carte. Aux tapas traditionnelles viennent s'ajouter des propositions originales, comme le *mojama* (thon en salaison) aux amandes, aubergines frites et mélasse.

Sweet Pachá Club
(www.sweetpacha.com ; Avinguda Port d'Aiguadolç 9). Les sièges en cuir blanc du Sweet Pachá sont parfaits pour savourer un cocktail entre deux sessions de danse. Pour une soirée plus tranquille, l'établissement abrite également un restaurant de fruits de mer convenable. Juste en retrait du port de plaisance d'Aiguadolç, à 1,2 km vers l'est en suivant la côte.

L'Atlàntida Club Club
(www.clubatlantida.com ; Platja de Les Coves ; ⊙ ven et sam plus deux autres nuits par semaine juin-sept). Sur la plage, un club immense digne d'Ibiza avec sa vaste piste de danse en plein air, à environ 3,5 km à l'ouest du centre-ville.

En savoir plus

La Rambla de Mar (p. 110)

Barcelone aujourd'hui

« En dépit de la crise économique, peu de Barcelonais s'imaginent vivre ailleurs. »

Le CaixaForum (p. 162) ; architecte : Puig i Cadafalch

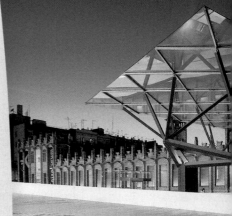

Religions
(en % de la population)

90 — Catholiques
10 — Autres

Sur 100 habitants de Barcelone

62 sont Catalans
24 sont Espagnols d'une autre région
14 ne sont pas Espagnols

Population (au km²)

♦ ≈ 90 personnes

ESPAGNE   BARCELONE

Difficultés économiques

En 2012, l'économie espagnole est tombée en récession pour la deuxième fois en trois ans. À Barcelone, le taux de chômage a atteint plus de 20% (un peu moins que les 24% du pays). La politique d'austérité imposée par le gouvernement – coupes budgétaires, augmentation des impôts et gel des salaires du secteur public – n'a en rien amélioré la situation.

La colère liée aux réformes du travail et aux importantes restrictions budgétaires a poussé des dizaines de milliers de Barcelonais à descendre dans la rue lors de grèves nationales.

Quartiers réinventés

Si la crise financière a retardé certains projets, tels que le spectaculaire remodelage à 250 millions d'euros du Camp Nou par Norman Foster, d'autres chantiers majeurs sont maintenus. Les travaux d'extension du métro se poursuivent, avec des projets de nouvelles stations (dont une à l'aéroport) et d'accessibilité,

améliorant nettement les déplacements des personnes à mobilité réduite.

De nouveaux édifices comme la Cinémathèque de Catalogne prouvent la continuité créatrice de la ville ; ce centre est le dernier d'une série d'importants espaces artistiques (dont le MACBA conçu par Richard Meier et le très moderne CCCB) qui ont contribué au renouveau d'El Raval.

Initiatives durables

Le premier Smart City Expo and World Congress, portant sur l'urbanisme, l'environnement et d'autres problématiques urbaines s'est tenu à Barcelone en 2011. La capitale catalane a été choisie en raison des stratégies adoptées pour remodeler son paysage urbain. Depuis 2000, tout nouvel édifice doit par exemple être équipé de panneaux solaires fournissant la majorité de son eau chaude. L'imposant panneau photovoltaïque installé près du parc

del Fòrum est le plus grand des villes européennes. Quant à l'énergie éolienne, la Catalogne projette de multiplier sa capacité par cinq d'ici 2020.

Bicing, le programme barcelonais de vélos en libre-service lancé en 2007, a permis une réduction du trafic routier.

Sans tabac, sans corrida

Autre moyen de purifier l'air, la loi anti-tabac est entrée en vigueur en 2011. Bars, restaurants et discothèques, ainsi que le Camp Nou, sont désormais non-fumeurs. Et en 2012, la Catalogne a interdit la corrida, devenant ainsi la première région d'Espagne continentale à proscrire cette pratique.

Catalogne indépendante

La question de l'identité régionale n'est jamais absente des débats politiques espagnols, notamment parce que selon l'opinion publique, la Catalogne contribue aux finances de l'État mais n'en perçoit que d'infimes bénéfices. En 2011, un référendum symbolique concernant l'indépendance de la région a été organisé. 20% des électeurs environ se sont présentés et 90% d'entre eux ont voté en faveur de l'indépendance.

Gastronomie innovante

En matière de gastronomie, Barcelone continue d'ouvrir la voie. Après la fermeture d'El Bulli, Ferran Adrià, le génie de la cuisine moléculaire, a créé un nouveau restaurant en ville. Avec d'autres, il marque la cuisine catalane de son audace. Cuisine, culture, design, Barcelone est en effervescence, même si la situation économique est loin d'être favorable. Pourtant, en dépit des difficultés financières, la plupart des Barcelonais ne pourraient pas envisager de vivre ailleurs.

Histoire

Le Parlement de Catalogne (p. 95)

CARSTEN LEUZINGER / IMAGE

Depuis sa création il y a plus de 2 000 ans, Barcelone a vu se succéder diverses vagues d'immigrants et de conquérants, parmi lesquels des Romains, des Wisigoths, des Francs puis, plus tardivement, des Catalans. La ville a connu des heures de gloire et des revers de fortune, de l'âge d'or du pouvoir princier au XIVᵉ siècle aux sombres années de la guerre civile et du franquisme. Un vent d'indépendance a toujours soufflé sur Barcelone.

Wilfred le Velu et l'expansion méditerranéenne

L'histoire connue de Barcelone commence à l'époque romaine, lorsque Barcino (la future Barcelone) fut fondée par les Romains au Iᵉʳ siècle av. J.-C. Mais cette colonie naissante resta longtemps moins importante que la capitale provinciale de Tarragone. Les Wisigoths arrivèrent ensuite, suivis des

15 av. J.-C.
Première mention du village de Barcino dans les chroniques romaines sous le contrôle de Tarraco (Tarragone).

Maures, dont l'occupation relativement brève prit fin en 801, date à laquelle les Francs placèrent la ville entre les mains de comtes locaux afin d'en faire une zone tampon et se protéger du califat du Sud, encore musulman.

C'est un comte au nom excentrique, Wilfred le Velu (Guifré el Pelós), qui créa au IXe siècle ce qui est aujourd'hui la Catalogne en conquérant plusieurs territoires voisins et en faisant de Barcelone sa ville principale. L'hirsute Wilfred fonda une dynastie qui perdura près de cinq siècles et se développa en marge des guerres de la Reconquista qui se jouaient dans le reste de la péninsule Ibérique.

Les comtes de Barcelone étendirent graduellement leur territoire vers le sud. En 1137, Ramón Bérenger IV épousa

Sainte Eulalie

Persécutée pour sa foi sous le règne de Dioclétien, sainte Eulalie (patronne de Barcelone, 290-304) mourut en martyre après avoir été soumise à 13 tortures, une pour chaque année de sa vie. Elle fut enfermée dans un tonneau rempli de bouts de verre, on lui coupa la poitrine et elle fut crucifiée. Elle est représentée tenant un plateau sur lequel est posée sa poitrine (comme au musée Frederic Marès). La cathédrale (p. 54), qui lui est dédiée, abrite ses reliques, ainsi qu'un joli cloître où sont gardées 13 oies blanches, symbole de l'âge d'Eulalie lors de son martyre.

Pétronille, la jeune héritière du trône d'Aragon, créant un État catalano-aragonais et assurant la prospérité de la Catalogne.

Durant les siècles qui suivirent, le comté se mua en un empire marchand florissant qui arracha Valence et les îles Baléares aux mains des Maures, puis des territoires aussi lointains que la Sardaigne, la Sicile et certaines régions de Grèce.

La domination castillane

Mais la défense de cet empire commença à épuiser la Catalogne. Le commerce périclita. Au XIVe siècle, la peste noire et la famine dépeuplèrent la région de la moitié de ses habitants. En 1391, la communauté juive fut victime d'un pogrom.

Barcelone perdit de son rayonnement lorsque le dernier comte de la dynastie de Wilfred le Velu périt sans laisser d'héritier et que la Catalogne fut rattachée à la Castille comme conséquence de l'union entre Ferdinand, sur le trône aragonais, et d'Isabelle, reine de Castille. Après la découverte de l'Amérique en 1492, l'activité commerciale se déplaça de la Méditerranée à l'Atlantique et les Catalans furent de plus en plus écartés du commerce.

717
Barcelone est prise par les Maures, qui règnent jusqu'à l'arrivée des Francs en 801.

1137
La puissance de Barcelone augmente après son alliance, par l'intermédiaire d'un mariage royal, avec le royaume d'Aragon.

Années 1380
L'Empire méditerranéen de la Catalogne s'étend jusqu'en Sardaigne, en Sicile et en Grèce.

Déclin et chute

La région, qui avait conservé une certaine autonomie dans la gestion de ses affaires, subit un terrible coup pour avoir soutenu le mauvais camp durant la guerre de la succession d'Espagne (1702-1714). La France imposa au trône d'Espagne un Bourbon absolutiste, Philippe V. Malgré le couronnement de ce dernier, Barcelone, qui avait soutenu l'archiduc Charles d'Autriche, résista, fut assiégée et finit par se rendre au bout de 18 mois. Le 11 septembre 1714 est encore commémoré comme la journée nationale de la Catalogne, Philippe V établit alors un État de Castille unifié. Barcelone subit ensuite de nombreuses répressions : le nouveau roi interdit l'enseignement et l'écriture du catalan, se débarrassa des vestiges du système légal régional et rasa tout un quartier de la Barcelone médiévale pour y ériger un gigantesque fort (où se trouve aujourd'hui le parc de la Ciutadella), dont l'unique objet était de surveiller les fauteurs de troubles.

La Renaixença et le nouvel essor

Soutenue par la levée de l'interdiction du commerce avec l'Amérique, en 1778, Barcelone se lança dans la révolution industrielle, basée tout d'abord sur les textiles puis se tournant vers le vin, le liège et le fer au milieu du XIXᵉ siècle.

Barcelone devint rapidement la principale ville d'Espagne. Alors que l'économie prospérait, la ville s'étendit à l'extérieur des remparts médiévaux, qui furent démolis en 1854-1856. Peu après débuta la construction du quartier de L'Eixample (l'Extension), au plan en damier. La Renaixença (Renaissance) fut à l'origine du renouveau de la culture catalane et de l'activisme politique. Ce mouvement entraîna des tensions politiques croissantes au début du XXᵉ siècle, la région réclamant son autonomie avec de plus en plus d'insistance.

Luttes des classes

À ce mélange détonnant s'ajouta le mécontentement croissant de la classe ouvrière. Les grandes familles bourgeoises de marchands affichaient leur fortune avec leurs demeures privées fantaisistes, construites avec brio et élégance par des architectes modernistes tel Antoni Gaudí. Parallèlement, la classe ouvrière industrielle, qui vivait entassée dans des quartiers comme La Barceloneta ou El Raval, opprimée par la pauvreté et la maladie, commença à s'organiser et, parfois, à recourir à la violence. La neutralité de l'Espagne durant la Première Guerre mondiale stimula l'économie barcelonaise et la population doubla, passant à un million entre 1900 et 1930. Cependant, la dépression d'après-guerre toucha durement la ville. Les grèves, organisées principalement par la Confederación Nacional del Trabajo (CNT, Confédération nationale du travail), anarchiste, entraînèrent de lourdes réactions. Des bandes de gauche et de droite portèrent leur conflit idéologique dans la rue. Les assassinats et les représailles devinrent monnaie courante.

1714
Assiégée, Barcelone capitule devant Philippe V.
Philippe V de Bourbon

Années 1860
Barcelone s'étend à l'extérieur de la ville et les travaux débutent dans L'Eixample (l'Extension).

Après la création de la Seconde République d'Espagne en 1931, dirigée par la gauche, la Catalogne proclama son indépendance. Plus tard, sous la pression, ses dirigeants finirent par opter pour une autonomie décentralisée, qu'ils perdirent en 1934, après la prise de pouvoir à Madrid d'un gouvernement de droite. La victoire du Front populaire de gauche lors des élections de 1936 aviva la ferveur indépendantiste catalane, mais poussa également le général Franco à déclencher la guerre civile (1936-1939) dont il devait sortir victorieux.

Ferveur révolutionnaire

Capitale espagnole par intérim durant la majeure partie de la guerre civile, Barcelone fut dirigée jusqu'au milieu de l'année 1937 par les anarchistes et la milice trotskiste du POUM (Partido Obrero de Unificación Marxista, Parti ouvrier d'unification marxiste). Les propriétaires des usines et les militants de droite fuirent la ville. Les syndicats s'emparèrent des usines et des services publics ; les hôtels et les demeures particulières furent transformés en hôpitaux et en écoles. Les bars et les cafés furent collectivisés, les tramways et les taxis repeints en rouge et noir (couleurs des anarchistes). L'on ignora même les sens uniques, considérés comme des vestiges de l'ancien système !

Les anarchistes les plus radicaux incendièrent la plupart des églises de la ville et tuèrent plus de 1 200 prêtres, moines et religieuses. En mai 1937, les communistes (dirigés depuis Moscou par Staline) écartèrent les anarchistes à la suite de querelles intestines qui firent 1 500 morts à Barcelone. Plus tard, cette année-là, le gouvernement républicain fuit Valence et fit de Barcelone sa capitale officielle (il avait quitté Madrid assiégée au début de la guerre).

Durant l'été 1938, la défaite des républicains à la bataille de l'Èbre, dans le sud de la Catalogne, priva Barcelone de défense. La ville tomba entre les mains des nationalistes le 25 janvier 1939, provoquant un exode de réfugiés vers la France, où nombre d'entre eux vécurent longtemps dans des camps de fortune. Sous Franco, les purges et les exécutions se poursuivirent jusque dans les années 1950. Arrêté en France par la Gestapo en août 1940, Lluís Companys, ancien président catalan, fut remis à Franco et fusillé le 15 octobre à Montjuïc. Il est resté célèbre pour avoir crié "Visca Catalunya !" ("Vive la Catalogne !") juste avant de mourir.

1888
La première Exposition internationale de Barcelone ouvre la voie à deux décennies d'architecture moderniste.

1936-1939
Des milliers d'Espagnols meurent durant les combats de la guerre civile avant que la ville ne tombe aux mains de Franco.

1977
Après la manifestation pacifique de un million de personnes, la Catalogne gagne son autonomie régionale.

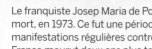

La renaissance barcelonaise

Le franquiste Josep Maria de Porcioles resta maire de Barcelone de 1957 jusqu'à sa mort, en 1973. Ce fut une période sombre pour la capitale catalane, marquée par des manifestations régulières contre le régime, toujours réprimées brutalement. Lorsque Franco mourut deux ans plus tard, la ville se réjouit. En 1977, une autonomie régionale fut accordée à la Catalogne.

Les Jeux olympiques de 1992 marquèrent le début d'une longue période de travaux. Le front de mer, les plages et Montjuïc firent partie des premiers quartiers à être réaménagés, et l'élan ne s'est pas ralenti depuis. La vieille ville a connu des améliorations conséquentes, avec notamment l'ouverture de nombreux musées et centres culturels, qui ont transformé l'ancien quartier malfamé d'El Raval en nouveau quartier des artistes. Au Poblenou, la ville prévoit d'installer un centre d'activités, avec un bâtiment abritant un nouveau musée du design et de nombreux espaces verts. Non loin, le quartier rebaptisé 22@ (vint-i-dos arroba) continue d'être un centre de l'innovation et du design, avec de superbes exemples d'architecture récente – comme l'extravagante Torre Espiral de Zaha Hadid.

1992
Barcelone accueille les très réussis Jeux olympiques d'été, et se lance dans une autre longue période de rénovations.

Années 2000
La jeune population internationale et les constructions modernes du front de mer font entrer Barcelone dans le XXIe siècle.

2010
La Sagrada Família est consacrée par le pape Benoît XVI devant 6 500 personnes.

Voyager en famille

Une aire de jeu au Fòrum (p. 114)

OSO MEDIA / ALAMY ©

Barcelone est une destination de choix pour les enfants et les adolescents. Les parcs et les jardins de Montjuïc et de Tibidabo, ou encore les plages leur permettront de courir à loisir. Ils adoreront les excentricités de la ville, comme l'architecture moderniste, digne d'un conte de fées, ou le théâtre de rue quotidien de La Rambla. Enfin, n'oublions pas les lieux spécialement destinés aux enfants : l'aquarium, le Cosmocaixa ou le parc d'attractions du Tibidabo.

À la catalane

Pour dîner dehors ou prendre une bière en terrasse, nul besoin de faire garder vos enfants : les Espagnols ont l'habitude de les inclure dans leurs sorties sans trop s'inquiéter qu'ils veillent tard.

Pour profiter au mieux de votre visite, essayez autant que possible d'adapter le rythme de sommeil de votre enfant à "l'heure espagnole". Il ne faut pas non plus hésiter à sortir des sentiers battus pour, par exemple, faire découvrir la créativité très "enfantine" de Picasso et de Miró, l'atmosphère fantastique (à mi-chemin entre Harry Potter et Tolkien) du parc Güell ou de La Pedrera, sans parler des festivités diverses, avec costumes extravagants, pyramides humaines et spécialités culinaires à manger en pleine rue.

Baby-sitting

Si vous avez quand même besoin de faire garder votre progéniture, sachez que beaucoup d'hôtels de catégories moyenne et supérieure proposent un service de baby-sitting. Nombre d'entre eux font appel à **5 Serveis** (☎93 412 56 76 ; www.5serveis. com ; Carrer de Pelai 50), que vous pouvez aussi contacter directement. Cette agence propose des baby-sitters *(canguros)* polyglottes. Les tarifs varient, mais en soirée, comptez 12 € l'heure, plus le prix du taxi pour raccompagner la baby-sitter.

Enfants et vélos

Barcelone a d'excellentes agences de location, certaines proposant même des vélos pour enfants. Barnabike (p. 237) loue diverses bicyclettes (dont des kickbikes), karts, Trikkes (étranges véhicules à trois roues), vélos électriques et vélos pour enfants. Barcelonabiking.com (p. 237) loue vélos et sièges enfant.

Comment circuler

Le métro est un moyen rapide et efficace de circuler et la plupart des stations disposent d'un ascenseur. Le trajet constitue aussi parfois pour les enfants l'expérience la plus attrayante d'une sortie. Ainsi, si vous allez au parc d'attractions du Tibidabo (p. 187), ils adoreront emprunter le vieux tramway *(tramvia blau)* qui circule dans les rues bordées de belles demeures, ainsi que l'ascension en funiculaire de la colline verdoyante. La montée en téléphérique de La Barceloneta à Montjuïc enchantera aussi les jeunes voyageurs avec ses superbes vues sur la ville et la mer.

Dîner à l'extérieur

À Barcelone (et en Espagne de manière générale), les restaurants accueillent les enfants à bras ouverts. Bien que les habitudes alimentaires des petits Espagnols ne diffèrent guère de celle de leurs parents, de nombreux restaurants proposent des menus spéciaux avec les habituels hamburgers, pizzas et pâtes à la sauce tomate. La *tortilla de patatas* (omelette de pommes de terre) et les *croquetas de jamón*

En pratique

◦ **Espaces change** Généralement pratiques et propres.

◦ **Lits bébé** Souvent disponibles dans les hôtels ; réservez-les.

◦ **Santé** Bon niveau de soins. Pensez à demander la **carte européenne d'assurance maladie** (CEAM, www.ameli.fr) pour votre enfant avant le départ.

◦ **Chaises hautes** Beaucoup de restaurants en ont au moins une.

◦ **Couches** Vous n'aurez aucun mal à vous procurer des couches, tétines ou lotions dans les nombreuses pharmacies que compte la ville. Les couches sont moins chères au supermarché.

◦ **Poussettes** Emportez la vôtre (de préférence pliante).

◦ **Transport** Admirablement aménagé, le métro barcelonais est adapté aux familles avec poussette. Prenez garde à vos affaires cependant : les parents distraits sont une cible rêvée pour les pickpockets.

croquettes au jambon) sont parfaites pour les plus jeunes et vous les trouverez à la carte de la grande majorité des bars à tapas.

Les meilleurs restaurants avec des enfants

Fastvínic (p. 147) est une bonne option pour un déjeuner en dehors des heures de pointe ou un dîner rapide pendant que les enfants dessinent sur le mur en verre. Le Cucine Mandarosso (p. 100) sert une cuisine exceptionnelle qui envoûtera même les plus difficiles – l'endroit étant un peu exigu, il convient mieux aux enfants les plus âgés, mais les petits seront tout aussi bien accueillis.

Les becs sucrés adoreront La Nena (p. 186) pour ses chocolats et autres douceurs, d'autant que l'on y trouve aussi un coin jeux avec livres et jouets. Ne manquez pas le café Granja Viader (p. 77) et son épais chocolat chaud.

Les meilleurs…
Sites pour les enfants

1 Cosmocaixa (p. 180)

2 Musée d'Idées et d'Inventions de Barcelone ; p. 57

3 Zoo (p. 95)

4 Aquarium (p. 112)

5 Poble Espanyol (p. 166)

6 Parc d'attractions (p. 187)

EN SAVOIR PLUS VOYAGER EN FAMILLE

Cuisine

Une fideuà

La scène culinaire barcelonaise est réputée pour ses chefs acclamés dans le monde entier, ses recettes inventives et ses ingrédients de choix, issus tant de la mer que du terroir. En réinventant la grande cuisine, les génies catalans Ferran Adrià et Carles Abellán ont été portés au rang d'icônes, tandis que la cuisine catalane traditionnelle continue de faire des heureux dans les salles de restaurant et les bars à tapas de la ville.

Nouvelle cuisine catalane

Depuis la fermeture d'El Bulli, sur la côte nord de Catalogne, – unanimement acclamé comme l'un des meilleurs restaurants du monde – en 2011, Ferran Adrià et son frère Albert se sont concentrés sur Barcelone où ils ont ouvert les bars à tapas Tickets (p 168) et 41º Experience. On retrouve l'imagination débordante qui caractérisait El Bulli dans chacun des plats déconstruits de ces nouveaux établissements, des olives liquides aux "Air baguette de jamón ibérico" (baguettes creuses recouvertes de jambon ibérique) en passant par la glace au parmesan.

À l'instar d'Adrià, d'autres toques s'attellent à redéfinir la cuisine contemporaine. Dans son restaurant Tapaç24, le chef étoilé au Michelin Carles Abellán réinvente les tapas traditionnelles comme en témoignent sa mini pizza-sashimi de thon ; son *melón con jamón*, un millefeuille caramélisé de jambon ibérique et de fines tranches de melon ; sa queue de bœuf servie avec une purée de chou-fleur, et toute une ribambelle constamment renouvelée d'autres mets appétissants.

Autre grand nom de la scène culinaire catalane, Jordi Vilà continue de régaler les clients de l'Alkímia de ses réinterprétations des classiques catalans (p. 143). On compte également Fermí Puig, chef cuisinier au Majestic, un hôtel 5 étoiles et Xavier Pellicer à l'ABaC Barcelona.

Cuisine catalane traditionnelle

Les recettes catalanes reposent sur l'excellence des produits méditerranéens : poissons, crevettes, seiches, palourdes, porc, lapin, gibier, huile d'olive de premier choix, poivre et ail en abondance. Les plats typiques se caractérisent en outre par des mariages insolites (produits de la mer et viande, fruits et volaille) : seiche et pois chiche, jambon fumé et caviar, lapin et crevettes, oie et poires.

Sauces

L'âme de la cuisine catalane tient pour beaucoup dans les sauces qui accompagnent viandes et poissons. Il en existe cinq sortes : *sofregit* (oignons frits, tomates et ail) ; *samfaina* ou *chanfaina* (*sofregit* plus poivron rouge, aubergine et courgette) ; *picada* (mélange d'amandes pilées, d'ail, de persil, de pignons ou de noix, auquel on ajoute parfois de la chapelure) ; *allioli* (ail écrasé et huile d'olive, parfois mélangés à un jaune d'œuf pour en faire une mayonnaise) et *romesco* (amandes, poivron rouge, tomates, huile d'olive, ail et vinaigre, une sauce qui accompagne notamment les *calçots*).

Paella et *fideuà*

Arròs a la cassola ou *arròs a la catalana* est le nom donné à la paella catalane. Elle est préparée sans safran dans un plat en terre, tandis que l'*arròs negre* est cuisiné dans de l'encre de seiche. La *fideuà* s'apparente à la paella, si ce n'est que des vermicelles remplacent le riz. Elle est habituellement servie avec un petit pot d'*allioli*.

Bon à savoir

○ **Fourchettes de prix** Dans nos descriptions, les symboles de prix suivants sont donnés pour un plat principal :

€   moins de 10 €
€€   de 10 à 20 €
€€€   plus de 20 €

○ **Heures d'ouverture** La plupart des restaurants ouvrent de 13h à 16h et de 20h30 à minuit.

○ **Réservations** Dans les restaurants de catégorie supérieure, réservez tôt, notamment pour dîner du jeudi au samedi.

○ **Pourboire** Le service est souvent inclus dans la note, mais rien ne vous empêche de laisser un pourboire si vous êtes content du service.

○ **Menú del Día** Le *menú del día* (menu du jour) est un excellent moyen de ne pas trop dépenser le midi. Les prix varient entre 8 € et 25 €.

Les meilleurs... Tapas

EN SAVOIR PLUS CUISINE

Produits de la mer

Cuit à la vapeur, au four ou poêlé, le poisson est aussi souvent préparé sous forme de soupes ou de ragoûts en Catalogne. Le *suquet,* qui mêle plusieurs poissons différents avec des pommes de terre, est le plat le plus connu, mais la *sarsuela* en compte une plus grande variété. La *caldereta* est une autre sorte de ragoût composé d'un ingrédient principal (en général du homard).

Calçots

Les Catalans raffolent des *calçots* (une variété d'oignons de printemps), qu'ils engloutissent la saison venue (entre janvier et mars) après les avoir cuits au barbecue et trempés dans une savoureuse sauce *romesco*. Les *calçots* sont habituellement servis en entrée, et suivis de copieux plats de viande ou de saucisse.

Tapas

En-cas typiques des bars espagnols, les tapas sont originaires d'Andalousie et n'appartiennent pas à la tradition culinaire catalane, mais elles ont néanmoins été adoptées avec enthousiasme. Les tapas basques (ou *pintxos*) sont particulièrement prisées : de petits morceaux de pain sont recouverts de divers ingrédients, comme le *bacalao* (morue) ou la *morcilla* (boudin noir). Ils s'accompagnent particulièrement bien d'un vin blanc basque légèrement acide, le *txacoli,* qui est servi en levant haut la bouteille, comme pour le cidre des Asturies, afin de lui donner quelques bulles (éphémères). Chaque *pintxo* est tenu en place par un cure-dent, qu'il convient de conserver : à la fin du repas, le cafetier fera le compte des cure-dents pour établir l'addition.

Dans certains établissements gastronomiques, la préparation des tapas est devenue un art des plus élaborés, tandis que les bars les plus basiques peuvent ne proposer qu'un bol d'olives pour accompagner votre verre.

Cava

La Catalogne est le pays du *cava*, un vin pétillant dont la haute teneur en dioxyde de carbone est due soit à une adjonction après fermentation, soit obtenue lors d'une seconde phrase de fermentation. La Catalogne produit 95% du *cava* espagnol et les vignes qui servent à sa production poussent presque exclusivement dans la région viticole du Penedès, notamment dans le village de Sant Sadurni d'Anoia. Le *cava* accompagne merveilleusement bien les tapas. Plusieurs adresses à Barcelone permettent de découvrir la magie de ce vin, parmi lesquelles Xampanyeria Can Paixano (p. 121) et El Xampanyet (p. 104).

Architecture

La Casa Batlló (p. 139)

À la fin du XIXe siècle, une flamboyante invention architecturale catalane fit son apparition : le modernisme. Barcelone avait déjà connu une grande période architecturale au Moyen Âge, lorsque sa prospérité économique permit la construction de magnifiques édifices gothiques. Aujourd'hui encore, Barcelone innove : bâtiments avant-gardistes et projets de reconstruction ayant été lancés avant ou après les Jeux olympiques de 1992 y abondent.

Gothique catalan

Le premier grand élan de créativité barcelonais se produisit lorsque la ville, devenue riche grâce au commerce en Méditerranée et à son expansion, transforma ce qui est aujourd'hui le Barri Gòtic en un défilé d'édifices gothiques, qui ont pour la plupart survécu jusqu'à ce jour.

Historiquement parlant, la période gothique se situe entre les périodes romane et Renaissance. Né en France dans les années 1100, le style a très vite essaimé dans toute l'Europe, engendrant nombre de variations régionales. Les caractéristiques principales de ce style, dont témoignent encore aujourd'hui nombre d'édifices religieux, étaient des dimensions impressionnantes (les églises gothiques étaient les plus hauts bâtiments de l'époque), des intérieurs bien éclairés, de grandes ouvertures, des arcs en ogive, des pinacles élevés, des flèches élancées et des ornementations majestueuses.

EN SAVOIR PLUS ARCHITECTURE

Les meilleurs... Chefs-d'œuvre gothiques

1 Cathédrale (p. 54)

2 Església de Santa Maria del Mar (p. 102)

3 Musée maritime (p. 115)

4 Església de Santa Maria del Pi (p. 57)

5 Musée d'Histoire de Barcelone (p. 67)

Ces caractéristiques se retrouvent dans quantité de bâtiments de la Barcelone médiévale et ont même inspiré le style néogothique du milieu du XIXᵉ siècle. Exemple plutôt sobre du style gothique levantin (XIVᵉ siècle) à son apogée, l'Església de Santa María del Mar est souvent considérée comme la plus belle réalisation gothique de la ville. Plus ornementée, la cathédrale est un édifice de style gothique levantin, mais la façade est néogothique.

Modernisme

Une deuxième grande vague de créativité, résultant également d'une période économiquement faste, eut lieu au tournant du XXᵉ siècle. Le programme d'expansion urbaine connu sous le nom de L'Eixample (l'Extension), qui prévoyait de libérer la population à l'étroit dans les limites de la ville médiévale, coïncida avec l'apparition d'une pensée architecturale dégagée de toute entrave, qui se précisa durant la préparation de l'Exposition internationale de 1888, tenue à Barcelone.

Ces mots – moderne, nouveau, liberté, jeune et sécession – caractérisaient en effet parfaitement le dynamisme et l'esprit de rébellion de ce style. Dénominateur commun de ces tendances, les courbes prédominaient, symboles de mouvement, de lumière et de vitalité. Le mouvement ne cessa jamais d'évoluer et Gaudí, en particulier, ouvrit à plusieurs reprises des voies nouvelles. Devenant de plus en plus audacieux, il se révéla aussi un véritable solitaire. Avec l'âge, il devint presque exclusivement motivé par la conviction religieuse pure et dédia la seconde moitié de sa vie au monument phare de Barcelone : la Sagrada Família, encore inachevée aujourd'hui.

Paradoxalement, les architectes modernistes se sont largement inspirés du passé. Attachés à faire la synthèse des styles gothique, mudéjar et Renaissance, ils en transcendèrent les règles pour créer des assemblages nouveaux et imprévus.

Antoni Gaudí

Le chef de file en était Antoni Gaudí. Né à Reus dans une famille où l'on était dinandier de père en fils, Gaudí fut d'abord initié au travail du métal. Enfant de constitution fragile, il souffrait entre autres de rhumatismes. Il n'avait rien d'un étudiant prometteur, et lorsqu'il décrocha son diplôme d'architecture en 1878, le directeur de l'école aurait dit : "Seul l'avenir nous dira si nous avons accordé un diplôme à un fou ou à un génie."

Jeune homme, Gaudí n'aimait rien tant que se promener dans la nature, et il se passionnait pour les plantes, les animaux et la géologie. Cette profonde admiration pour le monde naturel aura une grande influence sur son travail. "Cet arbre est mon professeur, annonça-t-il un jour. Tout vient du grand livre de la nature." Dans son œuvre, il chercha à imiter l'harmonie qu'il observait dans la nature, fuyant les lignes droites auxquelles il préférait les courbes et les formes plus organiques.

On peut deviner la spirale d'un nautilus dans ses escaliers et les ornements de ses plafonds, le bourgeon d'une fleur dans ses cheminées et les fioritures de ses toits, tandis que ses arcs ondulants évoquent une grotte, le chevauchement de ses tuiles imite les écailles d'un tatou et les courbes de ses murs s'apparentent à des vagues. Branches

216

d'arbre, toiles d'araignée, stalactites, rayons de miel, étoiles de mer, ailes chatoyantes d'un scarabée et bien d'autres éléments empruntés à la nature sont la signature de Gaudí. Gaudí était un fervent catholique et un nationaliste catalan. En dehors de la nature, il tirait son inspiration des grandes églises médiévales de Catalogne et s'enorgueillissait d'employer les matériaux présents dans la campagne catalane : argile, pierre et bois. Contrairement à ce que son architecture pourrait laisser croire, Gaudí menait une existence simple et n'hésitait pas à frapper aux portes et à littéralement faire l'aumône pour financer la construction de sa cathédrale.

L'ultime chef-d'œuvre de Gaudí est la Sagrada Família, dont les travaux débutèrent en 1882. On y perçoit l'aboutissement de nombreuses idées développées par l'architecte au fil des ans. Son échelle massive évoque la grandeur des cathédrales gothiques de Catalogne, tandis que ses éléments organiques mettent en avant une harmonie avec la nature.

En poussant ses recherches toujours plus loin, Gaudí s'imposa comme une figure à part dans ce mouvement. Ses convictions religieuses devinrent sa principale motivation et lorsqu'il entreprit la conception de la Sagrada Família, il entra dans une sorte de retraite mystique, vivant en reclus au cœur même du chantier. Il mourut en 1926, renversé par un tramway alors qu'il se rendait à l'église Sant Felip Neri comme tous les matins. Pris pour un mendiant en raison de son aspect négligé et de ses poches vides (à l'exception d'une pelure d'orange), Gaudí fut conduit à un hôpital voisin où il fut confié à une unité pour indigents. Il rendit l'âme deux jours plus tard. Des milliers de personnes assistèrent à ses funérailles, en une longue procession jusqu'à la crypte de la Sagrada Família où il fut enterré.

Lluís Domènech i Montaner

Bien qu'éclipsé par Gaudí, Lluís Domènech i Montaner (1850-1923) fut l'un des maîtres du modernisme. Ce grand voyageur était d'une intelligence rare, et ses connaissances multiples et variées allaient de la minéralogie à l'héraldique médiévale. Professeur d'architecture, c'était également un écrivain prolifique et un politicien nationaliste. La question de l'identité catalane et de l'instauration d'une architecture nationale habitait Domènech i Montaner, qui conçut plus d'une douzaine d'œuvres d'envergure au cours de sa vie.

L'exubérant palais de la Musique catalane à l'ossature d'acier est l'un de ses chefs-d'œuvre. La façade, trouée de fenêtres gothiques ouvragées, est ornée de motifs floraux (Domènech i Montaner étudia également la botanique) et de sculptures représentant aussi bien des personnages du folklore catalan et des célébrités du monde de la musique que des Barcelonais ordinaires. À l'intérieur, le visiteur est soufflé par ses colonnades recouvertes de délicats motifs floraux, ses murs et son plafond de verre coloré et son avant-scène roulante conçue comme une gigantesque sculpture rendant hommage aux grandes épopées musicales.

Josep Puig i Cadafalch

Comme Domènech i Montaner, Josep Puig i Cadafalch (1867-1956) était un esprit universel. Cet archéologue expert

Trencadís

La technique du *trencadís* fut inventée par les Arabes, mais Gaudí fut le premier architecte à l'employer. Elle consiste en la création d'une gaine aux allures de mosaïque faite à partir de morceaux de céramique, de verre ou de poterie brisés pour recouvrir des toits, plafonds, cheminées, bancs, sculptures ou toute autre surface. Robert Hughes, critique d'art réputé, a même suggéré que les mosaïques en *trencadís* de Gaudí avaient sans doute influencé la création des formes fragmentées de la période cubiste de Picasso.

Les meilleurs…
Créations modernistes

en art roman fut également l'un des architectes les plus prolifiques de Catalogne. En tant qu'homme politique – et, plus tard, en tant que président de la Mancommunitat de Catalunya – il contribua à façonner le mouvement nationaliste catalan.

L'un de ses nombreux chefs-d'œuvre modernistes est la Casa Amatller, qui offre un contraste saisissant avec son édifice voisin, la Casa Batlló de Gaudí. Chez Puig i Cadafalch, la ligne droite est maîtresse et les influences étrangères incontestables (les pignons s'inspirent de ceux que l'on trouve aux Pays-Bas). En l'ornant de sculptures gothiques, Puig i Cadafalch obtint un bâtiment d'une beauté et d'une inventivité saisissantes.

Parmi ses plus grandes œuvres figure également la Casa Martí (plus connue sous le nom d'Els Quatre Gats), l'un des premiers édifices modernistes de Barcelone (à partir de 1896), avec des fenêtres gothiques ouvragées et de fantasques ornements en fer forgé.

Barcelone depuis les Jeux olympiques

La dernière révolution architecturale barcelonaise commença dans les années 1980, dans la période qui précéda les Jeux olympiques de 1992. Barcelone entama alors l'une de ses plus grandes phases de rénovation urbaine depuis la grisante époque de L'Eixample.

Le réaménagement en vue des Jeux olympiques incluait la transformation du front de mer du Port Vell, la remise en état des sites de Montjuïc datant de l'Exposition internationale de 1929 (y compris la rénovation du stade olympique) et la construction de bâtiments emblématiques comme la Torre Calatrava de Santiago Calatrava (né en 1951).

Après 1992, le rythme ralentit, mais l'on continua à construire des édifices à des endroits stratégiques afin d'aider les quartiers concernés à émerger par leurs propres moyens. La plus emblématique de ces réalisations est le musée d'Art contemporain de Barcelone (MACBA), qui a ouvert en 1995. Imaginé par l'architecte américain Richard Meier, il incorpore tous les éléments caractéristiques qui ont fait sa renommée – minimalisme géométrique, utilisation pénétrante d'un blanc omniprésent, du verre et de l'acier – et reste l'objet de débat dans les cercles architecturaux.

L'un des projets les plus ambitieux de la dernière décennie est le Diagonal Mar (en grande parti achevé en 2004), un quartier entier construit en bord de mer, au nord-est de la ville. On y compte surtout des gratte-ciel d'habitation, des tours de bureaux en bord de mer et un immense panneau photovoltaïque qui fournit une partie de l'électricité du quartier.

En 2005, un concombre étincelant apparut dans le paysage : la Torre Agbar, conçue par l'architecte français Jean Nouvel, est emblématique de la volonté de la ville de faire du secteur 22@ une zone high-tech (*vint-i-dos arroba* ; www.22barcelona.com). Non loin, les travaux se concentrent (à partir de 2012) sur le réaménagement de la Plaça de les Glòries Catalanes, qui s'agrémentera d'un musée du design high-tech (où sera transféré le Disseny Hub) et de nombreux espaces verts. Plus à l'est, les travaux de la tour Spirale projetée par Zaha Hadid ne font qu'ajouter au futurisme de la ville, en espérant que cette architecture avant-gardiste stimulera le développement du secteur 22@.

Art moderne

La fondation Antoni Tàpies (p. 135)

MICHAEL WEBER / IMAGEBROKER ©

Barcelone est l'un des épicentres mondiaux de l'art moderne. Trois des artistes majeurs de l'avant-gardisme du XXe siècle – Picasso, Miró et Dalí – sont nés ou ont étudié la peinture ici. Nombre de leurs œuvres sont présentées dans les musées et les espaces publics de Barcelone. La Catalogne reste un incubateur pour les artistes novateurs, tel Antoni Tàpies, décédé en février 2012, qui a marqué l'art contemporain de son empreinte .

Trois figures incontournables

L'Espagne occupe une place importante dans le monde de l'art depuis que Vélasquez a réalisé ses obsédantes *Ménines (Las Meninas)* et a inauguré l'incroyable Siglo de Oro (vers 1492-1680), même si la Catalogne est entrée dans la danse un peu tard.

Picasso

Ce n'est qu'à la fin du XIXe siècle que de véritables grands artistes commencent à émerger à Barcelone et dans l'arrière-pays, d'abord grâce au portraitiste dandy Ramón Casas (1866-1932). Casas, un des premiers modernistes, est célèbre pour son bar, Els Quatre Gats, qui est devenu le centre du mouvement moderniste, alors en plein essor à Barcelone, et a accueilli quantité de spectacles et d'expositions.

L'un des premiers artistes à y avoir été présenté fut un inconnu de Málaga du nom de Pablo Picasso (1881-1973).

Picasso vécut à Barcelone de manière sporadique entre 16 et 24 ans, et la ville influença fortement ses premières peintures, notamment celles de sa célèbre "période bleue". En 1904, Picasso, alors mûr, s'installa à Paris où il se fit un nom et découvrit le cubisme avant de devenir finalement l'un des plus grands artistes du XXe siècle.

Miró

Dans la continuité de cette explosion artistique, l'expérimentaliste barcelonais Joan Miró (1893-1983) est particulièrement connu pour son utilisation de formes symboliques dans des couleurs primaires. Déclarant qu'il allait "assassiner l'art", Miró ne voulait rien avoir à faire avec les étiquettes restrictives de l'époque, même s'il a souvent été qualifié de pionnier du surréalisme, du dadaïsme et de l'automatisme.

Dalí

Né à Figueras, non loin de Barcelone, Salvador Dalí (1904-1989) s'est fait connaître autant pour l'inventivité incroyable de ses œuvres surréalistes que pour son attitude "extravagantissime", ses manières incroyables et son autopromotion éhontée. Dalí est difficile à manquer où que l'on se trouve dans le monde, mais cela atteint de folles proportions à Barcelone.

Art de rue

Les rues, les squares et les parcs de Barcelone sont emplis d'œuvres d'artistes de renom, d'hier ou d'aujourd'hui, célèbres ou anonymes. Vous pourrez ainsi admirer aussi bien les œuvres d'artistes modernistes comme Josep Llimona que celles de sculpteurs internationalement connus, comme Roy Lichtenstein ou Fernando Botero. Picasso et Joan Miró ont également tous deux laissé leur empreinte de façon très visible dans la ville.

Depuis le retour de la démocratie, à la fin des années 1970, la municipalité n'a jamais hésité à encourager l'installation d'œuvres d'art contemporain, parfois grandioses, mais souvent incompréhensibles. Les réactions vont de l'admiration à la plus grande perplexité.

Très fière, à juste titre, de son patrimoine artistique, la municipalité a créé une vaste archive sur Internet, à l'adresse www.bcn.cat (cliquez sur "Art Públic", sous "Blog Barcelona"). Le site décrit des centaines d'œuvres disséminées à travers la ville et offre même un résumé de l'histoire de la ville à travers son art de rue. Il est possible de chercher les œuvres par quartier, période ou mot-clé.

Tàpies et l'art informel

Difficile de venir après Picasso, Miró et Dalí. C'est pourtant ce qu'a très bien réussi le Catalan Antoni Tàpies, à qui l'on doit la renaissance de la flamme moderniste. Admirateur de Miró, Tàpies n'a pas tardé à emprunter sa propre voie grâce à l'"art informel" (un emploi de la spontanéité à la Jackson Pollock) en inventant une peinture n'hésitant pas à utiliser de l'argile, des bouts de ficelle et même des ordures. En avril 2010, le roi Juan Carlos Ier a octroyé à Tàpies un titre de noblesse héréditaire (il est ainsi devenu le premier "marquis de Tàpies") afin de récompenser sa contribution à l'art de l'après-guerre. C'était sans conteste le plus grand artiste espagnol jusqu'à sa mort en 2012.

Art contemporain

Dans le sillage des trois grands précédemment cités, Barcelone est resté un véritable petit creuset d'artistes, dominé par la figure d'Antoni Tàpies (1923-2012). Intéressé par les autoportraits au début de sa carrière (au milieu des années 1940), il s'est surtout fait remarquer par ses collages utilisant toutes sortes de matériaux, du bois au riz.

Poète, artiste et homme de théâtre, Joan Brossa (1919-1998) a été une sorte de "guide" culturel pour Barcelone. Ses "poèmes visuels", lithographies et autres œuvres, qui figurent souvent des lettres et toutes sortes d'autres objets permettent de rendre son monde accessible même à ceux qui ne peuvent comprendre ses poèmes en catalan.

Joan Hernández Pijuan (1931-2005), l'un des peintres abstraits les plus importants du XXe siècle à Barcelone, a produit des œuvres se concentrant sur les formes et figures naturelles, souvent en faisant usage de couleurs neutres et de surfaces différentes.

Jaume Plensa (né en 1955) est sans doute le plus grand sculpteur contemporain d'Espagne. Allant du dessin à la sculpture, en passant par la vidéo et les installations, ses œuvres ont été exposées dans le monde entier.

Susana Solano (née en 1946) compte parmi les peintres et les sculpteurs les plus renommés de Barcelone. Elle réalise également des installations vidéo, ainsi que des collages et des bijoux.

Les meilleurs...
Lieux
où voir de
l'art moderne

1 Musée Picasso
(p. 92)

2 Fondation Joan Miró
(p. 170)

3 Fondation Antoni
Tàpies (p. 135)

4 MACBA (p. 81)

Football

Des fans du FC Barcelona au Camp Nou (p. 183)

OSO MEDIA / A

À Barcelone, le football est une religion. Rivalisant avec la cathédrale au titre de premier lieu de culte de la ville, le Camp Nou est le stade du FC Barcelona, club de football, marque internationale et bastion de l'identité catalane tout à la fois. Ses rayures bleues et bordeaux sont portées dans le monde entier, aussi bien par les écoliers thaïlandais fans de foot que par des bergers du bush africain.

Une force culturelle

Tout commença le 29 novembre 1899, lorsque le Suisse Hans Gamper fonda le FC Barcelona, quatre ans après le premier match joué par des Anglais résidant à Barcelone. C'est lui qui choisit les couleurs – le bleu et le bordeaux de sa ville natale, Winterthur – qu'arborent toujours les joueurs. En 1910, le FC Barcelona fut le premier club d'une ligue en plein essor et il avait déjà remporté sa première coupe d'Espagne. Lorsque la Liga, le championnat d'Espagne fut créée en 1929, le Barça remporta le premier titre haut la main, mais ses victoires devinrent plus irrégulières au fil des décennies et des mesures du régime franquiste contre les manifestations de l'identité catalane.

La renaissance du FC Barça comme force culturelle et footballistique coïncida avec la mort de Franco et l'arrivée de joueurs

trangers, à commencer par l'excellent milieu de
errain hollandais Johann Cruyff, en 1973. Bien d'autres
égendes suivirent, dont Diego Maradona arrivé en
982, le Brésilien Ronaldo en 1996 et Ronaldinho en
003. La chance ne cessait de sourire au club : au
ébut des années 1990, le FC Barça gagna la Liga
uatre années de suite, remporta la Champions League
en 2006 et fut le premier, en 2009, à réaliser un
triplé, en gagnant la Liga, la Coupe d'Espagne et la
Champions League. L'équipe est aujourd'hui menée
par l'extraordinaire milieu de terrain argentin Lionel
Messi, meilleur buteur de l'histoire de l'équipe
et largement reconnu comme l'un des meilleurs
joueurs en activité au niveau mondial.

Les meilleurs...
Lieux
de matchs

1 Camp Nou (p. 183)

2 Polaroid (p. 65)

3 Dusk (p. 65)

4 Cafe San Telmo
(p. 150)

Assister à un match

Assister à un match au Camp Nou (p. 183),
le stade le plus vaste d'Europe, peut être
une expérience extraordinaire. Si vous êtes à
Barcelone quand le Barça joue, ne manquez pas l'occasion de voir la magie
qui s'opère sur le terrain.

Les billets pour les matchs sont en vente au stade du Camp Nou (p. 183), dans
les FNAC et les magasins Carrefour, ainsi que sur le service de billetterie **Servi-
Caixa**. Les tarifs varient de 35 à 200 €, selon la place et le match. La billetterie du
stade est ouverte le samedi matin et après-midi, jusqu'au début de la partie. Si le
match est disputé un dimanche, elle est ouverte le samedi matin uniquement, puis
le dimanche jusqu'au coup de sifflet lançant la rencontre. Sachez qu'il est impossible
d'obtenir une place pour un match contre le Real Madrid.

Si vous ne pouvez pas voir de match, le Camp Nou mérite tout de même la visite.
ous pourrez revivre les temps forts du club dans le musée high-tech et passer
ar les vestiaires et le terrain.

'autre équipe

'est LA question à laquelle seuls les plus grands fans de foot savent répondre : quel
st le nom de la seconde équipe de Barcelone ? La réponse est le RCD Espanyol, les
empiternels seconds qui s'entraînent à l'**Estadi RCD Espanyol** (☏ 93 292 77 00 ; www.
cdespanyol.com ; Avinguda del Baix Llobrega ; Ⓜ Cornellà Centre), bâti en 2009. La rivalité
arça-Espanyol est l'une des plus dures du monde du football. Et elle divise les
abitants : si le FC Barça est traditionnellement associé au nationalisme catalan, le
DC Espanyol est quant à lui plutôt lié aux Espagnols du reste du pays.
ais les résultats ne trompent pas : le FC Barça a remporté le trophée 79 fois,
Espanyol seulement 4.

Shopping

El Ingenio (p. 69)

GETTY I

Mariant marques anciennes aux noms prestigieux et tendances bohèmes plus ou moins chics, Barcelone ravira les amateurs de boutiques de caractère. Les plus fortunés trouveront autant leur bonheur que les petits budgets. Ainsi, si le Passeig de Gràcia est l'endroit idéal pour faire chauffer sa carte bleue, les amateurs de bonnes affaires, d'antiquités et de boutiques indie préféreront le charme brut d'El Raval ou le très branché quartier de La Ribera.

À la pointe de la mode

Géant du prêt-à-porter, Mango compte parmi les principales *success stories* de la capitale catalane. Nom local de plus en plus en vue sur les podiums internationaux, Custo Dalmau (alias Custo Barcelona) a ouvert une chaîne de boutiques, qui s'étend rapidement, aussi bien en Espagne qu'à l'étranger. Mais d'autres créateurs sont installés à Barcelone, parmi lesquels Antonio Miró, Joaquim Verdú, David Valls, Josep Font, Armand Basi, Purificación García, Konrad Muhr, Sita Murt et TCN. Tous les grands noms de la mode espagnole, d'Adolfo Domínguez à Zara, sont aussi représentés et il est rare qu'une grande marque internationale ne possède pas de revendeur à Barcelone.

Deux fois par an, le très sélect salon de mode urbaine Bread & Butter attire à Barcelone des centaines de professionnels de la mode du monde entier. Fondé à Berlin, le Salon a été transféré à Barcelone en 2006 et ne fait que se renforcer depuis.

Quartier par quartier

Pour la haute couture, le prêt-à-porter de luxe, le design, les bijoux et les grands magasins, l'itinéraire classique part de la Plaça de Catalunya, remonte le Passeig de Gràcia, tourne à gauche dans l'Avinguda Diagonal et va jusqu'à la Plaça de la Reina Maria Cristina. Le tronçon situé entre la Plaça de Francesc Macià et la Plaça de la Reina Maria Cristina constitue un terrain de chasse particulièrement prisé.

Au cœur de L'Eixample, le Quadrat d'Or (le carré d'or), abrite toutes sortes de boutiques chics. La Rambla de Catalunya n'est pas en reste, tandis que La Carrer del Consell de Cent déborde de galeries d'art autant que les rues avoisinantes regorgent d'adresses où faire du lèche-vitrine, des cavistes haut de gamme aux librairies.

Incontournable Boqueria

Véritable festival de bruits, de parfums et de couleurs, le marché de la Boqueria (p. 82), le plus central de Barcelone, est l'un des plus célèbres d'Europe. Ses étals débordent véritablement de fruits et légumes colorés, de créatures marines, de charcuteries, de fromages, de viandes et de sucreries. On y trouve également une demi-douzaine d'endroits sans prétention où se restaurer plus que correctement à l'heure du déjeuner. Selon certaines sources, il y aurait un marché à cet endroit depuis 1217. Aujourd'hui, toutefois, il faut souvent jouer des coudes avec les touristes admiratifs pour réussir à acheter quelques tranches de jambon.

Les commerçants du Barri Gòtic appellent souvent leur quartier "Barnacentre" (de "Barna", ou Barcelone en argot local). Les allées étroites autour de la Plaça de Sant Jaume abritent certaines boutiques très anciennes et pittoresques, du chapelier au fabricant de chandelles. Jadis malfamée, la Carrer d'Avinyó est devenue un miniboulevard de la mode, où fleurissent les créations de couturiers prometteurs pour une clientèle jeune (ou jeune d'esprit) et tendance. Quant aux amateurs d'antiquités, ils ne manqueront pas de trouver leur bonheur vers la Carrer de la Palla et la Carrer dels Banys Nous.

Dans La Ribera, deux sortes de magasins sont particulièrement intéressants : les commerces traditionnels spécialisés dans l'alimentation et les boutiques de créateurs (notamment la partie de la Carrer del Rec entre le Passeig del Born et l'Avinguda del Marquès de l'Argentera), qui font le bonheur des jeunes actifs récemment installés dans le *barri*. Les magasins anciens sont nombreux à El Raval, où vous pourrez aussi découvrir plusieurs boutiques de vêtements vintage dans la Carrer de la Riera Baixa.

Au paradis du chineur

Les collectionneurs de tous poils, les bibliophiles et autres amateurs de choses anciennes pourront donner libre cours à leur passion sur plusieurs marchés de la ville. Ils débutent généralement vers 9h et se finissent en fin d'après-midi. Els Encants Vells (p. 153) est sans conteste le marché aux puces le plus important et le plus intéressant.

Le Barri Gòtic accueille un **marché d'art et d'artisanat** (Plaça de Sant Josep Oriol ; M Liceu) tous les samedis et dimanches, le **Mercat Gòtic** (Plaça Nova ; M Liceu or Jaume I), pour les amateurs d'antiquités, tous les jeudis, et une **bourse d'échange de pièces et de timbres** (Plaça Reial ; M Liceu) tous les dimanches matin.

Les meilleures...
Adresses
secrètes

1 El Rey de la Magia (p. 105)

2 Taller de Marionetas Travi (p. 69)

3 Sala Parés (p. 69)

4 El Ingenio (p. 69)

5 La Manual Alpargatera (p. 69)

6 L'Arca de l'Àvia (p. 69)

Le week-end, vous trouverez également sur le front de mer plusieurs petits marchés intéressants. Le Port Antic (p. 123), près de l'extrémité de La Rambla est notamment assez riche en photographies anciennes, tableaux, vinyles, vieux jouets et autres antiquités.

À proximité, vous pourrez emprunter la Rambla de Mar, passerelle piétonnière permettant de rejoindre le Mercado de Pintores (p. 123), "marché des peintres" offrant un vaste choix d'œuvres, allant de la pièce de collection à l'ordinaire. Également à proximité, les marchands de la Feria de Artesanía del Palau de Mar (p. 123) vendent toutes sortes de produits artisanaux, des bijoux aux T-shirts, en passant par les chapeaux tressés main, les bougies et savons parfumés, les foulards et objets décoratifs divers. Le marché est ouvert tous les jours en juillet et août.

À l'extrémité ouest d'El Raval, le marché moderniste de **Sant Antoni** (Carrer Comte d'Urgell 1 ; ⊘7h-20h30 ; Ⓜ Hospital Clínic) est consacré tous les dimanches matin aux cartes, timbres, cartes postales et livres anciens.

Tous les 15 jours, les gourmands peuvent faire le plein de miels, fromages et autres produits artisanaux à la **Fira Alimentació** (Ⓜ Liceu), qui a lieu du vendredi au dimanche.

Détaxe

Les visiteurs non ressortissants européens ont le droit, dans n'importe quel commerce, de se faire rembourser les 18% d'IVA (l'équivalent espagnol de la TVA) pour tout achat de plus de 90,16 € si les marchandises sortent de l'UE dans les 3 mois. Pour ce faire, demandez au magasin un formulaire de détaxe que vous présenterez (en même temps que les marchandises) au guichet des douanes lors de votre départ d'Espagne, avant l'enregistrement. À l'aéroport de Barcelone, cette cabine se trouve au rez-de-chaussée du Terminal A, en face du bar. Notez qu'il est prévu que l'IVA passe à 20% en 2013.

Carnet pratique

Le marché de la Boqueria (p. 82)
PHOTOGRAPHE : HANS BLOSSEY / IMAGEBROKER ©

Où se loger

Des établissements de luxe aux petits hôtels de charme, en passant par diverses options de catégorie moyenne et bon marché, l'offre d'hébergement est excellente à Barcelone. Le cadre est également varié : secteur historique, bord de mer, ou charmants quartiers ne manquant pas de restaurants et d'établissements de nuit. La crise économique ayant ralenti l'augmentation des prix, le rapport qualité/prix est généralement raisonnable.

Types d'hébergements

Hôtels

La gamme hôtelière barcelonaise est vaste, allant des établissements les plus simples, proches des meilleurs *pensiones* et *hostales*, aux luxueux 5-étoiles. Certains critères peuvent être particulièrement appréciables : piscine et bar lounge en terrasse, vue (sur la mer ou sur la ville – la Sagrada Família, Montjuïc, le Barri Gòtic) et proximité des sites touristiques importants.

B&B

Barcelone compte un nombre croissant d'hébergements de style B&B. Ils occupent souvent des bâtiments historiques de la vieille ville et de L'Eixample, et offrent beaucoup de charme. La plupart comptent entre 3 et 10 chambres. Les espaces communs sont souvent agréables et les petits-déjeuners copieux, mais tous ne disposent pas de sdb privative.

Pensiones et *hostales*

La ville ne manque pas d'auberges de jeunesse. Les voyageurs disposant d'un petit budget et que la perspective de dormir en dortoir rebute opteront pour les multiples *pensiones* et *hostales*, ces petits hôtels familiaux (d'une propreté et d'un confort très variables), installés la plupart du temps dans de vastes appartements privés reconvertis.

Si votre budget est particulièrement serré, consultez les adresses économiques de Barcelona 30.com (en français).

Location d'appartements et de chambres

Une solution plus confortable (et parfois plus économique) que l'hôtel consiste à louer un appartement. Beaucoup d'agences organisent des locations à court terme dans toute la ville, dont **Air Bnb** (www.airbnb.com). En général, les prix vont de 80 à 100 € environ par nuit pour deux personnes. Pour 4 personnes, comptez une moyenne de 160 € la nuit. Il propose aussi des chambres simples chez l'habitant – si vous acceptez de partager des espaces communs, c'est un bon moyen pour rencontrer des habitants et/ou d'autres voyageurs. Comptez de 30 à 60 € en moyenne pour une chambre.

Bon à savoir

GUIDE DES PRIX

Le symbole € indique le tarif d'une nuit en chambre double en haute saison. Sauf mention contraire, le prix comprend une salle de bains privative.

- € moins de 75 €
- €€ 75-200 €
- €€€ plus de 200 €

TAXE DE SÉJOUR

Quasiment tous les hébergements sont soumis à une TVA (IVA en espagnol) de 8%. Depuis novembre 2012, la ville prélève également une taxe de 0,75 € par nuit.

RÉSERVATIONS

Il est fortement recommandé de réserver, en particulier à Pâques, autour de Noël et du Nouvel An, pendant les Salons, ainsi qu'en été.

ARRIVÉE ET DÉPART

L'arrivée se fait souvent autour de 14h ou 15h. Le départ est habituellement fixé à 12h.

Tarifs

Suivant la saison et l'établissement, un lit en dortoir dans une auberge de jeunesse coûte entre 15 et 25 €. Dans les petits *hostales* ou *pensiones,* comptez un minimum de 35/55 € environ pour une *individual/doble* (simple/double) basique, le plus souvent sans sdb privative. Il est parfois possible de trouver des chambres moins chères, mais elles sont souvent peu engageantes. Pour 100-140 €, vous aurez un vaste choix de chambres doubles dans divers quartiers. Dans la catégorie supérieure, comptez 250 € pour une double, et jusqu'à 500 € (et plus pour une suite).

Certains hôtels petits budgets et de catégorie moyenne maintiennent les mêmes prix tout au long de l'année. D'autres les font varier en saison haute *(temporada alta),* en saison intermédiaire *(temporada media)* et en basse saison *(temporada baja).* Cette dernière s'étend globalement de novembre à Pâques, période de Noël et de Nouvel An exceptée.

Pendant les grandes foires commerciales (elles sont fréquentes), ce sont généralement les tarifs de haute saison qui s'appliquent. Inversement, les hôtels destinés aux voyageurs d'affaires considèrent souvent les week-ends, les jours fériés et autres périodes creuses pour les affaires comme de la basse saison. Réserver sur Internet revient souvent moins cher que d'arriver à l'hôtel au dernier moment.

Voyageurs à mobilité réduite

De nombreux hôtels affirment être accessibles aux voyageurs handicapés, mais la réalité est souvent décevante. Consultez le site www.barcelona-access. com (en français) pour trouver un hébergement véritablement accessible.

Sites Internet

Oh-Barcelona (www.oh-barcelona.com). Sélection bien organisée d'hôtels, d'auberges de jeunesse et d'appartements à louer, ainsi que de bonnes présentations et autres articles sur Barcelone.

Airbnb (www.airbnb.com). L'une des meilleures ressources pour la location ou le partage d'appartement, avec des centaines d'adresses répertoriées.

Barcelona 30 (www.barcelona30.com). Excellent pour les voyageurs à petit budget.

Choisir un quartier

QUARTIER	AVANTAGES	INCONVÉNIENTS
LA RAMBLA ET LE BARRI GÒTIC	Excellente situation, proche de sites majeurs ; se découvre idéalement à pied ; animation nocturne et restaurants.	Très touristique ; bruyant ; certaines chambres petites et sans fenêtre.
EL RAVAL	Situation centrale, vie nocturne animée et accessibilité aux sites touristiques ; atmosphère bohème avec peu de touristes.	Parfois bruyant ; certains endroits malfamés et délabrés ; mieux vaut ne pas se promener la nuit.
LA RIBERA	Excellents restaurants et quartier à explorer ; situation centrale ; sites majeurs.	Parfois bruyant ; bondé ; touristique.
LA BARCELONETA ET LE FRONT DE MER	Excellents restaurants de fruits de mer ; atmosphère locale décontractée ; front de mer facilement accessible.	Peu d'hébergements ; les environs de La Barceloneta sont éloignés des sites touristiques et de l'animation ; conviennent mieux aux voyageurs d'affaires.
LA SAGRADA FAMÍLIA ET L'EIXAMPLE	Proche des sites modernistes ; bons restaurants et vie nocturne ; excellente scène gay.	Parfois bruyant avec beaucoup de circulation ; peu pratique pour visiter à pied ; un peu loin de la vieille ville.
MONTJUÏC	Près des musées et jardins, vue sur Montjuïc. El Poble Sec est à découvrir.	Légèrement excentré. Parfois malfamé en montant près de la gare ferroviaire El Sants.
PARC GÜELL, CAMP NOU ET LA ZONA ALTA	Fréquenté par la jeunesse locale. Bars et restaurants animés.	Loin de la vieille ville. Peu d'hôtels. La Zona Alta convient mieux aux voyageurs d'affaires.

Les meilleures adresses

NOM		NOTRE AVIS
HOTEL 1898 €€€	Barri Gòtic et La Rambla	Hôtel de luxe avec spa, piscine et toit-terrasse. Parquet au sol et beau mobilier dans les chambres.
HOTEL NERI €€€	Barri Gòtic et La Rambla	Les chambres magnifiquement conçues occupent un bâtiment pluricentenaire près de la tranquille Plaça de Sant Felip Neri.
HOTEL COLÓN €€	Barri Gòtic et La Rambla	Chambres allant des simples modestes aux doubles élégantes ; les plus belles ont une vue fantastique sur la cathédrale.
EL JARDÍ €€	Barri Gòtic et La Rambla	Des doubles moyennes, à moins d'en prendre une avec balcon donnant sur l'un des plus jolis parcs de Barcelone.
HOSTAL CAMPI €	Barri Gòtic et La Rambla	Auberge de jeunesse centrale et sympathique avec chambres claires et installations propres dans un édifice du XVIIIe siècle.
CASA CAMPER €€€	El Raval	Hôtel de designer excentrique avec chaussons Camper, mobilier Vinçon et jardins suspendus.
WHOTELLS €€	El Raval	Appartements très fonctionnels au mobilier Muji, proches du marché de la Boqueria.
BARCELÓ RAVAL €€	El Raval	Hôtel de designer avec toit-terrasse, bar-restaurant élégant et chambres design remplies de gadgets.
HOTEL SAN AGUSTÍN €€	El Raval	Ouvert en 1840, le plus vieil hôtel de la ville propose des chambres lumineuses donnant sur une curieuse petite place.
HOSTAL CHIC & BASIC €€	El Raval	Chambres bien équipées, avec notamment TV à écran plasma et dock iPod.
HOSTAL GAT RAVAL €	El Raval	Dans une ruelle bordée de bars, un *hostal* tendance avec chambres individuelles agréables, certaines dotées d'une sdb privative.
GRAND HOTEL CENTRAL €€	La Ribera	Chambres design spacieuses avec hauts plafonds, parquet sombre et éclairage subtil. Piscine sur le toit.
CHIC & BASIC €€	La Ribera	Hôtel sympathique, avec 31 chambres d'un blanc immaculé et des éléments du bâtiment d'origine, comme l'escalier en marbre.
HOTEL BANYS ORIENTALS €€	La Ribera	Hôtel de charme très prisé, avec tons bleus et sols sombres.
W BARCELONA €€€	La Barceloneta et le front de mer	Tour en forme de voile de bateau aux chambres chics. Les équipements incluent un spa, une immense piscine et un bar au dernier étage.
EUROSTARS GRAND MARINA HOTEL €€	La Barceloneta et le front de mer	Ambiance marine jusque dans les chambres, décorées de bois poli. Piscine sur le toit.
HOTEL MARINA FOLCH €	La Barceloneta et le front de mer	Hôtel familial d'un bon rapport qualité/prix louant 10 chambres. Les meilleures ont un petit balcon donnant sur la marina.
EQUITY POINT SEA HOSTEL €	La Barceloneta et le front de mer	Une auberge de jeunesse exiguë et animée (bouchons d'oreilles nécessaires) jouissant d'un excellent emplacement sur la plage.
HOTEL ARTS BARCELONA €€€	La Barceloneta et le front de mer	L'un des hôtels les plus tendance de Barcelone, avec un restaurant étoilé au Michelin et une vue imprenable.

INFOS PRATIQUES	SES ATOUTS
☎ 93 552 95 52 ; www.hotel1898.com ; La Rambla 109 ; d 230-350 € ; ❄@🛜≋ ; Ⓜ Liceu	Cadre somptueux et vue sur La Rambla
☎ 93 304 06 55 ; www.hotelneri.com ; Carrer de Sant Sever 5 ; d à partir de 270 € ; ❄@🛜 ; Ⓜ Liceu	Superbe emplacement dans le Barri Gòtic
☎ 93 301 14 04 ; www.hotelcolon.es ; Avinguda de la Catedral 7 ; s/d à partir de 110/170 € ; ❄@ ; Ⓜ Jaume I	Vue imbattable sur la cathédrale
☎ 93 301 59 00 ; www.eljardi-barcelona.com ; Plaça de Sant Josep Oriol 1 ; d 65-120 € ; ❄🛜 ; Ⓜ Liceu	La tranquillité du lieu
☎ 93 301 35 45 ; www.hostalcampi.com ; Carrer de la Canuda 4 ; d 70 €, s/d sans sdb 35/60 € ; @🛜 ; Ⓜ Catalunya	L'emplacement et les tarifs
☎ 93 342 62 80 ; www.casacamper.com ; Carrer d'Elisabets 11 ; s/d 240/270 € ; ❄@ ; Ⓜ Liceu	Le style décalé
☎ 93 443 08 34 ; www.whotells.com ; Carrer de Joaquín Costa 28 ; app à partir de 180 € ; ❄@🛜 ; Ⓜ Universitat	Appartement indépendant à El Raval
☎ 93 320 14 90 ; www.barceloraval.com ; Rambla del Raval 17-21 ; d 160-230 € ; ❄@ ; Ⓜ Liceu	Chambres design
☎ 93 318 16 58 ; www.hotelsa.com ; Plaça de Sant Agustí 3 ; ch à partir de 80-180 € ; ❄@🛜 ; Ⓜ Liceu	Emplacement central, très pratique
☎ 93 302 51 83 ; www.chicandbasic.com ; Carrer de Tallers 82 ; s 80 €, d 103-124 € ; ❄@ ; Ⓜ Universitat	Bon rapport qualité/prix
☎ 93 481 66 70 ; www.gataccommodation.com ; Carrer de Joaquín Costa 44 ; s/d sans sdb 63/82 € ; ❄@🛜 ; Ⓜ Universitat	Au cœur de la vie nocturne
☎ 93 295 79 00 ; www.grandhotelcentral.com ; Via Laietana 30 ; d 235 € ; ❄@≋ ; Ⓜ Jaume I	Style design
☎ 93 295 46 52 ; www.chicandbasic.com ; Carrer de la Princesa 50 ; s 96 €, d 132-192 € ; ❄@ ; Ⓜ Jaume I	Design recherché
☎ 93 268 84 60 ; www.hotelbanysorientals.com ; Carrer de l'Argenteria 37 ; s/d 88/105 €, ste 130 € ; ❄@ ; Ⓜ Jaume I	Excellent emplacement
☎ 93 295 28 00 ; www.w-barcelona.com ; Plaça de la Rosa del Vents 1 ; ch à partir de 310 € ; P❄@🛜≋ ; 🚌17, 39, 57 ou 64, Ⓜ Barceloneta	Élégance et bord de plage
☎ 902 932424 ; www.grandmarinahotel.com ; Moll de Barcelona ; ch 240-350 € ; ❄@🛜≋ ; Ⓜ Drassanes	L'air de la mer
☎ 93 310 37 09 ; www.hotelmarinafolchbcn.com ; Carrer del Mar 16 ; s/d/tr 45/65/85 € ; ❄🛜 ; Ⓜ Barceloneta	Prix et proximité de la mer
☎ 93 231 20 45 ; www.equity-point.com ; Plaça del Mar 1-4 ; dort 19-28 € ; ❄@🛜 ; 🚌17, 39, 57 ou 64 Ⓜ Barceloneta	Bon marché en bord de plage
☎ 93 221 10 00 ; www.hotelartsbarcelona.com ; Carrer de la Marina 19-21 ; ch à partir de 480 € ; P❄@🛜≋ ; Ⓜ Ciutadella Vila Olímpica	Style et emplacement sur la plage

231

NOM		NOTRE AVIS
HOTEL ME €€	La Barceloneta et le front de mer	Chambres luxueuses avec vue sur la mer ou la ville. Bar-club et piscine en terrasse prisé au 6e étage.
POBLENOU BED & BREAKFAST €€	La Barceloneta et le front de mer	Maison chic de 1930 avec hauts plafonds et carrelages superbes. Le petit-déjeuner est servi sur la terrasse arrière.
HOTEL ESPAÑA €€	Sagrada Família et L'Eixample	Chambres simples et propres dans un édifice moderniste exhalant encore le charme d'autrefois.
HOTEL MAJÈSTIC €€€	Sagrada Família et L'Eixample	Grand hôtel central avec piscine sur le toit, spa et beaucoup de charme.
MANDARIN ORIENTAL €€€	Sagrada Família et L'Eixample	L'édifice imposant de cette ancienne banque renferme 98 chambres associant design contemporain et touches orientales.
HOTEL OMM €€€	Sagrada Família et L'Eixample	La façade digne de Dalí abrite des chambres ultramodernes, un toit-terrasse et un grand bar minimaliste.
COMTES DE BARCELONA €€	Sagrada Família et L'Eixample	Le style design et épuré domine dans cet hôtel avec chambres luxueuses, parquet et touches architecturales.
HOTEL SIXTYTWO €€	Sagrada Família et L'Eixample	Chambres design avec TV Bang & Olufsen et grand lit. Joli jardin japonais pour se détendre.
ST MORITZ HOTEL €€	Sagrada Família et L'Eixample	Hôtel haut de gamme avec des chambres entièrement équipées, restaurant élégant et bar en terrasse.
SUITES AVENUE €€	Sagrada Família et L'Eixample	Appartements avec terrasse, salle de gym et piscine (ainsi qu'un mini-musée d'art hindou et bouddhique).
FIVE ROOMS €€	Sagrada Família et L'Eixample	Grands lits fermes, murs en briques apparentes, mosaïques restaurées et déco minimaliste.
HOTEL CONSTANZA €€	Sagrada Família et L'Eixample	Option de charme très appréciée. Belle vue sur les toits de L'Eixample depuis la terrasse.
MARKET HOTEL €€	Sagrada Família et L'Eixample	Dans un bâtiment joliment rénové, à l'angle de l'ancien marché Sant Antoni.
HOTEL D'UXELLES €€	Sagrada Família et L'Eixample	Charme et simplicité caractérisent ces chambres aux lits en fer forgé, rideaux fluides et terrasse (pour certaines).
HOTEL PRAKTIK €€	Sagrada Família et L'Eixample	Un véritable joyau moderniste, avec hauts plafonds, carrelage d'origine, chambres remplies d'œuvres d'art et salle de lecture agréable.
HOSTAL OLIVA €€	Sagrada Família et L'Eixample	Cet *hostal*, situé au 4e étage, est une option bon marché fiable et fantastique dans l'un des quartiers les plus chers de la ville.
URBAN SUITES €€	Montjuïc	Établissement contemporain doté de 16 suites et 4 appartements. Pratique et confortable.
HOTEL REY JUAN CARLOS I €€	Parc Güell, Camp Nou et La Zona Alta	Un gigantesque et luxueux hôtel abritant plus de 400 chambres, la plupart avec une superbe vue.
HOTEL TURÓ DE VILANA €€	Parc Güell, Camp Nou et La Zona Alta	Hôtel design et lumineux louant 20 chambres, installé dans l'agréable quartier résidentiel de Sarrià.
HOTEL CASA FUSTER €€€	Parc Güell, Camp Nou et La Zona Alta	Éléments d'époque et chambres luxueuses dans une belle demeure moderniste (sans parler de la piscine sur le toit-terrasse).

INFOS PRATIQUES	SES ATOUTS
☎ 902 144440 ; www.me-barcelona.com ; Carrer de Pere IV 272-286 ; ch 185-255 € ; P ❄ @ 🛜 ; M Poblenou	Vue sur la mer
☎ 93 221 26 01 ; www.hostalpoblenou.com ; Carrer del Taulat 30 ; s 60 €, d 80-120 € ; ❄ @ 🛜 ; M Llacuna	Charme barcelonais
☎ 93 318 17 58 ; www.hotelespanya.com ; Carrer de Sant Pau 9-11 ; s 100 €, d 125-155 € ; ❄ ; M Liceu	L'élégance à prix raisonnables
☎ 93 488 17 17 ; www.hotelmajestic.es ; Passeig de Gràcia 68 ; d à partir de 410 € ; P ❄ @ 🛜 🏊 ; M Passeig de Gràcia	Sophistication rétro
☎ 93 151 88 88 ; www.mandarinoriental.com ; Passeig de Gràcia 38 ; d à partir de 375 € ; P ❄ @ 🛜 🏊 ; M Passeig de Gràcia	Une "folie", mais mémorable
☎ 93 445 40 00 ; www.hotelomm.es ; Carrer de Rosselló 265 ; d à partir de 360 € ; P ❄ @ 🏊 ; M Diagonal	Très joli design
☎ 93 445 00 00 ; www.condesdebarcelona.com ; Passeig de Gràcia 73-75 ; s/d 177/260 € ; P ❄ @ 🛜 🏊 ; M Passeig de Gràcia	Cadre luxueux et moderniste
☎ 93 272 41 80 ; www.sixtytwohotel.com/en ; Passeig de Gràcia 62 ; d 170-265 € ; P ❄ @ 🛜 ; M Passeig de Gràcia	Confort haut de gamme
☎ 93 481 73 50 ; www.hcchotels.com ; Carrer de la Diputació 262 bis ; s/d 180/195 € ; P ❄ @ 🛜 ; M Passeig de Gràcia	Emplacement central dans L'Eixample
☎ 93 487 41 59 ; www.derbyhotels.es ; Passeig de Gràcia 83 ; app à partir de 192 € ; P ❄ @ 🛜 🏊 ; M Diagonal	Appartements tous services
☎ 93 342 78 80 ; www.thefiverooms.com ; Carrer de Pau Claris 72 ; s/d à partir de 115/135 €, app à partir de 175 € ; ❄ @ 🛜 ; M Urquinaona	Charme haut de gamme
☎ 93 270 19 10 ; www.hotelconstanza.com ; Carrer del Bruc 33 ; s/d 130/150 € ; ❄ @ ; M Girona ou Urquinaona	Pour un séjour romantique
☎ 93 325 12 05 ; www.forkandpillow.com ; Passatge de Sant Antoni Abad 10 ; s 110 €, d 120-130 €, ste 145 € ; ❄ @ ; M Sant Antoni	Déco colorée et pleine de charme
☎ 93 265 25 60 ; http://hostalduxcllcshotelbarcelona.priorguest.com ; Gran Via de les Corts Catalanes 688 ; s/d 90/109 € ; ❄ @ ; M Tetuan	Charme classique à la catalane
☎ 93 343 66 90 ; www.hotelpraktikrambla.com ; Rambla de Catalunya 27 ; ch à partir de 80-170 € ; ❄ @ 🛜 ; M Passeig de Gràcia	Le raffinement du cadre
☎ 93 488 01 62 ; www.hostaloliva.com ; Passeig de Gràcia 32 ; d 85 €, s/d sans sdb 38/66 € ; ❄ 🛜 ; M Passeig de Gràcia	Charme classique à prix abordable
☎ 93 201 51 64 ; www.theurbansuites.com ; Carrer de Sant Nicolau 1-3 ; ste à partir de 170 € ; P ❄ @ 🛜 ; M Sants Estació	Libre-service
☎ 93 364 40 40 ; www.hrjuancarlos.com ; Avinguda Diagonal 661-671 ; d à partir de 130 € ; P ⊕ ❄ @ 🛜 🏊 ; M Zona Universitària	Les équipements et la vue
☎ 93 434 03 63 ; www.turodevilana.com ; Carrer de Vilana 7 ; s/d à partir de 87/97 € ; ❄ @ 🛜 ; 🚇 FGC Les Tres Torres, 🚌 64	Le charme du quartier
☎ 93 255 30 00, 902 202345 ; www.hotelcasafuster.com ; Passeig de Gràcia 132 ; s/d à partir de 300/330 € ; P ❄ @ 🛜 🏊 ; M Diagonal	Élégance moderniste

233

Transports

Depuis/vers Barcelone
Arriver à Barcelone

La plupart des voyageurs arrivent à Barcelone par l'aéroport d'El Prat. Certaines compagnies aériennes desservent l'aéroport Girona-Costa Brava.

Voie aérienne

Aéroport d'El Prat
L'**aéroport d'El Prat** (📞902 404 704 ; www.aena.es) est situé à 17 km au sud-ouest de la Plaça de Catalunya, à El Prat de Llobregat. Il compte deux terminaux, le nouveau T1 et le plus ancien T2, lui-même divisé en 3 zones (A, B et C).

BUS
L'**Aerobús** (📞93 415 60 20 ; www.aerobusbcn.com, en français) relie les terminaux 1 et 2 à la Plaça de Catalunya (aller simple/aller-retour 5,65 €/9,75 €, 30 à 40 minutes selon la circulation) via la Plaça d'Espanya, la Gran Via de les Corts Catalanes (angle Carrer del Comte d'Urgell) et la Plaça de la Universitat toutes les 5 à 10 minutes de 6h à 1h. Il part de la Plaça de Catalunya de 5h30 à 12h30 et s'arrête à l'angle de la Carrer de Sepúlveda et de la Carrer del Comte d'Urgell, ainsi qu'à la Plaça d'Espanya. Les tickets s'achètent à bord ou auprès du personnel aux arrêts.

TRAIN
Un train de la compagnie ferroviaire Renfe de la ligne R2 Nord part toutes les 30 minutes de l'aéroport (de 5h42 à 23h38) pour la gare principale, **Estació Sants** et Passeig de Gràcia dans le centre de Barcelone, après quoi il sort de la ville direction nord-ouest. Comptez 25 minutes pour aller de l'aéroport à Passeig de Gràcia. Un aller simple coûte 3,60 € (sauf si vous possédez un pass pour les transports en commun de Barcelone).

La gare ferroviaire desservant l'aéroport est à environ 5 minutes à pied du terminal 2. Des navettes font régulièrement le trajet entre la gare et les terminaux 2 et 1 – comptez 15 à 20 minutes supplémentaires.

TAXI
Un taxi entre l'un des 2 terminaux et le centre-ville – environ 30 minutes en fonction de la circulation – coûte entre 20 et 26 €.

Aéroport de Girona-Costa Brava

L'aéroport **Girona-Costa Brava** (📞902 404 704 ; www.aena.es) se trouve à 12 km au sud de Gérone et à 92 km au nord-est de Barcelone. Vous trouverez un office du tourisme, des DAB et un service bagage au rez-de-chaussée.

Train (www.renfe.com). Des trains circulent régulièrement entre Gérone et Barcelone (7,50-10 €, environ 1 heure 30).

Les bus Sagalés (📞902 130014 ; www.sagales.com) relient toutes les heures l'aéroport de Gérone-Costa Brava à la gare principale, routière et ferroviaire, de Gérone (2,60 €, 30 min). Cette compagnie propose aussi des bus directs Barcelona Bus (📞902 130014 ; www.barcelonabus.com) depuis/vers la gare routière Estació del Nord à Barcelone (aller/aller-retour 15/25 €, 70 min).

Taxi Le trajet jusqu'à Gérone depuis l'aéroport coûte de 20 à 26 €, et environ 140 € jusqu'à Barcelone.

Billets
DEPUIS LA FRANCE
Barcelone est très bien desservi depuis la France par la compagnie nationale espagnole, **Iberia** (📞0825 800 965 ; www.iberia.com), et par **Air France** (📞36 54 ; www.airfrance.fr) : tous les jours, à n'importe quelle période de l'année, des vols réguliers directs partent de Paris ou de province. Certains vols Air France depuis Bordeaux, Paris et Lyon sont effectués en partenariat avec la compagnie **Regional** (📞36 54 ; www.regional.com), appartenant au groupe Air France. Comptez de 100 à 300 € l'aller simple.

Les compagnies à bas prix desservent régulièrement la capitale catalane. La

o Monnaie : euro (€)

o Il est interdit de fumer dans les restaurants et les bars

fréquence des vols dépend beaucoup de la période de l'année. **EasyJet** (www.easyjet.com) assure des liaisons directes entre Barcelone et l'aéroport de Bâle-Mulhouse et depuis Paris (vols quotidiens). **Vueling** (☎ 0899 232 400 ; www.vueling.com) assure également des vols directs quotidiens depuis Paris. Enfin, **Ryanair** (☎ 0892 562 150, www.ryanair.com) dessert quotidiennement l'aéroport de Gérone – d'où l'on peut rejoindre Barcelone en bus –, le premier depuis Paris-Beauvais (très bien relié en bus au départ de la porte Maillot à Paris) et le second au départ de Paris-Orly.

Comptez entre 1 heure 30 et 2 heures de vol selon votre ville de départ. Pour les tarifs, Barcelone étant une destination sur laquelle la concurrence est forte, tout dépend si vous réservez vos billets très en avance ou non. Les plus prévoyants ou ceux qui peuvent voyager en milieu de semaine sur une compagnie à bas prix pourront ne dépenser qu'une centaine d'euros. Les autres compteront au moins 250 à 350 €.

Si vous voulez passer par une agence de voyages, voici une courte liste :

○ **Les Connaisseurs du Voyage** (☎ 01 53 95 27 00 ; www.connaisseursvoyage.fr ; 10 rue Beaugrenelle, 75015 Paris)

○ **Nouvelles Frontières** (☎ 0 825 000 747 ; www.nouvelles-frontieres.fr)

○ **Thomas Cook** (☎ 0 826 826 777 ; www.thomascook.fr)

○ **Voyages SNCF** (☎ 36 35 ; www.voyages-sncf.com)

○ **Voyageurs du monde** (☎ 01 42 86 16 00 ; www.vdm.com ; 55 rue Sainte-Anne, 75002 Paris)

Pour les amateurs de voyages culturels, ces agences proposent des séjours avec guides conférenciers :

○ **Clio** (☎ 01 53 68 82 82 ; www.clio.fr ; 27 rue du Hameau, 75015 Paris). Séjour de 4 jours "Noël à Barcelone et abbaye de Montserrat", "Nouvel An musical à Barcelone".

○ **Intermèdes** (☎ 01 45 61 90 90 ; www.intermedes.com ; 60 rue La Boétie, 75008 Paris). Circuits de 4 jours (Barcelone-Gérone-Figueras, Nouvel An à Barcelone).

La plupart des sites Internet de réservation en ligne proposent des formules avion + hôtel. Pour une petite sélection d'adresses Internet, voir l'encadré ci-contre.

DEPUIS LA BELGIQUE
Iberia (☎ 070 700 050 ; www.iberia.com) et **Brussels Airlines** (☎ 0902 51 600 ; www.brusselsairlines.com) assurent plusieurs fois par jour et par vol régulier la liaison de Bruxelles-Charleroi à Barcelone.

La compagnie à bas prix **Vueling** (☎ 082 123 15 50 ; www.vueling.com) dessert aussi quotidiennement Barcelone par vol direct. Comptez environ 2 heures de vol et au moins 250 €, moins si vous vous y prenez vraiment en avance. **Ryanair** (☎ 090 33 660 ; www.ryanair.com) assure des vols directs plusieurs fois par semaine pour Gérone – d'où l'on peut rejoindre Barcelone en bus – depuis Bruxelles. Le vol dure 1 heure 50.

Quelques agences de voyages :
Airstop (☎ 070 233 188 ; www.airstop.be)
Connections (☎ 070 233 313 ; www.connections.be)
Gigatour Voyages Éole (www.voyageseole.be)

DEPUIS LA SUISSE
Iberia (☎ 0848 000 015 ; www.iberia.com) assure des vols directs réguliers et quotidiens entre Barcelone et l'aéroport de Genève et celui de Zurich. La compagnie nationale **Swiss International Air Lines** (☎ 848 700 700 ; www.swiss.com) dessert la capitale catalane par des vols directs et quotidiens depuis Genève et Zurich. La compagnie à bas prix **EasyJet** (www.easyjet.com) propose aussi une liaison directe Barcelone-Genève et Barcelone-aéroport de Bâle-Mulhouse. La fréquence des vols dépend de la saison : de plusieurs par jour en été à environ 1 par semaine en hiver.

Comptez un peu moins de 2 heures de vol depuis Bâle ou Zurich, autour de 1 heure 30 depuis Genève. Les tarifs sont très variables. Tout dépend de la saison, des jours auxquels vous voyagerez et surtout si vous réservez tôt ou pas. Prévoyez entre 230 et 450 FS.

Vous pouvez aussi vous renseigner auprès de l'agence de voyages **STA Travel** (☎ 058 450 49 49 ; www.statravel.ch).

DEPUIS LE CANADA
Pour vous rendre à Barcelone, vous devrez passer d'abord

par Madrid ou une autre grande ville européenne (Francfort par exemple) d'où vous prendrez une correspondance pour la capitale catalane. Vous pouvez aussi vous rendre en Espagne via les États-Unis. Renseignez-vous auprès des principales compagnies aériennes européennes et consultez les offres des compagnies à bas coûts depuis l'Europe.

- **Air Canada** (☎ 888 247 2262 ; www.aircanada.ca)

- **Air France** (☎ 800 667 2747 ; www.airfrance.com)

- **British Airways** (☎ 800 247 9297 ; www.ba.com)

Outre les sites de réservation en ligne comme **Orbitz** (www.orbitz.com), **Travelocity** (www.travelocity.com), vous pouvez aussi vous renseigner auprès des agences de voyages suivantes :

- **Expedia** (www.expedia.ca)

- **Travel Cuts – Voyages Campus** (☎ 1-667 28 87 ; www.travelcuts.com). La meilleure agence de vente de billets à prix réduits, représentée dans les principales villes.

Voie terrestre

Train

La gare principale de Barcelone est l'**Estació Sants** (Plaça dels Països Catalans ; M Sants Estació), située à 2,5 km à l'ouest de La Rambla. C'est ici qu'arrivent les trains de nuit en provenance de Paris, Genève, Milan et Zurich, ainsi que les autres services venant de diverses villes françaises ou espagnoles. De là, vous pouvez rejoindre facilement la vieille ville ou L'Eixample en métro.

DEPUIS/VERS L'EUROPE
Barcelone est desservi par un train de nuit direct depuis la France et la Suisse, le Trainhôtel Ellipsos (www.elipsos.com). Le train Intercités de nuit (ex-Lunea) depuis Paris comporte un changement (à Perpignan ou Figueras) et n'est pas forcément meilleur marché. Depuis la Belgique, il faut changer en France.

Le Trainhôtel Juan Miró effectue tous les jours le trajet de Paris à Barcelone, avec des arrêts à Orléans, Limoges, Figueras et Gérone. À l'aller, le départ a lieu à 20h33 de la gare d'Austerlitz à Paris, l'arrivée à 8h05 le lendemain matin à la gare Estació França de Barcelone. Au retour, le départ se fait à 20h43 à Barcelone, arrivée à 8h47 à Paris. Plusieurs tarifs existent, selon le confort que vous désirez bien sûr, mais aussi selon la période à laquelle se déroule le voyage. Plus vous réserverez tôt, plus vous aurez de chance d'obtenir un tarif avantageux.

Un aller simple couchette dans un compartiment de 4 lits (classe touriste) débute aux alentours de 74 €.

Le Trainhôtel Pau Casals relie Zurich à Barcelone toute l'année via Berne, Fribourg, Lausanne, Genève, Perpignan, Figueras et Gérone. Les départs se font le lundi, le mercredi et le vendredi, à 19h27 de Zurich (23h35 de Genève) pour une arrivée le lendemain matin à 10h30 à la gare Estació França de Barcelone. Dans l'autre sens, les départs ont lieu le mardi, le jeudi et le dimanche à 19h25 de Barcelone, arrivée à 7h52 à Genève, à 12h17 à Zurich.

Un train Corail dessert Barcelone depuis Montpellier, avec un changement à Figueras ou Port-Bou. Comptez environ 4 heures de voyage et 57 € pour un aller simple.

Pour plus de détails, contactez la compagnie ferroviaire de votre pays de départ :

- **SNCF** (☎ 36 35 ; www.sncf-voyages.com)

- **SNCB** (☎ 070 79 79 79 ; http://www.belgianrail.be)

- **CFF** (☎ 0900 300 300 ; www.sbb.ch/fr)

Bus

Les bus longue distance partent de l'**Estació del Nord** (☎ 902 260606 ; www.barcelonanord.com ; Carrer d'Alí Bei 80 ; Arc de Triomf). La plupart sont regroupés sous l'enseigne commune **Alsa** (☎ 902 422242 ; www.alsa.es, en français).

DEPUIS/VERS L'EUROPE
La compagnie **Eurolines** (☎ 0892 89 90 91 ; www.eurolines.fr) possède le plus important réseau européen de transport routier de passagers. Barcelone est reliée à toutes les régions de France et à plusieurs villes belges par Eurolines et ce plusieurs fois par semaine. Depuis Paris, comptez environ 15 heures de trajet et 137/150 € pour un aller-retour.

La compagnie **Linebús** (www.linebus.es) assure également des liaisons entre la France et Barcelone.

Toujours avec **Eurolines** (📞 02 274 13 50 ; www.eurolines.be), le voyage depuis Bruxelles dure un peu plus de 22 heures et l'aller-retour - de 26 ans/adulte coûte 144/163 €.

Des bus **Eurolines/Alsa-Eggmann** (📞 22 716 91 10 ; www.alsa-eggmann.ch) desservent aussi Barcelone depuis la Suisse. Depuis Genève, comptez un peu plus de 13 heures pour le trajet et 270 CHF.

Comment circuler

Barcelone possède de nombreux moyens de transport. L'excellent métro vous amène presque partout, et les bus et tramways complètent le réseau. Le soir, il est préférable de circuler en taxi.

Métro

Très facile d'utilisation, le **métro TMB** (📞 010 ; www.tmb.net) compte 11 lignes, identifiables par un numéro et une couleur spécifiques. Les rames circulent de 5h à minuit du dimanche au jeudi et les jours fériés, et de 5h à 2h le vendredi et les veilles de fêtes et 24h/24 le samedi.

🚌 Bus

Les bus qui desservent Barcelone sont gérés par les **Transports Metropolitans de Barcelona** (TMB ; 📞 010 ; www.tmb.net). Ils circulent très fréquemment de 5h ou 6h30 à 22h ou 23h.

🚕 Taxi

Les taxis affichent 2,05 € au compteur plus 0,93 € le kilomètre (1,18 € de 20h à 8h et le week-end). Il vous sera demandé 3,10 € supplémentaires pour les trajets depuis/vers l'aéroport et 1 € pour les bagages dont les dimensions excèdent 55 cm/35 cm/35 cm. Le trajet de la gare Estació Sants à la Plaça de Catalunya (environ 3 km) coûte 11 € environ.

Vélo

Quelque 156 km de pistes cyclables (souvent morcelées) ont été aménagées en ville, ce qui permet de découvrir la ville de façon écologique. Une piste cyclable longe également une partie du front de mer, entre le Port Olímpic et le Riu Besòs. Vous pouvez transporter votre vélo dans le métro, excepté en semaine pendant les heures de pointe (c'est-à-dire entre 7h et 9h30 et entre 17h et 20h30). Ces restrictions ne s'appliquent ni les week-ends, ni les jours fériés, ni en juillet et en août. Vous pouvez aussi transporter votre vélo dans les trains FGC, ainsi que dans les trains locaux *rodalies* de la Renfe, de 10h à 15h en semaine, ainsi que toute la journée le week-end et les jours fériés.

Location

De très nombreuses compagnies barcelonaises proposent des vélos (et autres véhicules s'y apparentant, du tandem au kart) à la location. En voici quelques-unes :

BarcelonaBiking.com (plan p. 58 ; 📞 656 356300 ; www.barcelonabiking.com ; Baixada de Sant Miquel 6 ; 5/15 €

1 heure/24 heures ; 🕙 10h-20h ; Ⓜ Jaume I ou Liceu)

Barnabike (plan p. 116 ; 📞 93 269 02 04 ; www.barnabike.com ; Carrer del Pas de Sota la Muralla 3 ; 6/15 € 2 heures/24 heures ; 🕙 10h-21h30 ; Ⓜ Barceloneta)

Biciclot (plan p. 116 ; 📞 93 221 97 78 ; www.biciclot.net ; Passeig Marítim de la Barceloneta 33 ; 5,50/18 € 1 heure/1 jour ; 🕙 10h-15h, horaires prolongés en haute saison ; Ⓜ Ciutadella Vila Olímpica)

Bike Rental Barcelona (plan p. 58 ; 📞 666 057655 ; www.bikerentalbarcelona.com ; Carrer d'en Rauric 20 ; à partir de 9/16 € 3 heures/24 heures en fonction du type de vélo ; 🕙 10h-20h ; Ⓜ Jaume I)

My Beautiful Parking (plan p. 58 ; 📞 93 304 15 80 ; www.mybeautifulparking.com ; Carrer de Cervantes 5 ; 6/15 € 2 heures/24 heures ; 🕙 10h-20h ; Ⓜ Jaume I ou Liceu)

Billets et *targetes*

Le métro, les FGC, les *rodalies/cercanías* (trains locaux gérés par la Renfe) et les bus sont soumis à un régime de zones tarifaires. Un trajet simple dans les limites de la zone 1 coûte 2 € par tout mode de transport standard. Vous dépenserez moins en achetant une *Targeta* T-10 (9,25 € pour 10 trajets).

Un Cotxe Menys (☎ 93 268 21 05 ; www.bicicletabarcelona.com ; Carrer de l'Esparteria 3 ; 5/15/55 € 1 heure/1 jour/semaine ; ⌚ 9h-19h Pâques-nov, 11h-14h déc-Pâques ; Ⓜ Jaume I)

Circuits organisés

Diverses options de visites guidées, à pied, en bus, à vélo ou à scooter s'offrent à vous pour découvrir Barcelone. Des visites en bateau du port et des plages partent tous les jours du front de mer.

Visites guidées à pied

L'office du tourisme de Barcelone (Oficina d'Informació de Turisme de Barcelona p. 241) organise diverses visites guidées à pied. L'une d'elles permet de découvrir le Barri Gòtic (adulte/enfant 14/5 €) ; une autre suit les pas de Picasso pour terminer au musée Picasso, dont l'entrée est comprise dans le prix (adulte/enfant 20/7 €) ; et une troisième fait le tour des joyaux du modernisme (adulte/enfant 14/5 €). Un circuit "gastronomique" est également proposé, qui conduit dans les établissements traditionnels de la vieille ville, avec plusieurs occasions de déguster les produits (adulte/enfant 19/7 €) et un circuit "maritime" (adulte/enfant 19/7 €). Pour connaître le planning des visites, renseignez-vous auprès de l'office du tourisme, sur Internet ou par téléphone. Chaque visite dure deux heures et part de l'office du tourisme.

L'office du tourisme propose également d'autres visites spécialisées : course, shopping, Barcelone littéraire, cinéma, ornithologie au parc de Collserola, guerre civile, Barri Gòtic de nuit et parc Güell.

Runner Bean Tours (plan p. 58 ; ☎ 636 108776 ; www.runnerbeantours.com ; ⌚ circuits 11h toute l'année et 16h30 avr-sept) propose quotidiennement diverses visites thématiques, en anglais. Le prix est à la convenance des visiteurs et une collecte est effectuée à la fin pour le guide. La visite "Old City" permet de découvrir l'histoire romaine et médiévale de Barcelone en parcourant les sites d'intérêt de la vieille ville (Barri Gòtic, El Raval et La Ribera). Le circuit Gaudí dévoile les chefs-d'œuvre du Barcelone moderniste et comprend deux trajets en métro. Les deux circuits d'environ 2 heures 30 partent à 11h de la Plaça Reial (et à 16h30 d'avril à septembre).

Circuits à vélo

Barcelone regorge d'entreprises qui proposent des circuits à vélo. Ils durent généralement de 2 à 4 heures et restent concentrés sur la vieille ville, la Sagrada Família et les plages. Parmi ces prestataires, citons :

Bike Tours Barcelona (plan p. 96 ; ☎ 93 268 21 05 ; www.bicicletabarcelona.com ; Carrer de l'Esparteria 3 ; circuits 22 €)

Barcelona By Bike (plan p. 116 ; ☎ 93 268 81 07 ; www.barcelonabybike.com ; Carrer de la Marina 13 ; circuits 22 € ; Ⓜ Cuitadella/Vila Olimpica)

CicloTour (plan p. 78 ; ☎ 93 317 19 70 ; www.barcelonaciclotour.com/eng ; Carrer dels Tallers 45 ; circuits 21 € ; ⌚ 11h tlj, 16h30 mi-avr à oct, 19h30 jeu-dim juin-sept)

Fat Tire Bike Tours (plan p. 58 ; ☎ 93 301 36 12 ; http://fattirebiketours.com/barcelona ; Carrer dels Escudellers 48 ; circuits €22)

BarcelonaBiking.com (plan p. 58 ; ☎ 656 356300 ; www.barcelonabiking.com ; Baixada de Sant Miquel 6 ; 5/15 € 1 heure/24 heures ; ⌚ 10h-20h ; Ⓜ Jaume I ou Liceu)

Circuits en bus

Bus Turístic (p. 237) est un service de bus (montée-descente libre) reliant presque tous les sites de la ville. Les audioguides (en 10 langues) offrent un commentaire sur les 44 arrêts des 3 différents circuits.

Circuits en bateau

Pour une croisière autour du port, montez à bord d'une **golondrina** (☎ 93 442 31 06 ; www.lasgolondrinas.com ; Moll de les Drassanes ; tarif plein/enfant 14,50/5,25 € ; ⌚ mars-nov ; Ⓜ Drassanes), bateau d'excursion partant du Moll de les Drassanes, en face du monument à Colomb (Mirador de Colom). Le circuit de 1 heure vous emmène jusqu'au Port Olímpic et au Fòrum avant de revenir.

Vous pouvez également embarquer sur un grand catamaran Orsom (p. 123) pour une croisière de 1 heure 30 qui passera devant le Port Olímpic et les plages jusqu'au Fòrum (aller-retour). Trois départs sont proposés par jour (quatre le week-end en juillet et août), la dernière croisière, au coucher du soleil, se faisant sur des rythmes jazzy.

A-Z

Infos utiles

●●●

Ambassades et consulats

Ambassades et consulats espagnols à l'étranger

o **France** Ambassade (☎01 44 43 18 00 ; www.maec.es ; 22 av. Marceau, 75008 Paris) ; consulat (☎01 44 29 40 00 ; 165 bd Malesherbes, 75017 Paris). Consulats généraux également dans plusieurs villes de province, consultez le site Internet de l'ambassade pour connaître les adresses et les coordonnées.

o **Belgique** Ambassade (☎02 230 03 40 ; emb. bruselas@maec.es ; 19 rue de la Science, 1040 Bruxelles) ; consulat (☎02 509 87 70 ; Bd du Régent 52, 1000 Bruxelles).

o **Suisse** Ambassade (☎031 350 52 52 ; emb.berna@mae. es ; Kalcheggweg 24, 3000 Berne) ; consulats (☎031 356 22 20 ; Marienstrasse 12, 3005 Berne ; ☎0368 61 00 ; Riedtlistrasse 17, 8006 Zurich).

o **Canada** Ambassade (☎(613) 747 2252 ; emb.ottawa@ mae.es ; 74 Stanley Avenue, Ottawa, Ontario, K1M 1P4) ; consulat (☎(514) 935 5235 ; 1 Westmount Square, Suite 1456, Montréal, Québec, H3Z 2P9).

Ambassades étrangères en Espagne

La plupart des ambassades sont installées à Madrid. Pour trouver les coordonnées de l'ambassade de votre pays à Madrid, consultez la rubrique "Embajadas" des Paginas Amarillas (les Pages jaunes espagnoles, www.paginasamarillas.es) ou encore le site Internet du ministère espagnol des Affaires étrangères (www.maec.es), rubrique "Embajadas y consulados".

Consulats étrangers à Barcelone

La France, la Belgique et la Suisse possèdent un consulat à Barcelone. Le consulat du Canada a fermé ses portes en 2012.

o **France** (☎93 270 30 00 ; www.consulfrance-barcelone.org ; Ronda de la Universitat 22B ; Ⓜ Universitat ou Passeig de Gràcia ; ☺9h-13h30)

o **Belgique** (☎93 467 70 80 ; barcelona@diplobel.fed. be ; Carrer de la Diputació 303 ; Ⓜ Girona ; ☺9h-13h)

o **Suisse** (☎93 409 06 50 ; Gran Via de Carlos III 94 ; Ⓜ Maria Cristina ; ☺9h-12h30)

●●●

Argent

DAB

Barcelone possède quantité de banques, généralement dotées de DAB. Ces derniers abondent aussi aux alentours de la Plaça de Catalunya, de la Plaça de Sant Jaume (dans le Barri Gòtic) et de La Rambla.

Cartes de crédit

Les cartes de grands réseaux tels que Visa, MasterCard, Maestro et Cirrus sont largement acceptées dans toute l'Espagne. Au cas où votre carte serait perdue, volée ou coincée dans une machine, signalez-le immédiatement à l'un des numéros suivants pour faire opposition :

Amex (☎902 375637)

Diners Club (☎900 801331)

MasterCard (☎900 971231)

Visa (☎900 991124)

●●●

Cartes de réduction

Un billet de **Bus Turístic** (☎93 285 38 32 ; www. barcelonaturisme.com, en français ; à la journée adulte/ enfant 24/14 € ; ☺9h-20h) donne droit à des réductions dans certains musées.

L'**Articket** (www. articketbcn.org) donne accès aux musées d'art suivants pour 30 €. Il reste valable six mois. Les billets peuvent être retirés aux offices du tourisme de la Plaça de Catalunya, de la Plaça de Sant Jaume et à la gare de Sants.

- Musée Picasso

- Musée national d'Art de Catalogne (MNAC)

- MACBA (musée d'Art contemporain de Barcelone)

- Fondation Antoni Tàpies

- Centre de culture contemporaine de Barcelone (CCCB)

- Fondation Joan Miró

- La Pedrera

La **Barcelona Card** (www.barcelonacard.com, en français) est pratique si vous souhaitez visiter plusieurs musées en peu de temps. Elle coûte 29/35/40/47 € (un peu moins pour les enfants de 4 à 12 ans) pour 2/3/4/5 jours. Elle offre un accès gratuit aux transports (plus 20% de réduction sur l'Aerobús), ainsi que des réductions (jusqu'à 30%) ou la gratuité dans de nombreux musées et autres sites. Elle donne également droit à des réductions dans quelques magasins, restaurants et bars. La carte est vendue dans les offices du tourisme et en ligne (réduction de 10% sur l'achat en ligne).

Désagréments et dangers

On ne le répétera jamais assez : les nouveaux arrivants à Barcelone doivent rester sur leurs gardes. Les vols à la tire ou à l'arraché sont un vrai problème dans le centre-ville, dans les transports en commun et autour des principaux sites touristiques. En cas de vol, vous devez aller à la police nationale, où l'on vous donnera une *denuncia* officielle pour l'assurance. Un **commissariat** (088 ; Carrer Nou de la Rambla 80 ; M Paral.lel) très pratique (et fréquenté) se trouve près de La Rambla. Il est aussi possible de signaler un larcin en ligne sur le site www.policia.es/denuncias. Vous pouvez aussi essayer la Guàrdia Urbana (p. 243).

Électricité

En Espagne, le voltage est de 220 V/50 Hz, comme en France.

220 V/230 V/50 Hz

Formalités et visas

Les citoyens des États membres de l'Union européenne n'ont pas besoin de visa pour entrer en Espagne. Ils doivent cependant être en possession d'une carte d'identité en cours de validité ou d'un passeport. Les Canadiens et les Suisses n'ont pas besoin de visa pour un séjour touristique n'excédant pas 90 jours. Les citoyens des pays non mentionnés ci-dessus doivent vérifier s'ils ont besoin d'un visa auprès de leur consulat espagnol.

Handicapés

Certains hôtels et institutions publiques sont accessibles aux personnes en fauteuil roulant. La plupart des bus barcelonais sont accessibles aux fauteuils roulants et un nombre croissant de stations de métro sont aussi censées l'être (généralement par un ascenseur, mais certains se plaignent qu'ils ne serviraient qu'aux parents avec des poussettes). En tout, 80% environ des arrêts ont été adaptés (pour savoir lesquels, allez sur www.tmb.cat/en/transport-accessible). Toutes les stations devraient l'être entièrement d'ici à la fin 2012. Les guichets automatiques sont adaptés aux handicapés et proposent des options en braille pour les non-voyants. Plusieurs sociétés de taxis disposent de véhicules adaptés, notamment **Taxi Amic** (93 420 80 88 ; www.taxi-amic-adaptat.com), **Gestverd** (93 303 09 09) et **T033 Ràdio Taxi** (93 303 09 09).

La plupart des passages piétons du centre de Barcelone sont pensés pour les fauteuils roulants.

Pour plus d'informations sur ce que fait la ville pour améliorer l'accessibilité, consultez le site du conseil municipal (www.barcelona-access.com) disponible en plusieurs langues.

L'**Association des paralysés de France** (APF ; 📞 01 40 78 69 00 ; www.apf.asso.fr ; 17 bd Auguste-Blanqui, 75013 Paris) peut vous fournir des informations très utiles. Elle gère aussi une agence de voyages spécialisée : APF Evasion (📞 01 40 78 27 27 ; www.apf.asso.fr, rubrique "L'APF en Action" puis "Partir en vacances avec APF Évasion" ; evasion.vacanciers@apf.asso.fr ; 17 bd Auguste-Blanqui, 75013 Paris).

L'agence **Access Tourisme Service** (📞 02 38 74 28 40 ; www.access-tourisme.com ; access.tourisme.service@wanadoo.fr ; 24 rue du 11-Novembre, 45130 Charsonville) est spécialisée dans l'organisation de voyages en groupe ou en individuel pour personnes handicapées.

Heure locale

L'Espagne vit à la même heure que la France et que la plupart des pays d'Europe occidentale, c'est-à-dire GMT+1 en hiver et GMT+2 en été (du dernier dimanche de mars au dernier dimanche d'octobre). Comme en France, le système de 24 heures est employé à l'écrit (dans les agendas, les programmes, etc.), mais, à l'oral, c'est le système de 12 heures qui domine.

Horaires d'ouverture

Les horaires des lieux indiqués dans ce guide ne sont pas précisés, sauf s'ils diffèrent des horaires indiqués ci-dessous.
Restaurants déjeuner 13h-16h, dîner 20h30-0h
Magasins 10h-14h et 16h-20h lundi-samedi
Grands magasins 10h-22h lundi-samedi
Bars 18h-2h
Clubs 0h-6h jeudi-samedi
Banques 8h30-14h lundi-vendredi ; parfois aussi 16h-19h jeudi ou 9h-13h samedi

Internet
Accès Wi-Fi

Nombre d'hôtels proposent un accès Wi-fi à leurs clients, mais il n'est pas toujours gratuit. De plus en plus de bars et de restaurants, repérables au logo Wi-Fi noir et blanc, proposent ce service. Les établissements équipés du Wi-Fi sont indiqués dans ce guide par le symbole 📶.

Jours fériés

o **Nouvel An** (Any nou/Año nuevo) 1er janvier

o **Épiphanie** (Epifanía ou El Dia dels Reis/Día de los Reyes Magos) 6 janvier

o **Vendredi saint** (Divendres Sant/Viernes Santo) mars/avril

o **Lundi de Pâques** (Dilluns de Pasqua Florida) mars/avril

o **Fête du Travail** (Dia del Treball/Fiesta del Trabajo) 1er mai

o **Lundi de Pentecôte** (Dilluns de Pasqua Granda) mai/juin

o **Fête de la Saint-Jean-Baptiste** (Dia de Sant Joan/Día de San Juan Bautista) 24 juin

o **Assomption** (L'Assumpció/La Asunción) 15 août

o **Fête nationale catalane** (Diada nacional de Catalunya) 11 septembre

o **Festes de la Mercè** 24 septembre

o **Fête nationale espagnole** (Festa de la Hispanitat/Día de la Hispanidad) 12 octobre

o **Toussaint** (Dia de Tots Sants/Día de Todos los Santos) 1er novembre

o **Fête de la Constitution** (Día de la Constitución) 6 décembre

o **Immaculée Conception** (La Immaculada Concepció/La Inmaculada Concepción) 8 décembre

o **Noël** (Nadal/Navidad) 25 décembre

o **Saint-Étienne** (El Dia de Sant Esteve) 26 décembre

Offices du tourisme

Barcelone compte plusieurs offices du tourisme. Outre

les offices du tourisme cités ci-dessous, il existe des kiosques d'information à la gare routière Estació del Nord et à la Portal de la Pau, située au pied du monument à Colomb, tout au bout de La Rambla, près du port. L'été, des kiosques supplémentaires ouvrent dans le centre-ville.

Plaça de Catalunya
(93 285 38 34 ; www.barcelonaturisme.com, en français ; sous-sol de la Plaça de Catalunya 17-S ; 8h30-20h30 ; Catalunya)

Plaça de Sant Jaume
(93 285 38 32 ; Carrer de la Ciutat 2 ; 8h30-20h30 lun-ven, 9h-19h sam, 9h-14h dim et jours fériés ; Jaume I)

Estació Sants (Estació Sants ; 8h-20h ; Estació Sants)

Aéroport d'El Prat
(terminal 1, 2B et 2A du hall des arrivées ; 9h-21h)

Bureau d'information de La Rambla (www.barcelonaturisme.com, en français ; La Rambla dels Estudis 115 ; 8h30-20h30 ; Liceu)

Office du tourisme régional du palais Robert
(depuis la Catalogne 93 238 80 91, ailleurs 902 400012 ; www.gencat.net/probert ; Passeig de Gràcia 107 ; 10h-20h lun-sam, 10h-14h30 dim). Quantité de renseignements sur la Catalogne, documents audiovisuels, librairie et annexe du Turisme Juvenil de Catalunya (pour les jeunes voyageurs).

Offices du tourisme catalans et espagnols à l'étranger

Les bureaux des offices espagnols et catalans du tourisme ne sont plus ouverts au public. Pour des informations et recevoir des brochures, allez sur le site www.spain.info et choisissez votre pays.

Services médicaux

En cas d'urgence, toute personne se trouvant sur le sol espagnol a droit à un traitement médical gratuit dans un hôpital public. Les citoyens des États membres de l'Union européenne se procureront auprès de leur caisse d'assurance maladie la carte européenne d'assurance maladie, nominative et individuelle, qui remplace le formulaire E111. Elle assure l'aide médicale d'urgence (mais pas le rapatriement sanitaire). Comptez un délai de deux semaines pour l'obtenir. Cette carte ne dispense toutefois pas de la souscription à une police d'assurance. Toutes les informations sur www.ameli.fr.

Les ressortissants des autres pays doivent vérifier que leur assurance personnelle leur permet de bénéficier d'une couverture médicale internationale.

Pour les petits problèmes de santé, demandez tout simplement conseil dans les pharmacies (*farmàcias*), voir ci-dessous.

Voici quelques coordonnées d'hôpitaux :

Hospital Clínic i Provincial (Carrer de Villarroel 170 ; Hospital Clínic)

Hospital Dos de Maig (Carrer del Dos de Maig 301 ; Sant Pau–Dos de Maig)

Quelques pharmacies ouvertes 24h/24 :

Farmàcia Castells Soler (Passeig de Gràcia 90 ; Diagonal)

Farmàcia Clapés (La Rambla 98 ; Liceu)

Farmàcia Torres (www.farmaciaabierta24h.com ; Carrer d'Aribau 62 ; FGC Provença)

Taxes et remboursements

La taxe sur la valeur ajoutée (TVA) porte en Espagne le nom d'IVA (*impuesto sobre el valor añadido*). Elle s'élève à 8% dans les hôtels et les restaurants et est en général – mais pas toujours – comprise dans le prix annoncé. Hormis ce cas particulier, l'IVA sur la plupart des produits est de 18%. Pour tout renseignements sur les remboursements, voir p. 226.

Téléphone

Téléphones publics On trouve partout en centre-ville des téléphones publics bleus. Ils sont parfaits pour passer des appels nationaux ou internationaux. Ils fonctionnent aussi bien à pièces qu'avec les cartes téléphoniques (*tarjetas telefónicas*) de la compagnie nationale Telefónica. Certaines cartes de crédit sont également acceptées. Les *tarjetas telefónicas* (6 ou 12 €) sont en vente chez les buralistes et dans les bureaux de poste.

Centres d'appels Plusieurs *locutorios*, qui font aussi office de centre Internet, sont installés dans El Raval et aux alentours (cherchez vers la Carrer de Sant Pau et la Carrer de l'Hospital).

Appels internationaux et nationaux Pour appeler Barcelone depuis l'étranger, composez l'indicatif international de votre pays, suivi de l'indicatif de l'Espagne (☎34), de l'indicatif de Barcelone (☎93), puis du numéro de votre correspondant. Pour appeler l'international depuis Barcelone, composez le ☎00, puis le code du pays (☎33 pour la France, ☎32 pour la Belgique, ☎41 pour la Suisse et ☎1 pour le Canada) et le numéro désiré.

Renseignements téléphoniques

Opérateur international pour les appels en PCV ☎1408

Renseignements internationaux ☎11825

Opérateur national pour un appel en PCV en Espagne (llamada por cobro revertido) ☎1409

Renseignements internationaux ☎11818

Téléphones portables

Les numéros de téléphone portable commencent par un 6 ou un 7. Les numéros commençant par 900 sont gratuits, ceux commençant par 901 à 905 sont des numéros spéciaux diversement facturés. Le 902 est le plus couramment utilisé. Il est facturé au prix d'un appel national. Les numéros commençant par 803, 806 et 807 coûtent aussi le même prix qu'un appel national.

L'Espagne utilise le système GSM 900/1800, compatible avec le réseau français. Si votre abonnement comprend

l'international, vous pourrez recevoir et émettre des appels à Barcelone depuis votre téléphone. Si, vous envisagez un long séjour, vous pouvez acheter une carte SIM rechargeable et prépayée. Pour cela, vous devez posséder un téléphone GSM bibande ou tribande. Vous aurez besoin de votre passeport pour acheter un forfait prépayé (ou souscrire un abonnement).

Urgences

Vous trouverez les numéros d'urgence ci-dessous :

Ambulance (☎061)

Police de Catalogne (Mossos d'Esquadra ; ☎088)

Numéro d'urgence européen (☎112)

Pompiers (Bombers ; ☎080, 085)

Police municipale (Guàrdia Urbana ; ☎092 ; La Rambla 43 ; Ⓜ Liceu)
Police nationale (Policía Nacional ; ☎091)

Langue

Le catalan et l'espagnol sont les langues officielles de la Catalogne. À Barcelone, vous entendrez autant d'espagnol que de catalan ce guide vous apporte donc quelques bases dans ces deux langues pour vous aider à démarrer. La prononciation de l'espagnol n'est pas difficile, la plupart des sons existant également en français. Vous pourrez très bien vous faire comprendre en lisant le guide de prononciation ci-dessous comme s'il s'agissait de français.

Vous pouvez aussi vous procurer le *Guide de conversation espagnole* édité par Lonely Planet.

CONVERSATION DE BASE

Bonjour. *Hola.* o·la
Comment ça va ? *¿Qué tal?* ké tal
Bien, merci. *Bien, gracias.* byèn gra·Syas
Excusez-moi. (pour attirer l'attention)
Disculpe. dis· koul ·pé
Oui./Non. *Sí./No.* si/no
Merci. *Gracias.* gra·Syass
Je vous/ *De nada.* dé na·da
  t'en prie.
Au revoir. /À plus tard.
Adiós./Hasta luego. a· dyoss/as · ta loué · go
Parlez-vous (français) ?
¿Habla (francés)? a·bla (frann·Sés) (vouv)
¿Hablas (francés)? a·blass (frann·Sés) (tut)
Je (ne) comprends (pas).
Yo (no) entiendo. yo (no) ènn·tyènn·do
Combien *¿Cuánto* kouann ·to
ça coûte ? *cuesta?* kouèss ·ta
Pouvez-vous baisser un peu le prix ?
¿Podría bajar un po· dri ·a ba· khar oun *poco el*
precio? po· ko el pré ·Syo

HÉBERGEMENT

J'aimerais réserver.
Quisiera reservar una habitación.
ki· syé ·ra re·sèr· var ou ·na a·bi·ta· Syonn
Combien coûte
¿Cuánto cuesta por noche?
kouann ·to kouèss ·ta por no ·tché

AU RESTAURANT

J'aimerais…, s'il vous plaît.
Quisiera . . ., por favor. ki ·syé ·ra por fa· vor
C'était délicieux !
¡Estaba buenísimo! èss·ta·ba boué·ni·si·mo
L'addition, s'il vous plaît.
La cuenta, por favor. la kouènn ·ta por fa· vor
Je suis allergique à/au …
Soy alérgico/a al (m/f) soï a· ler ·khi·ko/a al
Je ne mange pas de…
No como . . . no ko·mo

poulet	*pollo*	po·yo
poisson	*pescado*	pèss· ka ·do
viande	*carne*	kar ·né

URGENCES

Je suis malade.
Estoy enfermo/a. èss·toï ènn·fèr·mo/a (m/f)
Au secours !
¡Socorro! so·ko·ro
Appelez un docteur !
¡Llame a un médico! ya·mé a oun mé·di·ko
Appelez la police !
¡Llame a la policía! ya·mé a la po·li·Si·a

LIEUX

Je cherche…
Estoy buscando . . . èss· toï ·bouss· kann ·do
  un DAB
  un cajero oun ka·khé·ro
  automático aou·to·ma·ti·ko
  la banque *el banco* èl bann ·ko
  l'ambassade de…
    la embajada de . . . la èm·ba· kha ·da de
  le marché *el mercado* el mèr· ka ·do
  le musée *el museo* el mou· ssé ·o
  un restaurant *un restaurante* oun res·to·
                                      rann ·té
  les toilettes *los servicios* loss sèr· vi
                                    Syoss
  l'office *la oficina* la o·fi·Si·na
  du tourisme *de turismo* dé tou·riss·mo

En coulisses

Un mot de l'auteur
Regis St Louis

Je suis très reconnaissant aux Barcelonais, aux expatriés et au personnel des offices du tourisme pour tous leurs bons conseils. J'aimerais, en particulier, remercier Eric Mills, Sol Polo, Maria Asuncion Guardia, Margherita Bergamo Meneghini, Meritxell Checa Esteban et ses amis, Carine Ferry et ses amis, Laura de Runnerbean, et Diego du Barri Gòtic. Je voudrais aussi remercier Malén Gual, Gorka Regidor, Núria Rocamora et Gonzalo Salaya Ventura pour leurs généreuses contributions à la section *Ma sélection*. Enfin, j'adresse tout mon amour à ma femme et mes filles pour leur soutien indéfectible.

Remerciements

Illustrations p. 132 de Javier Zarracina.
Photographies de couverture :
Première de couverture : La Sagrada Família, Dale Buckton/Lonely Planet Images © ,
Quatrième de couverture : Tapas, El Raval, Diego Lezama/Lonely Planet Images ©

À propos de cet ouvrage

Cette première édition en français du guide *L'essentiel de Barcelone* est la traduction de la 2e édition en anglais du guide de Lonely Planet, *Discover Barcelona*, coordonnée par Regis St Louis, qui l'a aussi écrite et mise à jour avec Vesna Maric et Anna Kaminski. L'édition précédente avait été rédigée par Brendan Sainsbury et Damien Simonis. Ce guide est une commande du bureau londonien de Lonely Planet.

Traduction Xavière Quillien, Yann Champion
Direction éditoriale Didier Férat
Adaptation française Marie Barriet-Savev
Responsable prépresse Jean-Noël Doan
Maquette Christian Deloye
Couverture Adaptée par Annabelle Henry pour la version française
Cartographie Cartes originales de Valeska Canas, Mark Griffiths, Alison Lyall, Amanda Sierp, adaptées en français par Caroline Sahanouk
Remerciements à Émilie Leibig pour sa préparation du texte, Jacqueline Menanteau pour son travail sur le texte et Livia Koutchoumov pour son travail de référencement. Merci à Dominique Spaety pour son aide et sa disponibilité, Dominique Bovet, Juliette Stephens et Emeline Gontier pour leurs conseils éditoriaux. Et enfin, merci à Clare Mercer, Tracey Kislingbury et Mark Walsh du bureau de Londres, ainsi qu'à Darren O'Connell, Chris Love, Craig Kilburn et Carol Jackson du bureau australien.

VOS RÉACTIONS ?

Vos commentaires nous sont très précieux et nous permettent d'améliorer constamment nos guides. Notre équipe lit toutes vos lettres avec la plus grande attention. Nous ne pouvons pas répondre individuellement à tous ceux qui nous écrivent, mais vos commentaires sont transmis aux auteurs concernés. Tous les lecteurs qui prennent la peine de nous communiquer des informations sont remerciés dans l'édition suivante, et ceux qui nous fournissent les renseignements les plus utiles se voient offrir un guide. Pour nous faire part de vos réactions, prendre connaissance de notre catalogue et vous abonner à notre newsletter, consultez notre site Internet : **www.lonelyplanet.fr**

Nous reprenons parfois des extraits de notre courrier pour les publier dans nos produits, guides ou sites web. Si vous ne souhaitez pas que vos commentaires soient repris ou que votre nom apparaisse, merci de nous le préciser. Notre politique en matière de confidentialité est disponible sur notre site Internet.

Index

Voir aussi les index :

 Où se restaurer p. 251

 Où prendre un verre
et faire la fête p. 252

 Où sortir p. 253

 Shopping p. 253

 Sports et activités p. 254

E

F

G

H

I

J

L

Les cartes sont indiquées en
rouge, les photos en **gras**

🍷 Où prendre un verre et faire la fête

33|45 83

Ces symboles vous aideront à identifier différentes rubriques :

◉ À voir
✪ Où sortir
✪ Où se restaurer
🛍 Shopping
☕ Où prendre un verre et faire la fête
⚡ Activités

Les pictos pour se repérer :

GRATUIT Des sites libres d'accés

🌿 Les adresses écoresponsables

Nos auteurs ont sélectionné ces adresses pour leur engagement dans le développement durable – par leur soutien envers des communautés ou des producteurs locaux, leur fonctionnement écologique ou leur investissement dans des projets de protection de l'environnement.

Ces symboles vous donneront des informations essentielles au sein de chaque rubrique :

♩ Numéro de téléphone
⊙ Horaires d'ouverture
P Parking
⊖ Non-fumeurs
✳ Climatisation
@ Accès Internet
📶 Wi-Fi
🏊 Piscine
🌱 Végétarien
👪 Familles bienvenues
🐾 Animaux acceptés
🚌 Bus
⛴ Ferry
⊖ Tube (Londres)
🚊 Tram
🚆 Train

La sélection apparaît dans l'ordre de préférence de l'auteur.

Légende des plans

À voir
⊕ Plage
⊕ Temple bouddhiste
⊕ Château
⊕ Église/cathédrale
⊕ Temple hindou
⊕ Mosquée
⊕ Synagogue
⊕ Monument
⊕ Musée/galerie
⊕ Ruines
⊕ Vignoble
⊕ Zoo
⊕ Centre d'intérêt

Activités
⊕ Plongée/snorkeling
⊕ Canoë/kayak
⊕ Ski
⊕ Surf
⊕ Piscine/baignade
⊕ Randonnée
⊕ Planche à voile
⊕ Autres activités

Se loger
⊕ Hébergement
⊕ Camping

Se restaurer
⊗ Restauration

Prendre un verre
⊖ Bar
⊖ Café

Sortir
⊕ Spectacle

Achats
🛍 Magasin

Renseignements
⊕ Poste
⊕ Point d'information

Transports
⊕ Aéroport/aérodrome
⊗ Poste frontière
⊕ Bus
⊕ Téléphérique/funiculaire
⊕ Piste cyclable
⊖ Ferry
Ⓜ Métro
⊕ Monorail
P Parking
⊕ S-Bahn
⊕ Taxi
⊕ Train/rail
⊕ Tramway
⊙ Tube
Ⓤ U-Bahn
• Autre moyen de transport

Routes
Autoroute à péage
Autoroute
Nationale
Départementale
Cantonale
Chemin
Route non goudronnée
Rue piétonne
Escalier
Tunnel
Passerelle
Promenade à pied
Promenade à pied (variante)
Sentier

Géographie
⊕ Refuge/gîte
⊕ Phare
⊕ Point de vue
▲ Montagne/volcan
⊕ Oasis
⊕ Parc
)(Col
⊕ Aire de pique-nique
⊕ Cascade

Population
⊕ Capitale (pays)
⊙ Capitale (État/province)
● Grande ville
○ Petite ville/village

Limites et frontières
- - - - Pays
- - - - - Province/État
- - - Contestée
Région/banlieue
Parc maritime
Falaise/escarpement
Rempart

Hydrographie
Rivière
Rivière intermittente
Marais/mangrove
Récif
Canal
Eau
Lac asséché/salé/intermittent
Glacier

Topographie
Plage/désert
Cimetière (chrétien)
Cimetière (autre religion)
Parc/forêt
Terrain de sport
Site (édifice)
Site incontournable (édifice)

255

Les guides Lonely Planet

Une vieille voiture déglinguée, quelques dollars en poche et le goût de l'aventure, c'est tout ce dont Tony et Maureen Wheeler eurent besoin pour réaliser, en 1972, le voyage d'une vie : rallier l'Australie par voie terrestre via l'Europe et l'Asie. De retour après un périple harassant de plusieurs mois, et forts de cette expérience formatrice, ils rédigèrent sur un coin de table leur premier guide, *Across Asia on the Cheap*, qui se vendit à 1 500 exemplaires en l'espace d'une semaine. Ainsi naquit Lonely Planet, qui possède aujourd'hui des bureaux à Melbourne, Londres et Oakland, et emploie plus de 600 personnes. Nous partageons l'opinion de Tony, pour qui un bon guide doit à la fois informer, éduquer et distraire.

Nos auteurs

Regis St Louis

Auteur coordinateur ; La Rambla et le Barri Gòtic ; La Barceloneta et le front de mer ; Parc Güell, Camp Nou et La Zona Alta Regis est tombé amoureux de Barcelone et de la Catalogne à l'occasion d'un long périple ibérique à la fin des années 1990. Depuis, il y est souvent retourné, a appris l'espagnol et quelques mots de catalan, découvrant la riche histoire culturelle de cette ville qui ne cesse de le fasciner. Il conserve d'excellents souvenirs de son dernier voyage : d'interminables déjeuners de fruits de mer à La Barceloneta, la découverte de lieux secrets de La Zona Alta, les concerts nocturnes de la Ciutat Vella, la dégustation des derniers *calçots* de la saison… Regis est également l'auteur du guide *Barcelone* et il a contribué aux guides *Espagne, Portugal*, ainsi qu'à des dizaines d'autres titres Lonely Planet. Régis vit à Brooklyn, à New York.

Retrouvez-le sur :
lonelyplanet.com/members/regisstlouis

Vesna Maric

El Raval ; La Ribera ; La Sagrada Família et L'Eixample ; Montjuïc ; Parc Güell, Camp Nou et La Zona Alta Originaire de Bosnie-Herzégovine, Vesna adore l'Espagne depuis sa rencontre avec Rafael, son partenaire depuis 10 ans. Elle a depuis appris la langue et arpenté le pays, et est tombée sous le charme de Barcelone, où elle retourne dès qu'elle peut. Elle adore les plages de la ville, ses incroyables marchés alimentaires, son architecture, sa vie nocturne et son excellente cuisine catalane.

Anna Kaminski

Excursions La passion d'Anna pour l'Espagne est née au détour d'une leçon d'espagnol à Santander en 2001 et s'est poursuivie en dépit d'une grave intoxication à la salmonelle. Depuis, Anna ne cesse de revenir dans le pays. Actuellement installée à Barcelone, elle a été ravie d'explorer la région dans toute sa diversité, retrouvant les paysages de Salvador Dalí, son artiste préféré, et élargissant son horizon gourmand (sans parler de son tour de taille) en savourant la meilleure cuisine du pays.

L'essentiel de Barcelone, 2e édition
Traduit et adapté de l'ouvrage *Discover Barcelona, 2nd edition, January 2013*
© Lonely Planet Publications Pty Ltd 2013
© Lonely Planet et Place des éditeurs 2013
Photographes © comme indiqué 2012

Dépôt légal Février 2013
ISBN 978-2-81613-197-0
Imprimé par La Tipografica Varese, Italie

Bien que les auteurs et Lonely Planet aient préparé ce guide avec tout le soin nécessaire, nous ne pouvons garantir l'exhaustivité ni l'exactitude du contenu. Lonely Planet ne pourra être tenu responsable des dommages que pourraient subir les personnes utilisant cet ouvrage.

En Voyage Éditions | un département place des éditeurs